Yves Nobert, Roch Ouellet, Régis Parent

PROBLÈMES RÉSOLUS
de recherche opérationnelle

gaëtan morin
éditeur

Données de catalogage avant publication (Canada)

Nobert, Yves

  Problèmes résolus de recherche opérationnelle

  ISBN 2-89105-746-5

  1. Recherche opérationnelle - Problèmes et exercices.   I. Ouellet, Roch, 1946–   .   II. Parent, Régis.
III. Titre.

T57.6.N62   2001 Suppl. 2   003   C99-941080-6

Tableau de la couverture : *Maritime*
Œuvre de **Sylvie Cloutier**

Sylvie Cloutier est née à Saint-Hyacinthe et elle a obtenu un baccalauréat en beaux-arts à l'Université Concordia en 1979. Elle a déjà présenté plus de vingt-cinq expositions à travers le Québec.

Cette artiste nous offre une image non figurative, bâtie à partir de formes géométriques, ayant comme point de départ le collage. Différents papiers, allant du papier de soie au papier fait main, toutes ces belles textures se veulent l'inspiration première pour «construire» l'œuvre. Par la suite, les formes géométriques structurées côtoient tantôt une forme plus gestuelle, tantôt une série de gouttelettes ou encore un pochoir enveloppé de couleur en aérosol. La peinture acrylique vient sceller et soutenir tous ces matériaux de façon discrète et harmonieuse, rendant l'image personnelle, originale et solide.

Depuis donc une vingtaine d'années, l'artiste peintre Sylvie Cloutier exploite de façon constante une image qui évolue continuellement, une image qui nous invite à partager cette passion de peindre et de créer.

Consultez notre site
www.groupemorin.com
vous y trouverez du matériel
complémentaire pour plusieurs
de nos ouvrages.

Gaëtan Morin Éditeur ltée
171, boul. de Mortagne, Boucherville (Québec), Canada   J4B 6G4
Tél. : (450) 449-2369

Nous reconnaissons l'aide financière du gouvernement du Canada par l'entremise du Programme d'aide au développement de l'industrie de l'édition (PADIÉ) pour nos activités d'édition.

Révision linguistique : Yvan Dupuis

Imprimé au Canada 2 3 4 5 6 7 8 9 0   00 09 08 07 06 05 04 03 02 01

Dépôt légal 3e trimestre 1999 – Bibliothèque nationale du Québec – Bibliothèque nationale du Canada

AVANT-PROPOS

Que retrouve-t-on dans ce guide d'apprentissage de la recherche opérationnelle (RO) ? À quelle clientèle ce manuel est-il destiné ? Selon quels principes est-il organisé ? Nous répondrons dans l'ordre à chacune de ces questions.

Plusieurs des situations présentées sont des mini-cas qui favorisent l'apprentissage par osmose des notions de la RO. Certains d'entre eux proviennent d'ailleurs de problèmes réels, mais débarrassés de la gangue des détails anecdotiques qui souvent détournent l'attention de l'essentiel et entravent, par leur présence, l'assimilation des concepts. Les mises en situation proviennent de divers horizons et c'est à dessein que la multiplicité des contextes a été retenue : le lecteur reçoit ainsi, comme bénéfice supplémentaire de son étude, l'exploration de divers domaines où la RO déterministe a éclairé la voie des gestionnaires. Les auteurs ratissent large, martelant plusieurs clous : celui du raisonnement propre au modéliseur, celui de l'imagination nécessaire pour percevoir le monde à la façon d'un pro de la RO, celui de la réflexion à souci de gestion. Le lecteur y apprend à la fois à contrôler les techniques de la RO et à adopter un esprit critique devant les modèles conçus et les résultats présentés.

Ce livre se veut une réponse au désir impérieux de beaucoup d'étudiants d'accéder à des problèmes résolus, sans que le professeur ait à sacrifier, en se sentant forcé d'en dévoiler les solutions, la banque de problèmes où il puise tests, quizz, devoirs et examens. Il donne confiance à l'étudiant qui souhaite s'attaquer aux exercices présentés dans son manuel de cours et dont on ne lui indique tout au plus que la réponse. De fait, ce texte est plus qu'une simple collection de problèmes résolus. Non seulement indique-t-il en un premier temps une bonne façon de répondre à une question à laquelle un étudiant pourrait être confronté en devoir ou en examen. Il va plus loin. Il débusque les difficultés, il permet de lire en filigrane les divers principes sur lesquels s'appuie la RO, il multiplie les commentaires et expose de nouvelles approches, il interroge le lecteur dans ses a priori, il invite à la visite des coins obscurs que ce dernier n'aurait probablement pas explorés de sa seule initiative.

Il serait sans doute téméraire pour un étudiant ignorant tout de la RO d'apprendre cette discipline en s'appuyant sur ce seul recueil de problèmes, bien qu'un étudiant du programme M.B.A. désireux de redécouvrir la RO pourrait l'utiliser avec grand profit. Toutefois le lecteur néophyte aurait intérêt à consulter également manuels de base ou notes de cours où sont présentés de façon élaborée théorèmes et raisonnements.

Un manuel naturel d'accompagnement serait *La Recherche Opérationnelle* des mêmes auteurs chez le même éditeur. D'ailleurs les titres et numéros de chapitre du présent recueil sont calqués sur ceux de ce manuel. C'est pourquoi le présent livre démarre avec un chapitre portant le numéro 2 : en effet, *La Recherche Opérationnelle* consacre son chapitre 1 à une brève réflexion sur la méthodologie de la RO et à un tour d'horizon de son histoire et de ses applications, sujets qui ne requièrent pas la solution d'exercices pour leur assimilation.

Un site internet, dont l'adresse est :

http://www.hec.ca/~p920/manuels/PRRO/

présente divers outils informatiques reliés directement ou indirectement à ce recueil. Ce site, qui continue à évoluer, contient pour l'instant :

♦ des fichiers de données en format STORM qui donnent les modèles linéaires ou les modèles de réseau associés à tous les problèmes ;

♦ des fichiers de données en format EXCEL pour les problèmes des chapitres 2 à 7;

♦ des exemples de fichiers EXCEL présentant la résolution graphique des problèmes du chapitre 3 et de certains problèmes à 2 dimensions des chapitres 4, 5 et 6;

♦ des didacticiels interactifs qui guident l'apprentissage de la méthode SÉP et de l'algorithme du transport;

♦ une guide d'utilisation des logiciels STORM et EXCEL pour résoudre les modèles mathématiques décrits dans ce recueil;

♦ des fichiers de données en format STORM (et EXCEL pour les chapitres 2 à 7) qui donnent les modèles linéaires ou les modèles de réseau associés aux exemples du manuel *La Recherche Opérationnelle*.

Les problèmes de chaque chapitre de ce recueil sont d'abord regroupés par thèmes, puis classés en ordre croissant de difficulté. Les problèmes ou questions les plus difficiles sont marqués d'un astérisque. Afin de créer des conditions favorables au développement de l'esprit de synthèse, les solutions présentées sont de plus en plus concises au fur et à mesure que le lecteur progresse dans l'étude d'un thème. Il s'agit d'une méthode pédagogique, dite de sevrage graduel, qui a fait ses preuves dans le développement d'une plus grande autonomie chez l'étudiant.

Chaque solution présente une réponse complète à la question posée dans l'énoncé, une réponse comme le professeur espère en trouver dans la copie d'un bon étudiant. Cependant, les auteurs ajoutent parfois, en notes, d'autres éléments qui pourraient éclairer l'étudiant curieux. Il s'agit dans certains cas de commentaires qui élargissent la question posée; dans d'autres cas, on attire l'attention sur des difficultés ou subtilités; enfin, ces notes sont utilisées pour présenter d'autres solutions, ce qui permet d'illustrer le fait que certains problèmes de recherche opérationnelle possèdent plusieurs solutions correctes.

Ce manuel-guide sert donc à la fois de piscine pour l'apprentissage et de tremplin pour la curiosité.

La présente version représente la dernière mouture d'une série de recueils soumis, semestre après semestre, à de nombreuses cohortes d'étudiants tant à l'UQAM qu'à l'École des HÉC de Montréal. Les remarques de plusieurs d'entre eux nous ont indiqué les boulons à resserrer et les argumentations à affûter.

Nous tenons à remercier le Service de l'enseignement des méthodes quantitatives et le Service de la recherche de l'École des HÉC pour leur soutien financier, ainsi que divers stagiaires, dont Edgar Cabral et Nathalie Perrier, qui ont construit et vérifié les nombreux fichiers informatiques nécessaires à la préparation des textes.

Les auteurs

TABLE DES MATIÈRES

Le premier numéro de page correspond à l'énoncé ; le second, à la solution.

2. La modélisation - Énoncés

1. La planification de la production dans une manufacture

Une manufacture, qui fabrique 3 produits, utilise trois ressources pour cette production : services techniques, main-d'oeuvre et services administratifs. Le tableau suivant donne les ressources nécessaires à la production d'une unité de chacun des produits, ainsi que diverses autres données pertinentes.

Produit	Ressources utilisées (en h/unité)			Profit (en $/unité)
	Services techniques	Main-d'oeuvre	Services administratifs	
P1	1	10	2	10
P2	1	4	2	6
P3	1	5	6	4
Temps disp. (en h)	100	600	300	

Construire un modèle linéaire qui indique comment planifier la production de façon à maximiser les profits. Résoudre ce modèle et déterminer un plan de production optimal.

2. La firme Corie

Corie fabrique, dans son usine de Laval, des pièces de 4 types : C, D, E, F. L'usinage d'une pièce requiert une opération dans chacun des 4 ateliers A1, A2, A3 et A4. Le tableau suivant donne diverses données relatives à la planification de la production hebdomadaire de Corie, dont la durée de l'usinage d'une pièce selon le type et selon l'atelier.

Pièce	Durées des opérations requises (en h/unité)				Profit (en $/unité)	Production minimale (en unités/sem.)
	A1	A2	A3	A4		
C	0,5	2	0,5	3	8	100
D	1	1	0,5	1	7	600
E	1	1	1	2	6	500
F	0,5	1	1	3	6,5	400
Temps disp. (en h/sem.)	1 800	2 800	1 960	5 600		

Le marché est suffisamment porteur pour absorber toutes les pièces C, D, E et F que Corie pourrait produire. Construire et résoudre un modèle linéaire qui indique comment planifier la production hebdomadaire de Corie, de façon à maximiser les profits.

3. L'usine d'automobiles

Une usine produit des voitures sport et des berlines. On y trouve 3 ateliers, où la production des voitures des 2 types s'effectue en parallèle.

- Atelier 1 : montage des moteurs. Monter un moteur requiert 3,5 heures de main-d'oeuvre dans le cas d'une berline et 4 heures dans le cas d'une voiture sport. Cet atelier dispose chaque mois de 1 500 heures de main-d'oeuvre.

- Atelier 2 : carrosserie. Une carrosserie de berline requiert 2 heures de main-d'oeuvre; pour la carrosserie d'une voiture sport, il faut prévoir 1 heure de plus. Cet atelier dispose de 2 000 heures par mois.

- Atelier 3 : assemblage. Pour assembler une berline, il faut compter 1,5 heure; pour assembler une voiture sport, il faut une demi-heure de plus. Cet atelier peut assembler tout ce que produisent les ateliers 1 et 2.

Si l'on ne tient pas compte des coûts de main-d'oeuvre, une berline rapporte 2 345 $ et une voiture sport, 3 456 $. Les heures de main-d'oeuvre reviennent à 16 $ chacune dans l'atelier 1, à 15 $ chacune dans l'atelier 2 et à 12 $ chacune dans l'atelier 3. Enfin, il faut produire au moins 120 berlines par mois.

Construire un modèle linéaire qui indique comment planifier la production mensuelle des berlines et voitures sport, de façon à maximiser les profits.

4. L'usine Joubec de Trois-Rivières

Joubec inc. fabrique, dans son usine de Trois-Rivières, des tricycles, des camions et des poupées. Le carnet de commandes impose la production, le mois prochain, d'au moins 1 300 tricycles, 1 250 camions et 4 000 poupées. Le tableau suivant donne les coûts de production et la contribution au profit de chaque jouet.

Jouet	Coût de production	Contribution au profit
Tricycle	15 $	4,00 $
Camion	5 $	1,50 $
Poupée	4 $	1,00 $

Le directeur de l'usine s'est fixé comme premier objectif d'atteindre le point mort. Il définit la contribution au profit d'un jouet fabriqué dans son usine comme la différence entre le prix de vente et le coût de production (à l'exclusion des frais d'exploitation). L'usine atteint donc le point mort aussitôt que la contribution totale au profit est égale aux frais d'exploitation, lesquels s'élèvent à 41 000 $ par mois.

Le directeur cherche donc à déterminer combien de jouets de chaque sorte produire le mois prochain de façon à atteindre le point mort tout en minimisant les coûts de production. Construire un modèle linéaire approprié.

5. Les cidres

Cidrosec détient une formule secrète d'élaboration de cidres mousseux. Elle en fabrique 2 types, le Sukoe et le Polisukoe, qu'elle commercialise auprès des traiteurs, des épiceries fines et des grands restaurants. Il s'agit de produits haut de gamme qui requièrent plusieurs variétés de pommes différentes dont certaines, importées, sont cueillies avant leur pleine maturité et conservées au froid jusqu'à ce qu'elles aient perdu une bonne part de leur eau. Le moût obtenu est fermenté en présence de levures normalement associées à la pourriture noble de certains grands vins français. Pour des raisons techniques, le Sukoe doit compter pour au moins 25% de la production annuelle de Cidrosec, mais sans dépasser la barre des 75%. Cidrosec ne commercialise que des bouteilles qui ont au plus un an d'âge.

La demande annuelle, si elle n'était pas stimulée par la publicité, s'établirait comme suit : 20 000 bouteilles de Sukoe et 15 000 de Polisukoe. La publicité de Cidrosec cible tour à tour chacun de ses deux produits; de plus, chaque dollar investi dans la publicité d'un cidre augmente de 1 bouteille la demande de ce cidre, sans influer sur la demande de l'autre. Le Sukoe se vend 10 $ la bouteille, le Polisukoe, 11,25 $. Les coûts reliés à la production et à la distribution s'élèvent à 5 $ la bouteille pour le Sukoe et à 4 $ pour le Polisukoe. Le budget qu'entend investir cette année Cidrosec dans la production, la distribution et la publicité de son cidre est limité à 295 000 $.

Cidrosec cherche à maximiser la contribution totale au profit retirée de la vente de ses cidres. Construire et résoudre un modèle linéaire approprié.

6. Piles

Une entreprise fabrique trois types de piles : sèches de type 1 (PS1), sèches de type 2 (PS2) et à combustibles (PC). Le processus de fabrication comporte trois étapes : l'assemblage, un test de qualité et un traitement d'isolation. Seules les piles qui réussissent le test de qualité sont soumises au traitement d'isolation. Au cours du mois prochain, l'entreprise disposera en temps-machine de 10 000 heures pour l'assemblage, de 1 300 heures pour les tests de qualité et de 7 500 heures pour le traitement d'isolation. Les piles qui ratent le test de qualité sont mises au rebut, à un coût variant entre 10 ¢ et 15 ¢ l'unité selon le type de pile. Le tableau suivant résume les informations pertinentes du procédé de fabrication.

Type	Assemblage (en s/u)	Test (en s/u)	Isolation (en s/u)	Profit (en $/u)	Taux d'échec	Perte (en $/u)
PS1	30	3	15	0,25	3%	0,10
PS2	25	4,5	22	0,20	1%	0,13
PC	24	4	21	0,22	2%	0,15

Notes. Les temps sont en secondes par unité (par pile). Les profits sont en dollars par unité vendue; les pertes, en dollars par unité rejetée à la suite du test de qualité.

Question 1: Quel est le nombre optimal de piles de chaque type à fabriquer le mois prochain si l'entreprise est assurée de vendre chaque pile fabriquée ?

Question 2: Supposons que l'entreprise puisse, avec un investissement en qualité totale, diminuer totalement le taux d'échec, de sorte qu'il ne soit même plus nécessaire de tester les piles. Dans ce contexte modifié, les coûts de production diminueraient — et les marges bénéficiaires augmenteraient. On présumera ici que l'entreprise économiserait seulement les coûts de la main-d'oeuvre affectée au test, que ces personnes gagnent 9 \$/h et que l'entreprise peut mettre à pied ces employés sans frais. La production optimale dans ce nouveau contexte différerait-elle de celle proposée en réponse à la question 1 ? De combien augmenterait le profit optimal ?

7. Fusion de deux sociétés

Deux sociétés, X et Y, fabriquaient les mêmes produits, P1 et P2. La société X disposait d'une force de travail de 10 000 heures-personnes par mois dont la productivité permettait de fabriquer 4 unités de P1 par heure-personne ou 4 unités de P2 par heure-personne. Elle payait 10 \$ l'heure les ouvriers affectés au produit P1 et 11 \$ l'heure ceux qui étaient affectés à P2. La société Y, qui disposait d'une force de travail de 6 000 heures-personnes par mois, produisait 3 unités de P1 par heure-personne ou 6 unités de P2 par heure-personne. Elle payait ses employés 12 \$ et 9 \$ l'heure respectivement pour fabriquer les produits P1 et P2.

Les sociétés X et Y viennent de fusionner. La nouvelle société s'est engagée à respecter les politiques salariales en vigueur. Elle n'est pas tenue d'utiliser toute la main-d'oeuvre disponible, mais la direction a promis aux employés de ne pas embaucher de nouvelle main-d'oeuvre. Les employés resteront dans l'usine où ils étaient avant la fusion. La direction peut toutefois muter du personnel de la fabrication d'un produit à un autre; l'employé muté recevra le salaire associé au produit qu'il fabrique.

L'objectif de la nouvelle société est de minimiser les coûts de main-d'oeuvre pour les 3 prochains mois tout en fabriquant 121 500 unités de P1 et 102 000 unités de P2.

8. Skidoo

Un pourvoyeur du Grand Nord québécois accueille, l'été, les pêcheurs de brochet et de touladi puis, l'automne, les chasseurs de gibier à panache. Il a conclu une entente avec la grande agence de voyages européenne Nomades pour organiser des randonnées en motoneige d'un mois chacune en pleine toundra pendant l'hiver, alors que sont possibles des périples qu'interdiraient, après le dégel, les efforts combinés de la raspoutitsa et des moustiques. Soucieux de la sécurité des âmes qu'on lui confie, le pourvoyeur prévoit des caches de pétrole et de nourriture en différents points du périple.

Chaque randonneur se verra confier une motoneige. Voici le nombre de clients qui sont prévus au cours de chacun des 5 mois d'hiver qui viennent.

Mois	1	2	3	4	5
Nombre de clients	50	60	40	85	25

À l'instar de plusieurs collègues, le pourvoyeur loue ses motoneiges auprès de la Société de développement crie qui dispose des capitaux nécessaires pour en financer l'achat et emploie des mécaniciens aptes à les réparer. Pour ralentir les mouvements dans son carnet de location, la Société de développement offre les tarifs de location à taux dégressifs suivants.

Durée (en mois)	1	2	3	4	5
Tarif (en $/moto)	1 000	1 500	1 900	2 200	2 450

Il faut également prévoir des frais de 150 $ par motoneige pour la reconduite chez le locateur en fin de location.

Quelle entente le pourvoyeur doit-il conclure avec le locateur de motoneiges pour minimiser ses coûts ?

9. Politique d'achats d'ARMA

L'entreprise ARMA veut établir une politique d'achats optimale pour le premier semestre de l'an prochain. Deux occasions se présenteront pour acheter une certaine pièce qui est requise pour la production : début janvier, au coût de 5 $/unité; et début avril, au coût de 6 $/unité. Les pièces achetées seront expédiées à l'entrepôt de l'entreprise; à la fin de chaque mois, on en livrera une certaine quantité aux ateliers. Voici le nombre de pièces qui, selon le plan de production déjà établi, devront être livrées à la fin de chacun des 6 mois de la période de planification.

Janvier Mois 1	Février Mois 2	Mars Mois 3	Avril Mois 4	Mai Mois 5	Juin Mois 6
1 200	1 500	1 800	2 000	3 000	2 100

Le coût mensuel d'entreposage d'une pièce est évalué à 50 ¢ pendant le premier trimestre et à 60 ¢ pendant le second. On cherche à déterminer le nombre de pièces à acheter en janvier et en avril de façon à satisfaire la demande au moindre coût.

10. Embauche de personnel chez Vallée

Chez Vallée, un fabricant de meubles, on a établi, en tenant compte du carnet de commandes, les besoins totaux en personnel des trois prochains mois :

        Mois 1   :   200 mois-personnes

        Mois 2   :   220 mois-personnes

        Mois 3   :   230 mois-personnes

Si on ne procédait à aucune embauche, le nombre d'employés, en tenant compte des départs annoncés et prévus, s'établirait comme suit :

        Mois 1   :   180 employés

        Mois 2   :   175 employés

        Mois 3   :   170 employés

Vallée permet à des employés expérimentés de doubler certains jours leur quart de travail; il en coûte une prime de 2 100 $ par mois-personne obtenu de cette façon. Mais le syndicat ne veut pas consentir à ce que plus de 40 mois-personnes soient trouvés de cette façon chaque mois.

Vallée peut également, au début de chaque mois, procéder à l'embauche de nouveaux employés. Les besoins d'encadrement du nouveau personnel empêchent d'en recruter plus de 35 par mois et il en coûte 375 $ par nouvel employé embauché. Chez Vallée, les conditions de travail sont dures et les contre-maîtres exigeants. Certains nouveaux employés quittent rapidement : la direction du personnel évalue que, lorsque 10 employés sont engagés, 9 restent suffisamment longtemps pour être comptés dans la force de travail du mois de leur engagement, 8 seront comptés dans la force de travail du mois suivant et 6 dans celle du mois subséquent. La productivité d'un nouvel employé, en pourcentage de celle d'un employé bien entraîné, progresse généralement de 20% le 1er mois à 50% le 2e mois, pour atteindre 60% le 3e mois.

Quelle politique d'heures supplémentaires et d'embauche Vallée devrait-elle adopter pour minimiser les coûts de personnel ?

11.   Kennebec

Un planteur de pommes de terre a connu une saison désastreuse : les pluies printanières ont alourdi les sols et retardé la plantation; l'été pluvieux qui a suivi a entraîné de très fréquentes utilisations de coûteux fongicides, puis de féroces attaques des doryphores ont forcé de nombreux arrosages d'insecticides. La mévente de la récolte précédente, provoquée par les stocks importants de pommes de terre en provenance du Nouveau-Brunswick, avait déjà mis le planteur en difficulté financière. Et, pour clore le tout, une saisie intempestive de son équipement de récolte et les froids qui s'approchent à grands pas le forcent à offrir la récolte de ses champs à 4 planteurs du voisinage qui, eux, ont conclu des contrats d'approvision-nement avec des fabricants de chips de la métropole.

Le planteur dispose de 3 champs, dont les superficies sont de 40 hectares, de 50 hectares et de 80 hectares respectivement. Les planteurs voisins lui ont remis chacun une soumission cachetée pour les champs dont la récolte les intéresse. Voici les prix à l'hectare que proposent les soumissionnaires.

PRIX DES SOUMISSIONS (en $/ha)

Planteur	Champ		
	40 ha	50 ha	80 ha
A	3 000	2 320	3 250
B	-----	2 420	2 980
C	3 150	-----	2 950
D	2 890	2 300	2 800

Pour équilibrer les chances des soumissionnaires dont il souhaite conserver l'amitié, le planteur a convenu avec ces derniers qu'aucun n'obtiendrait plus de 50% des hectares de l'un ou l'autre des trois champs. Quelle superficie de chaque champ doit-il accorder à chacun pour maximiser son revenu total ?

12. Les mélanges de SOS

La compagnie SOS fabrique quatre mélanges (M1, M2, M3 et M4) à partir de trois liquides de base (A, B et C). Le premier tableau ci-dessous indique combien de litres au maximum SOS pourrait se procurer de chacun des liquides et quel prix elle les paierait.

PRIX ET DISPONIBILITÉ DES LIQUIDES DE BASE

Liquide	Disponibilité (en litres)	Prix d'achat (en $/$\ell$)	Prix de vente (en $/$\ell$)
A	350	1,50	1,75
B	425	2,00	2,25
C	375	3,25	3,30

Le second tableau décrit les conditions que doit respecter SOS dans la composition des mélanges M1, M2, M3 et M4.

PROPORTION DE CHAQUE LIQUIDE DE BASE DANS CHACUN DES MÉLANGES

Liquide	M1	M2	M3	M4
A	au moins 30%	au plus 50%	---	40%
B	25%	au moins 32%	pas plus de 40%	au moins 10%
C	au moins 20%	au plus 36%	au moins 25%	au moins 30%

Le marché peut absorber toute la production de SOS pour autant que les prix de ses mélanges soient maintenus aux niveaux actuels : 2,50 $ le litre pour M1; 3,25 $ le litre pour M2; 3,85 $ le litre pour M3; 2,65 $ le litre pour M4. SOS peut également revendre les liquides de base directement sur le marché, sans les incorporer à l'un ou l'autre des mélanges; elle les offrirait alors aux prix unitaires indiqués dans la dernière colonne du premier des tableaux ci-dessus.

Comment SOS doit-elle s'y prendre pour maximiser les contributions aux coûts d'exploitation et aux profits, sachant qu'elle veut s'assurer que la production de M2 représente au moins 40% de la production totale des 4 mélanges ?

13. Les engrais et le maraîcher

Une coopérative agricole dispose, à la fin d'août, de stocks en vrac importants de six types d'engrais, qu'elle songe à brader pour en éviter l'entreposage jusqu'à la prochaine saison de plantation. Un maraîcher, spécialiste de la culture en serres, s'est montré intéressé par un mélange que la coopérative pourrait constituer avec une partie de ses stocks d'engrais, pourvu que ce mélange possède les caractéristiques suivantes :

- teneur en azote : entre 30% et 35% du poids du mélange;

- teneur en chaux : entre 18% et 22% du poids du mélange;

- teneur en phosphore : entre 25% et 30% du poids du mélange;

- teneur en calcite : entre 10% et 16% du poids du mélange.

Le maraîcher est disposé à acheter un maximum de 25 tonnes d'un tel mélange, au tarif de 7,25 $ les 100 kg. Le tableau suivant décrit la composition des 6 engrais en stock. Il donne également les prix qu'en obtiendra la coopérative si elle les brade directement.

Engrais	Composition des engrais (en % du poids de l'engrais)					Stock	Prix bradés
	Azote	Chaux	Phosphore	Calcite	Autre	(en kg)	(en $ / 100kg)
1	9%	2%	27%	16%	46%	7 500	7,50
2	10%	6%	37%	15%	32%	6 000	6,00
3	27%	12%	40%	11%	10%	3 000	6,50
4	39%	24%	12%	25%	0%	12 000	7,50
5	38%	17%	28%	5%	12%	10 000	6,25
6	0%	40%	0%	0%	60%	11 000	7,75

La coopérative, afin de maximiser les sommes obtenues en écoulant ses stocks d'engrais, utilise un modèle linéaire, dont les variables de décision se définissent comme suit :

x_T = poids (en kg) du mélange préparé pour le maraîcher

x_j = nombre de kg de l'engrais j à mettre dans le mélange

y_j = nombre de kg de l'engrais j qui seront bradés directement.

Les contraintes technologiques du modèle se regroupent en 4 catégories.

- La première contient une seule équation, « DÉFN XT », qui définit la variable d'étape x_T en fonction des variables x_j .

- La deuxième, formée de 4 paires d'inéquations, force le mélange à respecter les exigences du maraîcher.

- La troisième limite à 25 tonnes le poids total du mélange.

- Le dernière contraint la coopérative à ne pas utiliser plus d'engrais qu'elle n'en dispose.

Question 1: Écrire la fonction-objectif.

Question 2: Écrire les contraintes des 1re et 3e catégories.

Question 3: Donner les 2 inéquations de la 2e catégorie qui sont associées à l'azote.

Question 4: Donner l'équation de la 4e catégorie qui se rapporte à l'engrais 1.

14.   La Société civile du vignoble de Château Bacchus

La Société civile du vignoble de Château Bacchus possède en Médoc quelques parcelles prestigieuses, sur lesquelles elle cultive des vignes de divers cépages.

Le tableau 1 de la page suivante énumère les vins commercialisés par la Société. Les deux rouges s'obtiennent en assemblant trois cépages selon des proportions qui doivent satisfaire aux conditions décrites au tableau 2. De même, les blancs sont des mélanges de sémillon et de sauvignon. Les vins commercialisés sous l'appellation Château Bacchus, un grand cru classé, doivent provenir exclusivement des meilleures vignes de la propriété. Les seconds vins de la Société, les Petits Bacchus, sont généralement fabriqués à partir de raisins de qualité 2, mais peuvent comporter également une certaine quantité de raisins de qualité 1, ce qui ne fait qu'ajouter à leur goût et à leur valeur.

La Société a déjà accepté diverses commandes fermes de négociants français et de distributeurs étrangers. Le tableau 1 résume ces engagements sous le titre « Demande minimale ». Les quantités maximales données dans ce même tableau constituent des limites que la Société entend ne pas dépasser afin de préserver son image de marque. En effet, un excès de production risquerait de forcer la Société à solder les bouteilles qui resteraient invendues, ce qui minerait le prestige de la marque et nuirait probablement aux ventes des années ultérieures.

Par ailleurs, la Société prévoit mettre sur le marché des coffrets contenant une bouteille de rouge et une bouteille de blanc de même qualité. Elle évalue à 3 000 unités la demande de coffrets « Château Bacchus », qu'elle prévoit vendre 200 FF chacun. De même, le coffret « Le Petit Bacchus » rapporterait 95 FF à la Société, et la demande en est estimée à 8 000 unités. Fabriquer un coffret revient à 7 FF environ. La Société considère que ces coffrets s'adressent à une clientèle qu'elle ne rejoint pas avec ses produits traditionnels et juge donc, en première analyse, que l'introduction de ces deux nouveaux produits n'affectera en rien la demande des vins vendus à la bouteille.

Écrire et résoudre un modèle linéaire qui permettrait à la Société civile du vignoble de Château Bacchus de maximiser les revenus qu'elle tirera de la récolte décrite au tableau 3. On déduira de ces revenus les frais de fabrication des coffrets. De plus, on supposera, pour simplifier, qu'aucune perte n'est subie lors de la production : ainsi, 3 hℓ de matières premières donnent 300 litres de vins, c'est-à-dire 400 bouteilles de 75 cℓ. On suggère enfin de s'inspirer, pour la définition des variables de décision, de la représentation schématique de la page 11, où les réservoirs E et F correspondent aux coffrets Château Bacchus et Le Petit Bacchus respectivement. Tout d'abord, à chaque tuyau reliant les réservoirs i et j, on associera une variable x_{ij} : par exemple,

x_{1B} = quantité (en hℓ) de matière première 1 entrant dans le vin B

x_{AV} = nombre de bouteilles du vin A vendues séparément

x_{BF} = nombre de bouteilles du vin B entrant dans la composition des coffrets Le Petit Bacchus

x_{EV} = nombre de coffrets Château Bacchus vendus.

On introduira également des variables d'étape y_J, où J = A, B, C, D :

y_J = quantité (en hℓ) du vin J produite.

Tableau 1. LISTE DES PRODUITS DE LA SOCIÉTÉ

Code	Nom	Type	Prix (en FF/bout.)	Demande (en bout.) minimale	maximale
A	Château Bacchus	Rouge	100	160 000	250 000
B	Le Petit Bacchus	Rouge	40	425 000	650 000
C	Château Bacchus	Blanc	85	70 000	200 000
D	Le Petit Bacchus	Blanc	35	270 000	600 000

Tableau 2. ASSEMBLAGE DES VINS

Type	Cépages	Proportions
Rouge	Cabernet sauvignon	Entre 65% et 70%
	Merlot	Entre 20% et 35%
	Cabernet franc	Au plus 10%
Blanc	Sémillon	Entre 60% et 65%
	Sauvignon	Entre 35% et 40%

Tableau 3. VINS PRODUITS SUR LES PROPRIÉTÉS DE LA SOCIÉTÉ

Nº	Cépage	Qualité	Quantité disp. (en hℓ)
1	Cabernet sauvignon	1	1 110
2	Cabernet sauvignon	2	3 450
3	Merlot	1	375
4	Merlot	2	1 780
5	Cabernet franc	1	220
6	Sémillon	1	585
7	Sémillon	2	1 540
8	Sauvignon	1	410
9	Sauvignon	2	640

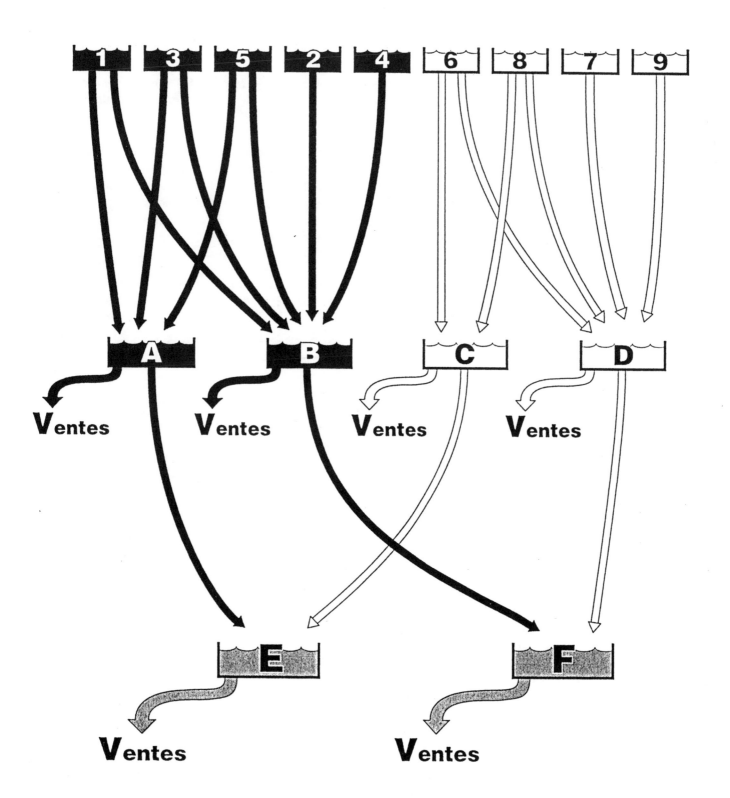

15. Fourniture de vêtements militaires

Un intermédiaire, qui a ses entrées au ministère de la Défense nationale, a obtenu un intéressant contrat de fourniture de vêtements destinés aux militaires. Il devra au cours des trois prochains mois livrer des tenues estivales de campagne (produit P1), des tenues hivernales de campagne (P2) dont on a un très grand et très urgent besoin, de grandes capotes polaires (P3) et des bonnets de fourrure (P4). Il s'est engagé à livrer chaque semaine un minimum de 4 300 tenues estivales, de 5 000 tenues hivernales, de 3 500 capotes polaires et de 12 800 bonnets de fourrure. Il faudra de plus que le nombre de bonnets soit au moins égal à la somme des unités des trois autres produits.

Comme notre intermédiaire ne dispose ni du personnel ni des machines nécessaires à la confection de ces vêtements militaires, il a prévu louer les services d'ateliers compétents. Après de brèves, mais vives, négociations, il a retenu quatre ateliers aux tarifs indiqués dans le tableau ci-dessous. Chaque produit devra subir, dans chacun des ateliers, un traitement dont la durée est donnée également dans le tableau ci-dessous. Les ateliers 1, 3 et 4 ont offert 3 500 heures chacun et notre intermédiaire s'est engagé à louer au moins 2 500 heures de chacun d'entre eux. L'entente avec l'atelier 2 porte sur un maximum de 1 500 heures et aucun minimum n'a été spécifié.

Atelier	Durée des opérations (en mp/unité)				Coût de location (en $/hp)
	P1	P2	P3	P4	
A1	2	8	4	8	24
A2	2	4	2	2	30
A3	4	6	6	6	36
A4	4	10	4	4	48

Note. Les durées sont exprimées en minutes-personnes par unité; les coûts de location, en dollars par heure-personne.

Une tenue estivale coûte 6 $ en matières premières; le Ministère s'est engagé à la payer 26 $. Les matières premières des produits P2, P3 et P4 reviennent à 14 $, à 7 $ et à 10 $ l'unité respectivement; le Ministère versera 30 $, 19 $ et 26 $ l'unité respectivement pour les tenues hivernales, pour les capotes polaires et pour les bonnets de fourrure.

Les contrats avec le ministère de la Défense nationale sont souvent de fort profitables affaires, mais le Ministère est lent à honorer ses engagements financiers. Notre intermédiaire peut faire attendre ses fournisseurs, qui sont habitués aux lenteurs gouvernementales et fixent leurs prix en conséquence. Par contre, les ateliers facturent hebdomadairement et veulent être payés rapidement. Et notre intermédiaire ne dispose pas de plus de 500 000 $ par semaine à investir dans les frais de location.

L'intermédiaire a demandé conseil à un analyste pour planifier la confection des vêtements à livrer au Ministère. Celui-ci a construit un modèle linéaire qui vise à maximiser le profit de l'intermédiaire et dont les variables de décision se définissent ainsi :

x_j = nombre d'unités du produit Pj à livrer au Ministère chaque semaine

y_i = nombre de minutes de main-d'oeuvre louées dans l'atelier Ai chaque semaine.

Les contraintes technologiques du modèle se regroupent en 5 catégories :

- La première comporte 4 équations « DÉFN Yi », où i = 1, 2, 3, 4, qui définissent les temps de location y_i en fonction des variables x_j . Par exemple, « DÉFN Y1 » s'écrit ainsi :

$$2 x_1 + 8 x_2 + 4 x_3 + 8 x_4 - y_1 = 0.$$

- La 2e se résume à une contrainte « BUDGET » qui spécifie que les coûts hebdomadaires de location ne doivent pas dépasser le budget de notre intermédiaire.

- La 3e traduit, à l'aide de 7 inéquations, les bornes inférieures et supérieures au temps de location qui découlent des ententes avec les ateliers.

- La 4e force l'intermédiaire à livrer hebdomadairement autant d'unités de chaque produit que le demande le Ministère.

- La dernière catégorie contient une seule inéquation.

Question 1 : Écrire la fonction-objectif.

Question 2 : Écrire l'équation « DÉFN Y2 », qui exprime le temps de location de l'atelier 2 en fonction des variables x_j .

Question 3 : Écrire l'inéquation « BUDGET ».

Question 4 : Donner une contrainte de la 3e catégorie et une contrainte de la 4e catégorie.

Question 5 : Écrire l'unique inéquation de la 5e catégorie.

16. Appel d'offres pour l'achat d'articles

Une société d'État a décidé de procéder par appel d'offres pour se procurer divers articles. Voici les quantités requises des différents articles.

QUANTITÉS REQUISES (en centaines d'unités)

Article	A	B	C	D	E	F	G	H
Quantité requise	411	267	439	313	463	577	487	393

La société a lancé l'appel d'offres auprès des 10 firmes nationales dont le nom apparaissait sur une liste restreinte établie par un logiciel qui dresse ces listes en laissant le hasard jouer un rôle important. À partir des soumissions reçues des 8 firmes qui se sont montrées intéressées, on a établi le tableau suivant, qui donne les prix unitaires p (en \$), ainsi que les quantités minimales et maximales (en centaines d'unités) que les firmes acceptent de livrer.

Article	F1 p	F1 min/max	F2 p	F2 min/max	F3 p	F3 min/max	F4 p	F4 min/max	F5 p	F5 min/max	F6 p	F6 min/max	F7 p	F7 min/max	F8 p	F8 min/max
A	2	25 / 200	2,1	20 / 100	1,9	20 / 50	1,95	70 / 100	1,95	25 / 200	2,2	25 / 400	-	-	2,1	50 / 100
B	-	-	9	25 / 150	8,1	50 / 80	8,5	25 / 175	7,9	25 / 100	-	-	8,4	10 / 80	8,8	25 / 120
C	7	20 / 120	7,2	30 / 250	-	-	7	20 / 90	7,3	25 / 150	7,4	10 / 100	7,5	30 / 200	7,2	25 / 95
D	10	10 / 140	10	20 / 75	10,3	20 / 200	10,4	20 / 200	10,2	10 / 250	10,5	20 / 120	-	-	-	-
E	3	25 / 150	-	-	3,3	30 / 70	3,2	40 / 110	3,1	25 / 70	3	15 / 70	3,4	20 / 120	3,5	30 / 200
F	4	30 / 110	4,2	25 / 75	4,3	20 / 70	-	-	4,3	20 / 70	4	20 / 100	3,9	25 / 210	4	20 / 60
G	2	25 / 100	-	-	2,2	20 / 80	2,3	30 / 75	2,1	30 / 110	2,4	25 / 80	1,9	30 / 275	-	-
H	8	20 / 50	8,2	20 / 50	8,3	30 / 100	8,2	25 / 200	8,3	30 / 100	-	-	8,3	25 / 100	8,3	25 / 150

La société d'État a comme politique, à cause des coûts fixes de commande, de ne pas traiter avec un fournisseur à moins de 100 000 $. De plus, elle a fixé, pour des raisons politiques, une limite supérieure à son chiffre d'affaires global avec chacune des 8 firmes.

CHIFFRE D'AFFAIRES GLOBAL MAXIMAL (en 000 $)

Firme	F1	F2	F3	F4	F5	F6	F7	F8
Maximum	350	350	380	280	420	420	450	400

Le gestionnaire responsable de l'appel d'offres considère que la société devrait encourager les entreprises qui se sont donné la peine de préparer et déposer une soumission. Il entend donc faire affaire avec ces 8 firmes et respecter tous les minima et maxima de quantités indiqués dans le 2e tableau ci-dessus.

Comme le problème lui semblait complexe et les contraintes nombreuses, le gestionnaire a demandé à un analyste de déterminer la répartition des achats entre les 8 firmes qui minimise le coût total pour la société tout en respectant les différentes conditions mentionnées ci-dessus. Celui-ci a élaboré un modèle linéaire continu, dont les variables de décision se définissent comme suit :

x_{Ij} = nombre de centaines d'unités de l'article I achetées de la firme Fj.

Les contraintes technologiques du modèle se regroupent en 3 catégories.

- La 1re fixe des bornes au chiffre d'affaires global avec chacune des 8 firmes retenues.

- La 2ᵉ garantit que la société achètera suffisamment d'unités de chaque article.

- La dernière indique que la variable x_{Ij} doit respecter les quantités minimale et maximale établies à partir de la soumission de la firme Fj.

Question 1: Écrire la fonction-objectif. En quelles unités est exprimée cette fonction-objectif ?

Question 2: Donner les contraintes de la 1ʳᵉ catégorie qui sont associées à la firme F1.

Question 3: La société a besoin de 41 100 unités de l'article A. Indiquer comment traduire cette exigence dans le modèle linéaire.

Question 4: Donner les contraintes de la 3ᵉ catégorie qui sont associées à la variable x_{H1} .

17. Zoo

Tous les deux jours, il faut renouveler les 5 000 litres d'eau du bassin d'un zoo où évoluent deux bélugas. Pour simuler la composition de l'eau du milieu naturel de ces mammifères, il faut incorporer à l'eau chlorée de l'aqueduc 100 kg d'éléments constitués comme suit :

- au moins 30 kg de plancton;

- entre 10 et 20 kg d'un agent neutralisant du chlore;

- entre 10 et 20 kg d'un agent de stabilisation du Ph;

- au moins 30 kg de sels minéraux.

Le zoo est en rupture de stock temporaire du produit qui respecte ces exigences. Par contre, il dispose de 5 produits, adaptés chacun à d'autres animaux aquatiques mais dont aucun ne conviendrait tel quel aux bélugas. On cherche donc s'il est possible, en les mélangeant, d'obtenir un produit qui respecte les exigences de ces derniers. S'il existait plusieurs façons d'y arriver, le zoo chercherait évidemment la moins onéreuse. Les caractéristiques des produits dont dispose le zoo sont données dans le tableau suivant.

RÉPARTITION DES CONSTITUANTS DE CHAQUE PRODUIT (en % du poids)

	A	B	C	D	E
% de plancton	50	45	31	25	10
% de neutralisant du chlore	10	15	27	30	25
% de sels minéraux	25	20	36	40	27
% d'agent de contrôle du Ph	15	20	6	5	38
Qᵗᵉ disponible (en kg)	100	50	60	30	10
Coût (en \$/kg)	16	14	16	12	13

Quelle sera la composition du mélange le moins coûteux ?

18. Quarts de jour et quarts de nuit

Une firme fabrique des produits P1, P2 et P3 qui requièrent une opération d'usinage dans chacun des quatre ateliers A1, A2, A3 et A4. L'ordre selon lequel s'effectuent les opérations d'usinage est sans importance.

MAIN-D'OEUVRE REQUISE (en h / 1000 unités)

Atelier	P1	P2	P3
A1	20	30	25
A2	300	75	50
A3	160	20	25
A4	12	40	30

Le travail se poursuit, lorsqu'il le faut, selon le régime des deux quarts, jour et nuit, d'une durée de 8 heures chacun. On comptera 20 jours ouvrables le mois prochain. Dans tout atelier, tout quart de travail commencé entraîne d'emblée le débours du total des frais d'expoitation de cet atelier pour ce quart de travail. Le temps de main-d'oeuvre disponible à chaque quart de travail est de 40 h dans A1, de 250 h dans A2, de 200 h dans A3 et de 75 h dans A4.

FRAIS D'EXPLOITATION DES ATELIERS

Atelier	Pour un quart de jour	Pour un quart de nuit
A1	100 $	300 $
A2	500 $	600 $
A3	300 $	500 $
A4	900 $	1 000 $

Avant de prendre en compte les frais d'exploitation des ateliers, chaque unité du produit P1 rapporte 5 $, chaque unité de P2 rapporte 2,50 $ et chaque unité de P3, 1,25 $.

Les demandes maximales et minimales de ces produits sont données dans le tableau suivant. Ces demandes sont exprimées en unités.

Produit	Demande maximale	Demande minimale
P1	20 000	10 000
P2	35 000	20 000
P3	30 000	10 000

Combien d'unités de chacun des trois produits la firme devrait-elle fabriquer le mois prochain pour maximiser ses profits ?

19. L'élagage des manguiers

L'élagage des manguiers présente de nombreux avantages : il permet surtout de produire plus de mangues sur une même superficie; de plus, les arrosages et les traitements des arbres sont plus faciles d'exécution et la récolte des mangues se fait plus rapidement. L'élagage présente aussi des désavantages : il requiert une main-d'oeuvre expérimentée et nombreuse, car il faut prévoir en saison un élagage aux quinze jours; le risque d'infections cryptogamiques transmises par les blessures est élevé et les fruits produits, bien que plus nombreux, sont plus petits.

Un producteur de mangues sénégalais dispose d'un verger de 5 hectares (un hectare équivaut à 10 000 m^2, ou encore à 100 ares). Il obtient un rendement de 0,6 m^3 de fruits par are en consacrant 5 h/are de main-d'oeuvre pour l'élagage durant la saison. Le même are de manguiers produit 0,4 m^3 de fruits, plus gros cependant, lorsqu'il se contente d'un bref émondage, ce qui exige 1 h/are de main-d'oeuvre pour la saison. La main-d'oeuvre familiale peut consacrer 600 heures de travail à la récolte, et 1 800 heures en saison à l'émondage et à l'élagage des manguiers. La récolte d'un are élagué prend 1 heure, tandis qu'un are simplement émondé exige 1,5 heure. Enfin, le producteur et sa famille disposent de suffisamment de temps pour arroser et traiter tous les arbres du verger.

Le producteur écoule toute sa production auprès d'intermédiaires qui assurent le transport des mangues vers les marchés ou les usines de transformation. Il obtient 9 000 FCFA par mètre cube de petits fruits provenant des arbres élagués, et 12 600 FCFA par mètre cube de grosses mangues. Certains intermédiaires offrent également 31 200 FCFA pour un lot comprenant 2 m^3 de petites mangues et 1 m^3 de grosses mangues.

De quelle façon le producteur doit-il procéder pour maximiser les revenus qu'il tire de son verger ?

20. Politique de rotation des ingénieurs à l'île d'Anticosti

La compagnie SMD s'est vu confier la responsabilité de travaux de génie civil sur l'île d'Anticosti. Le tableau suivant indique combien d'ingénieurs seront requis pour ces travaux au cours des mois de la prochaine saison estivale.

Mois	1 Mai	2 Juin	3 Juillet	4 Août	5 Septembre	6 Octobre
Requis	3	5	8	7	9	3

Il en coûte à SMD 5 000 $ par mois pour maintenir *in situ* un ingénieur, que ses services soient requis ou non. SMD estime à 3 200 $ les frais afférents au retour d'un ingénieur de l'île vers Montréal, où est situé le siège social de l'entreprise. Ajouter un ingénieur au groupe travaillant dans l'île revient à 2 000 $. Toutes les rotations de personnel se font en début de mois.

SMD, qui tient à maintenir le moral de ses employés et la cohésion des équipes, s'est engagée à ne pas ajouter plus de 3 ingénieurs à la fois à l'équipe déjà en place, ni à ramener à Montréal plus du tiers des ingénieurs présents sur le site, sauf le dernier mois où toute l'équipe en place retournera à Montréal. Pour chaque ingénieur au-dessous du nombre requis, SMD doit débourser 6 000 $ par mois en heures supplémentaires. Enfin, les heures supplémentaires d'un mois donné sont limitées à 30% des heures travaillées ce mois-là en temps régulier.

Quelle politique de rotation des ingénieurs minimiserait les frais, sachant qu'en avril aucun ingénieur de SMD ne travaillera dans l'île et que, au début de novembre, tous les ingénieurs présents devront être ramenés à Montréal ?

21. L'assemblage de gadgets électroniques chez Balan

Balan assure, dans un petit atelier, le montage de deux gadgets électroniques bas de gamme destinés aux tout jeunes : chronomètres et calculatrices. Elle retire un profit de 2 $ par chronomètre et de 2,50 $ par calculatrice. Balan écoule ces gadgets auprès d'un grossiste, qui peut absorber toute sa production.

L'assemblage de chaque gadget requiert quatre opérations que Balan confie à autant d'ouvriers. Les durées (en minutes) de ces opérations apparaissent au tableau suivant.

Gadget	Ouvrier 1	Ouvrier 2	Ouvrier 3	Ouvrier 4
Chronomètre	3,5	3	3	3
Calculatrice	3	3,25	3,5	4

Chaque ouvrier assure un quart de 8 heures par jour, 5 jours par semaine. Toutefois, le contrôle de la qualité imposant que tout gadget dont le montage est entrepris au cours d'un quart de travail soit terminé au cours de ce même quart, certains ouvriers restent parfois inactifs pendant une partie de leur quart. Mais, l'écart entre les temps de travail de deux ouvriers ne doit jamais dépasser 45 minutes.

Déterminer un plan de production qui maximise les profits de Balan.

22. Construction d'un horaire pour la livraison de colis

Dans une entreprise de livraison de petits colis, le répartiteur attribue chaque jour aux différents livreurs une charge de travail conformément aux règles suivantes :

- un quart de travail est nécessairement continu : les heures de service assignées à un livreur sont consécutives;

- les prises de service se font entre 9 h et 15 h, au début des heures, c'est-à-dire à 9 h, à 10 h, etc.;

- si un livreur est appelé au travail, on lui attribue au moins 2 heures;

- si un quart dure 6 heures ou plus, on accorde à l'employé une heure à répartir en pauses (ainsi, un employé qui est convoqué pour 6 heures de service en travaille 5 seulement, mais est payé pour 6).

Les livreurs sont payés 10 $ l'heure, et une prime de 12 $ est accordée à tout employé convoqué pour moins de 6 heures de service. Les frais d'administration occasionnés par chaque prise de service s'élèvent à 5 $. La productivité moyenne d'un livreur est de 40 kg de colis à l'heure. Le répartiteur est à préparer l'horaire des livreurs de son centre de tri pour le lendemain.

Le tableau suivant donne le poids total (en kilogrammes) des colis attendus dont il faudra assurer l'acheminement.

Période	1	2	3	4	5	6	7	8
	9h-10h	10h-11h	11h-12h	12h-13h	13h-14h	14h-15h	15h-16h	16h-17h
Poids (en kg)	320	250	400	480	440	400	450	600

Combien de livreurs le répartiteur devra-t-il convoquer à chaque heure, et pour combien d'heures chacun, si l'entreprise a pour objectif de minimiser les coûts associés à la main-d'oeuvre ?

23. Choix parmi les commandes reçues

Une entreprise a reçu 8 commandes qui n'ont pas encore été acceptées. Les commandes portent sur une gamme de produits qui, chacun, requièrent les ressources des deux ateliers de l'entreprise. On dispose de 24 heures dans le premier atelier et de 30 heures dans le second.

Voici un tableau des ressources qu'il faudrait utiliser pour satisfaire les 8 commandes reçues et la contribution de chacune aux frais fixes et aux profits.

Numéro de la commande	Ressources nécessaires (en h)		Contribution aux frais fixes et aux profits
	Atelier 1	Atelier 2	
1	6	2	100 $
2	2	8	400 $
3	3	2	200 $
4	4	6	800 $
5	9	3	300 $
6	6	5	600 $
7	5	6	400 $
8	1	7	500 $

Construire un modèle qui indique lesquelles des commandes doivent être retenues si l'objectif est de maximiser la contribution totale aux frais fixes et aux profits.

24. Une chaîne de petites quincailleries franchisées

Une nouvelle chaîne de petites quincailleries franchisées veut s'implanter dans une ville qui comporte 7 quartiers. Six sites distincts ont été repérés et sont à l'étude. Ceux des sites qui sont à 10 minutes ou moins de certains quartiers sont indiqués dans le tableau de la page suivante par le symbole ×.

La chaîne cherche à s'implanter au moindre coût. Quels sont les sites qui devraient être retenus si la clientèle de chaque quartier doit pouvoir se rendre dans au moins une des quincailleries en 10 minutes ou moins ?

Quartier	Site 1	Site 2	Site 3	Site 4	Site 5	Site 6
A	×			×		
B	×	×			×	
C	×		×	×		
D		×		×		×
E			×		×	
F				×		×
G	×	×			×	
H		×				×
Coûts (en 000$) d'établissement	235	345	425	300	325	450

25. La Course au trésor

Au jeu télévisé La Course au trésor, l'un des prix accordés aux couples gagnants est une course effrénée de shopping dans une des allées choisies au hasard de la quincaillerie qui commandite l'émission. Le couple peut conjuguer ses efforts et dans ce cas il se voit attribuer un seul chariot de shopping, ou encore chacun peut concourir pour lui-même et chacun se voit alors confier un chariot. La quincaillerie rembourse aux concurrents la valeur totale des articles amassés au cours du sprint de shopping. Les conditions suivantes sont sans appel :

- Un chariot ne peut contenir plus d'un article d'une sorte.

- Si les deux membres du couple choisissent de faire sprint à part, le poids total des articles choisis par chacun d'entre eux ne doit pas dépasser son poids.

- Si le couple décide de faire sprint en commun, le poids total des articles choisis ne doit pas dépasser la somme des poids des deux concurrents.

Voici les articles que l'on trouvera cette semaine dans l'allée choisie comme piste du sprint.

Article	A	B	C	D	E	F	G	H	I	J	K	L	M	N
Poids (en kg)	10	15	17	41	43	50	2	4	6	7	11	14	12	16
Prix (en $)	22	35	30	75	80	105	2	5	15	12	20	30	25	40

Monsieur et madame Félix, qui pèsent 112 kg chacun, devraient-ils choisir de faire sprint à part ou en commun pour maximiser les gains du couple ? On suppose que le couple Félix aura l'occasion de déterminer au préalable les articles à choisir pour maximiser ses gains.

26. Transport routier au Sahel

Une firme de transport routier dispose de 4 camions pour acheminer le matériel nécessaire au forage d'une série de puits dans le Sahel. Voici le tonnage maximal de fret que peut transporter chaque camion.

Camion	1	2	3	4
Tonnage maximal	2	3	6	7

Les objets à transporter ont été regroupés dans 7 conteneurs dont voici le poids en tonnes et la priorité d'acheminement (celle-ci est indiquée par un numéro peint sur le conteneur et est d'autant plus grande que le numéro peint est élevé).

Conteneur	1	2	3	4	5	6	7
Poids (en t)	3	4	2	1	2	3	4
Priorité	5	2	7	4	3	8	3

On cherche à allouer les conteneurs aux divers camions de façon à ce que le premier convoi des 4 camions amène à pied-d'oeuvre des conteneurs dont la somme des priorités soit maximale.

27. Pentathlon

Les athlètes qui s'inscriront au pentathlon lors des prochains jeux d'Alma devront terminer 5 épreuves en course contre la montre. André, un pentathlonien aguerri, a mesuré à de nombreuses reprises l'effort qu'il doit fournir dans chacune des 5 épreuves, selon la performance qu'il veut atteindre. Il considère qu'un athlète dispose, au début d'un pentathlon, d'un « budget énergétique » de 100 unités qu'il lui faut investir à bon escient de façon à abaisser le plus possible le temps total requis pour compléter l'ensemble des épreuves.

Pour fixer les idées, André peut atteindre au cours de chaque épreuve l'un des niveaux suivants : surhomme, champion, expert, adepte. L'effort à fournir dans chaque cas est donné dans le tableau ci-dessous.

INVESTISSEMENT DU BUDGET ÉNERGÉTIQUE, SELON LE NIVEAU À ATTEINDRE

Niveau	Épreuve				
	A	B	C	D	E
S : Surhomme	20	30	15	40	50
C : Champion	15	20	12	35	40
E : Expert	10	16	10	30	35
A : Adepte	8	12	8	26	30

Voici, dans le cas d'André, les temps associés à ces niveaux pour chaque épreuve.

TEMPS ASSOCIÉS AUX ÉPREUVES (en minutes)

Niveau	Épreuve				
	A	B	C	D	E
S : Surhomme	65	100	75	63	45
C : Champion	72	110	80	66	47
E : Expert	75	115	84	68	48
A : Adepte	78	125	88	71	49

Comment André devrait-il investir son budget énergétique de façon à terminer le plus rapidement possible l'ensemble des 5 épreuves ?

28.   Un petit laboratoire technique

Le propriétaire d'un petit laboratoire technique a analysé 8 mandats qui lui ont été offerts récemment par des firmes d'ingénieurs et qui *a priori* semblaient inintéressants. Il les a décomposés en tâches, dont certaines sont spécifiques à l'un des projets, tandis que d'autres sont communes à plus d'un projet. Il a l'impression que certains de ces 8 mandats pourraient être rentables si les coûts des tâches communes étaient répartis à l'ensemble des projets dont elles font partie.

Le tableau suivant donne, pour chacun des 8 mandats considérés, le revenu brut (en 000 $) que le laboratoire en retirerait, ainsi que le coût (en 000 $) des tâches qui lui sont spécifiques. Il énumère également celles des 6 tâches communes, notées A, B, C, D, E et F, qui font partie de chacun des projets.

Mandat	M1	M2	M3	M4	M5	M6	M7	M8
Revenu	120	100	100	140	200	120	200	250
Coût	40	30	20	60	60	50	110	150
Tâches	A,B	B,C,D	C,D,E	A,B,C,D	D,F	E,F	A,E	A,E,F

Le propriétaire du laboratoire estime de la façon suivante les coûts (en 000 $) associés à l'accomplissement de chacune des 6 tâches communes.

Tâche	A	B	C	D	E	F
Coût (en 000 $)	50	80	240	110	40	90

Lesquels des 8 mandats le propriétaire devrait-il accepter, sachant que le laboratoire a accès à une banque de pigistes expérimentés et qu'il pourrait réaliser, dans les délais impartis, toutes les tâches spécifiques aux différents mandats, ainsi que les 6 tâches communes ?

29. Appels d'offres pour des projets de grande envergure

Le gouvernement d'un petit pays récemment décolonisé vient de lancer des appels d'offres pour la réalisation de 8 projets de grande envergure. La liste restreinte des entreprises invitées à soumissionner, établie en collaboration avec les organismes prêteurs, comporte 10 entreprises de travaux publics. Chaque firme a déposé une offre de service pour chacun des 8 projets. Le tableau ci-dessous décrit les offres reçues.

Il a été convenu qu'aucune firme ne se verrait attribuer plus de deux projets, car aucune, de l'avis des organismes prêteurs, ne saurait en mener à bien plus de deux dans les délais impartis.

Les entreprises A, B, C et D sont aux mains des nationaux; E et F appartiennent à des intérêts étrangers, mais leur siège social est situé dans la capitale nationale; enfin, G, H, I et J sont des entreprises de l'ancienne métropole qui, avant l'accession du pays à l'indépendance, ont réalisé avec succès — et avec profit — plusieurs grands projets. Une règle secrète stipule qu'au plus trois des projets 1 à 6 seront attribués aux entreprises G, H, I et J de l'ancienne métropole. Enfin, les projets 4 et 8 sont jugés porteurs d'avenir et les politiciens locaux insistent discrètement pour qu'au moins l'un d'entre eux soit accordé aux entreprises nationales A, B, C ou D.

Déterminer à quelles entreprises doivent être attribués les différents projets, si l'objectif est de minimiser le coût total des 8 projets tout en respectant les deux règles secrètes.

MONTANT DES SOUMISSIONS (en 00 000 $)

Entreprise	Projet							
	1	2	3	4	5	6	7	8
A	50	100	117	130	60	45	248	335
B	40	110	120	125	65	50	245	340
C	55	95	130	120	75	55	250	340
D	50	102	126	128	65	53	245	336
E	40	98	132	126	64	54	246	339
F	45	96	123	122	63	53	243	333
G	55	111	119	123	67	51	248	335
H	45	104	121	127	72	49	241	338
I	48	96	124	119	57	52	243	337
J	38	103	123	129	74	48	244	330

30. Un réseau de concessionnaires d'automobiles

Un importateur de voitures d'une marque étrangère veut implanter un réseau de concessionnaires dans une région dont la carte apparaît ci-dessous. Chacun se verra attribuer, en exclusivité, un territoire qui comprendra, outre la ville où il sera implanté, un certain nombre de villes de la région situées à 20 km ou moins de celle-ci. L'importateur tient à ce que le bassin de population d'un territoire n'excède pas 4 fois la population de la ville où se trouvera le concessionnaire.

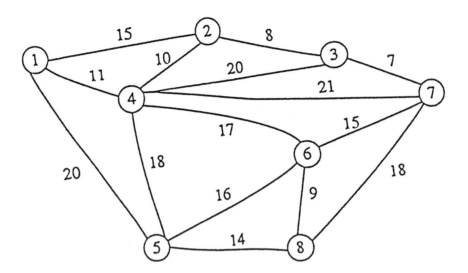

Le tableau ci-dessous donne les distances entre chaque paire de villes par la voie la plus courte.

Ville	1	2	3	4	5	6	7	8
1	0	15	23	11	20	28	30	34
2	15	0	8	10	28	27	15	33
3	23	8	0	18	36	22	7	25
4	11	10	18	0	18	17	21	26
5	20	28	36	18	0	16	31	14
6	28	27	22	17	16	0	15	9
7	30	15	7	21	31	15	0	18
8	34	33	25	26	14	9	18	0
Population (en 000)	80	40	60	50	20	30	45	65

L'importateur prévoit accorder 1 concession par année, jusqu'à ce que chacune des 8 villes de la région soit desservie par un concessionnaire situé à 20 km ou moins. Il désire toutefois que le nombre de consommateurs potentiels desservis augmente le plus rapidement possible.

Combien de concessionnaires faudra-t-il pour couvrir la région et quel sera l'ordre d'implantation ? Dans quelles villes seront-ils implantés et quelles villes chacun se verra-t-il attribuer ?

31. La livraison de colis volumineux

Une société de transport doit livrer aujourd'hui à des clients de banlieue 5 colis volumineux qui pèsent respectivement : 300 kg, 250 kg, 175 kg, 225 kg et 150 kg. La société de transport dispose de 3 véhicules pouvant transporter les charges utiles maximales suivantes aux coûts indiqués.

CHARGE UTILE (en kg) ET COÛTS QUOTIDIENS D'UTILISATION

Véhicule	Charge utile (en kg)	Coûts d'utilisation (en $/jour)
V_1	600	130 $
V_2	750	150 $
V_3	500	140 $

Chaque véhicule ne peut livrer au cours d'une même journée que les colis dont la somme des poids ne dépasse pas sa charge utile.

Question 1: On demande quel véhicule livrera quel colis de façon à minimiser les coûts d'utilisation des véhicules.

Question 2: Comment s'assurer que les colis 3 et 4 ne seront pas livrés par le même véhicule ?

32. Projets de confection

Un tailleur dispose des ressources suivantes : 2 000 m^2 de velours, 1 000 m^2 de tissu à doublure et 1 000 heures de main-d'oeuvre. Il a 4 projets de confection en tête, mais il se rend bien compte qu'il n'a le temps d'en mener que 3 à bien. Voici quelques précisions concernant ces 4 projets :

Projet 1: Une robe de soirée dotée d'un manteau assorti, qui ensemble requièrent 5 m^2 de doublure, 10 m^2 de velours et 20 heures de travail, pour un profit de 65 $.

Projet 2: Un veston, qui requiert 1,5 m^2 de doublure, 2 m^2 de velours et 5 heures de travail, pour un profit de 20 $.

Projet 3: Un pantalon, qui requiert 1,5 m^2 de velours et 4 heures de travail, pour un profit de 10 $.

Projet 4: Un veston de soirée, qui requiert 2 m^2 de doublure, 2,1 m^2 de velours et 12 heures de travail, pour un profit de 30 $.

Le veston du projet 2 doit, pour se vendre, former un complet avec le pantalon décrit au projet 3; mais le pantalon peut se vendre seul. Mener à bien un projet, c'est confectionner au moins 10 unités de l'article décrit dans le projet.

Le tailleur désire maximiser ses profits. Quels projets devrait-il retenir et combien d'unités de chacun devrait-il réaliser ?

33. Les coûts de mise en route des aléseuses

Il y a dans un atelier 5 aléseuses qui diffèrent par la technologie utilisée, la taille, l'âge... On doit aléser dans la journée 1 500 pièces identiques. Les coûts de mise en route de chacune des aléseuses, sa capacité quotidienne de production et son coût unitaire d'alésage se trouvent dans le tableau suivant.

Aléseuse	Coût de mise en route	Coût unitaire d'alésage	Capacité
A	1000 $	2,00 $	600
B	500 $	4,00 $	400
C	400 $	5,00 $	500
D	600 $	2,50 $	500
E	300 $	5,50 $	400

Quelles aléseuses doit-on mettre en route et combien de pièces doit-on aléser sur chacune pour minimiser les coûts d'usinage des 1 500 pièces ?

34. CIMEX : L'implantation d'une usine

CIMEX hésite entre deux villes, A et B, pour y implanter sa nouvelle usine. La technologie moderne que propose CIMEX requerra 2 unités de main-d'oeuvre standard et 1 unité de matériau pour chaque unité produite. Dans la ville A comme dans la ville B, on retrouve deux types de main-d'oeuvre : les manoeuvres et les techniciens. Une unité de main-d'oeuvre de manoeuvre correspond à l'unité standard de main-d'oeuvre. Chaque unité de main-d'oeuvre de technicien vaut 2 unités de main-d'oeuvre standard. Voici les coûts et les disponibilités de la main-d'oeuvre dans chacune des villes considérées.

Main-d'oeuvre		Ville A	Ville B
de technicien	Disponibilité (en unités)	15	15
	Coût par unité de main-d'oeuvre	5	9
de manoeuvre	Coût par unité de main-d'oeuvre	3	4
Coût par unité de matériau		5	2,5

Les manoeuvres sont disponibles en grand nombre dans les villes A et B et CIMEX n'aurait aucune difficulté à en recruter autant qu'elle pourrait désirer en engager. CIMEX veut produire 40 unités.

Dans laquelle des deux villes devrait s'implanter CIMEX et à quels types de main-d'oeuvre devrait-elle faire appel si l'objectif poursuivi est de minimiser les coûts de production ?

35. Rachat de l'usine d'un concurrent

Un fabricant d'appareils électriques de luxe vient de racheter l'usine du principal des concurrents avec qui il partage le créneau des appareils électriques montés à la main. Le voici pourvu d'une meilleure part de marché et propriétaire d'une nouvelle usine qu'il a vite reconvertie pour la production des appareils de sa marque. Les deux usines dont il dispose maintenant n'ont toutefois pas les mêmes caractéristiques, comme le montrent les données suivantes sur les taux de production.

TEMPS REQUIS (en h) POUR PRODUIRE UN APPAREIL

Usine	Type d'appareil			Coûts de production (en $/h)
	Cuisinière	Réfrigérateur	Laveuse	
A	2	4	3	350
B	4	3	2	300
Commandes	1 000	500	1 200	

Le nombre d'heures disponibles est de 1 900 dans l'usine A et de 4 200 dans l'usine B pour la période de production considérée.

Question 1: Combien d'appareils de chaque sorte doit-on fabriquer dans chaque usine si l'objectif est de minimiser les coûts de production ?

Question 2: Le fabricant désire que la production de chaque article ne soit entreprise que dans l'une des deux usines. Montrer qu'il serait impossible d'y arriver.

Question 3: Le fabricant décide d'ajouter un certain nombre d'heures supplémentaires afin de concentrer la production de chaque type d'appareils dans une seule usine. Les heures supplémentaires reviennent cependant à 100 $ de plus que les heures en temps régulier de la même usine. Déterminer combien d'heures supplémentaires devront être ajoutées dans chaque usine et décrire un plan de production optimal.

36. La Maisonnée

La Maisonnée, une entreprise de fabrication et d'assemblage de maisons préfabriquées, est à planifier sa production de l'an prochain. Elle proposera à sa clientèle trois modèles de maison dont les caractéristiques sont décrites au tableau suivant.

Modèle	Demande prévue pour l'an prochain	Main-d'oeuvre (en h / maison)	Coût des matériaux (en $ / maison)	Prix de vente (en $ / maison)
A	38 maisons	490	20 000	52 300
B	28 maisons	588	40 000	77 180
C	31 maisons	637	30 000	92 295

L'an prochain, les coûts de publicité et de vente s'élèveront à 75 000 $; les frais d'entretien de l'usine, à 100 000 $. La Maisonnée estime le coût de pénurie à 2 000 $ par maison en deçà de la demande prévue. Les ouvriers, qui travaillent 35 heures par semaine et 42 semaines par an, toucheront, avantages sociaux compris, 35 $ l'heure. Les heures supplémentaires, plafonnées à 100 heures par ouvrier pour l'année, seront payées au tarif de 53 $ l'heure.

La Maisonnée emploie actuellement 40 ouvriers et se réserve le droit d'embaucher ou de débaucher le nombre d'ouvriers nécessaires à la maximisation de ses revenus annuels. Embaucher un employé coûte 1 500 $, en débaucher un, 5 000 $. Les ouvriers sont à toutes fins utiles polyvalents et interchangeables. Chacun reçoit son plein salaire s'il n'est pas débauché, même s'il se retrouve sans travail pendant une partie de l'année.

Question 1: Si l'objectif de la Maisonnée est de maximiser ses revenus nets, combien fabriquera-t-elle de maisons de chaque modèle l'an prochain et combien d'ouvriers aura-t-elle à son emploi ?

Question 2: La Maisonnée envisage de lancer un modèle de luxe l'an prochain dont le prix de vente serait de 108 500 $ et dont la demande est évaluée à 20 maisons. La Maisonnée n'attribue aucun coût de pénurie à la demande non satisfaite de ce nouveau modèle. Chaque maison de luxe requerrait 900 heures de main-d'oeuvre; les matériaux utilisés coûteraient 35 000 $. Si la décision était prise de lancer ce modèle, il faudrait, pour justifier les achats d'outillage, en fabriquer au moins 5. La Maisonnée doit-elle lancer ce modèle ? Et, si oui, que devient le plan de production optimal ?

37. Le problème de localisation de Solex

La multinationale Solex songe à installer une ou plusieurs usines afin d'alimenter 6 marchés en moulées de croissance pour porcs. Le tableau suivant décrit les 4 options envisagées par le responsable du projet : la ligne « Coûts » indique les coûts d'implantation; les deux dernières, la production minimale et maximale de chaque usine potentielle si celle-ci était implantée.

COÛTS D'IMPLANTATION (en 000 $) ET PRODUCTION (en kt) DES USINES

	Usine 1	Usine 2	Usine 3	Usine 4
Coûts (en 000 $)	400	200	250	300
Prod. min. (en kt)	100	50	60	75
Prod. max. (en kt)	220	200	200	140

Les coûts variables de fabrication diffèrent d'une usine à l'autre, de même que les coûts de transport entre les diverses usines et les différents marchés. Le tableau suivant donne, pour chaque marché et pour chaque usine, le total des coûts variables de fabrication d'une tonne de moulée à l'usine i et des coûts de transport de cette moulée jusqu'au marché j. Ces coûts sont exprimés en dollars par tonne de moulée. La dernière ligne du tableau décrit la demande (en milliers de tonnes) de chacun des marchés.

COÛTS VARIABLES (en \$/tonne) ET DEMANDE (en kt)

Usine	Marché					
	1	2	3	4	5	6
1	2	3	1	2	4	4
2	3	4	2	1	3	5
3	3	4	1	2	4	5
4	2	3	2	1	2	3
Demande (en kt)	40	50	25	60	80	40

Chaque marché devra pouvoir s'approvisionner auprès de deux usines au moins, en se procurant au moins 10 000 tonnes de moulée auprès de chacune des usines par lesquelles il sera approvisionné.

Solex, qui cherche à minimiser le total z des coûts d'implantation, des coûts variables de fabrication et des coûts de transport, utilise à cette fin un modèle linéaire mixte, dont voici les variables de décision :

$v_i = 1$ si une usine est installée sur le site numéro i

$w_{ij} = 1$ si le marché j est approvisionné par l'usine i

$x_{ij} =$ nombre de milliers de tonnes expédiées de l'usine i au marché j

où $i = 1, 2, 3, 4$ et $j = 1, 2, 3, 4, 5, 6$. Les contraintes technologiques du modèle linéaire forment 6 groupes.

Question 1: Écrire la fonction-objectif z. Décrire, en termes du contexte, ce que représente z.

Question 2: Les 2 premiers groupes de contraintes technologiques, composés de 4 inéquations chacun, traduisent les exigences du premier tableau quant aux minima et aux maxima imposés à la production des usines qui seront implantées. Écrire les 2 inéquations associées à l'usine 1.

Question 3: Le 3ᵉ groupe est formé de 6 équations et indique que la demande de chaque marché sera satisfaite. Donner la contrainte associée au marché 1.

Question 4: Le 4ᵉ groupe traduit l'exigence que chaque marché devra pouvoir s'approvisionner auprès de deux usines au moins. Écrire l'une des contraintes de ce groupe.

Question 5: Les 5ᵉ et 6ᵉ groupes établissent les liens logiques entre les variables x_{ij} et w_{ij}, et entre les variables binaires v_i et w_{ij}. Écrire les contraintes de ces deux groupes.

38. Le marchand de primeurs

Un marchand de primeurs cherche à déterminer quelles quantités de fruits et de légumes il doit se procurer pour maximiser ses profits tout en répondant le mieux possible à la demande anticipée de sa clientèle. Il lui faut tenir compte des facteurs suivants :

- les frais d'exploitation de son commerce : 500 \$ par jour;

- les coûts de commande : les fruits et légumes ne se commandent que par lots entiers; il faut une commande différente pour chaque produit et les coûts de commande s'élèvent à 15 \$;

- les coûts de pénurie;

- les frais de livraison : la livraison des fruits et des légumes commandés n'a lieu que tous les quatre jours; les frais de livraison s'élèvent à 400 \$ par charge, complète ou non, du camion de livraison; le volume maximal d'une charge du camion de livraison est de 30 m^3.

Voici, pour les fruits et légumes de saison, les données à prendre en compte pour les 4 prochains jours.

Produit	Volume (en m^3/lot)	Taille d'un lot (en unités/lot)	Coût d'achat (en \$/lot)	Prix de vente (en \$/unité)	Demande (en unités/jour)	Coût de pénurie (en \$/unité)
1-Ananas	1,5	50	75	3,00	390	2,50
2-Fraises	0,24	40	58	2,50	980	2,00
3-Pommes	0,5	275	115,50	0,50	4920	1,50
4-Choux	0,81	30	9	1,00	660	2,30
5-Prunes	0,2	50	18	0,40	2100	1,00
6-Céleris	0,75	40	54	1,50	760	1,80
7-Avocats	0,2	25	23,25	1,25	530	2,70

Le marchand, afin de déterminer quels produits il doit commander et en quelles quantités, utilise le modèle suivant. Voici les variables de décision :

x_j = nombre de lots commandés du produit j

v_j = 1 si le marchand commande au moins un lot du produit j

p_j = nombre d'unités du produit j en pénurie

s_j = nombre d'unités invendues du produit j

y_C = nombre de charges de camions nécessitées par la livraison

C = constante introduite pour tenir compte des frais d'exploitation.

La fonction-objectif z, que le marchand cherche à maximiser, s'écrit sous la forme :

$$z = Lots - Comm - Pénurie - Invendus - 400\, y_C - C\,,$$

où

$$Lots = c_{x1}\, x_1 + c_{x2}\, x_2 + c_{x3}\, x_3 + \cdots + c_{x7}\, x_7$$

$$Comm = 15\, v_1 + 15\, v_2 + 15\, v_3 + 15\, v_4 + 15\, v_5 + 15\, v_6 + 15\, v_7$$

$$Pénurie = 2{,}50\, p_1 + 2\, p_2 + 1{,}50\, p_3 + 2{,}30\, p_4 + 1\, p_5 + 1{,}80\, p_6 + 2{,}70\, p_7$$

$$Invendus = c_{s1}\, s_1 + c_{s2}\, s_2 + c_{s3}\, s_3 + \cdots + c_{s7}\, s_7\,.$$

Le modèle contient, outre les contraintes d'intégrité et de non-négativité, quatre groupes de contraintes.

- Le premier, qui se réduit à une équation, fixe à 2 000 $ les frais d'exploitation pour la période de 4 jours considérée :

FRAIS EXPL $\quad\quad C = 2\,000$

- Le second, qui se réduit à une inéquation, exige que les charges respectent, en volume, la capacité maximale du camion :

CHARGE MAX $\quad 1,5\,x_1 + 0,24\,x_2 + 0,5\,x_3 + \cdots + 0,2\,x_7 - 30\,y_C \leq 0$

- Le troisième comprend 7 inéquations, une pour chaque produit, et relie les variables x_j et v_j. Par exemple, la contrainte associée aux fraises s'écrit :

ACHATS 2 $\quad\quad x_2 \leq 98\,v_2$

- Le quatrième comprend 7 équations, une pour chaque produit, et relie les variables x_j, p_j et s_j. Par exemple, la contrainte associée aux fraises s'écrit :

VENTES 2 $\quad\quad 40\,x_2 + p_2 - s_2 = $ constante.

Question 1: Déterminer les coefficients c_{x2} et c_{s2} des variables x_2 et s_2 dans la fonction-objectif z.

Question 2: Déterminer le membre droit de l'équation « VENTES 2 ».

Question 3: Indiquer comment a été obtenu le coefficient 98 de la variable v_2 dans l'inéquation « ACHATS 2 ». Écrire la contrainte « ACHATS 1 » associée aux ananas.

Question 4: D'après le contexte, les variables x_j et v_j doivent soit être toutes deux nulles, soit être toutes deux positives. La contrainte « ACHATS j » force x_j à prendre la valeur 0 quand v_j est égale à 0. Mais le modèle, tel que décrit ci-dessus, n'exige pas la réciproque explicitement. Indiquer pourquoi, à l'optimum, la variable v_j sera nécessairement nulle si x_j l'est.

39. Les modèles réduits de Mercedès

La société Pérégo, située en banlieue de Québec, consacre l'essentiel de ses activités à la fabrication d'une large gamme de jouets luxueux pour enfants. Elle fabrique, entre autres, des modèles réduits de Mercedès destinés à agrémenter les loisirs des enfants de richards. Ces véhicules offrent à leurs jeunes passagers le confort et le luxe qui ont fait la réputation de la marque Mercedès. La copie des détails est sourcilleuse et ce n'est qu'en soulevant le capot que l'illusion retombe un peu : le moteur est à alimentation électrique.

Pérégo monte ses mini-Mercedès sur deux chaînes de production, A et B, qui chacune peuvent produire au plus un lot par semaine. Les lots confiés à la chaîne A doivent comporter entre 12 et 16 unités; ceux confiés à la chaîne B, entre 22 et 28 unités. Ces tailles minimales et maximales s'expliquent à la fois par l'espace disponible pour stocker les pièces et par la mutation temporaire à cette tâche de montage des équipes d'ouvriers requis. Mettre en route une chaîne entraîne des frais qui s'élèvent à 1 800 $ pour A et à 4 000 $ pour B. Pérégo doit débourser ces coûts de mise en route dès qu'un lot est lancé sur l'une ou l'autre des chaînes. De plus, il en coûte en frais variables 800 $ pour monter une mini-Mercedès sur la chaîne A et 825 $ pour effectuer la même tâche sur la chaîne B.

Une fois montée, une mini-Mercedès doit séjourner au moins une semaine en entrepôt pour assurer le durcissement adéquat de la peinture et l'atténuation des senteurs de colle. Entreposer une voiture revient à 30 $ par semaine.

La saison tire à sa fin et Pérégo s'est engagée à livrer 100 modèles réduits de Mercedès d'ici 6 semaines, selon le rythme décrit au tableau ci-dessous. Il y a présentement 7 mini-Mercedès en entrepôt. Tout véhicule qui serait monté en excédent des 93 unités nécessaires pour répondre aux commandes serait expédié en Californie au début de la semaine 6 et y serait soldé à un prix représentant pour Pérégo un manque à gagner de 260 $ par rapport au prix régulier obtenu au Québec.

Semaine	1	2	3	4	5	6
Commandes	0	6	40	18	31	5

Comment doit-on organiser la production des 4 prochaines semaines pour minimiser les coûts tout en répondant aux commandes ? On considérera que les livraisons se font nécessairement en début de semaine; que, de même, les véhicules des lots fabriqués la semaine j sont placés en entrepôt au début de la semaine $j + 1$ et sont disponibles pour livraison au début de la semaine $j + 2$.

40. La production de l'Agent X chez Blanchex

La société Blanchex fabrique une gamme de produits destinés à l'industrie papetière. Une de ses spécialités est un agent de blanchiment, dit Agent X, dont l'efficacité s'atténue en vieillissant. Cette caractéristique en garantit la rapide innocuité pour l'environnement où il est rejeté après usage.

La production de l'Agent X se fait uniquement par rafales. Blanchex peut lancer au plus une rafale par mois, laquelle donne entre 225 et 300 tonnes. Les frais fixes associés à une rafale s'élèvent à 17 000 $, tandis que les coûts variables de production sont de 120 $ la tonne. Le carnet de commandes de Blanchex indique les quantités minimales suivantes d'Agent X à livrer à la fin des 4 prochains mois.

Fin du mois	1	2	3	4
Livraisons (en tonnes)	100	140	150	50

Blanchex doit réduire le prix de vente de l'Agent X au fur et à mesure de son vieillissement. Ce coût, équivalant à un coût d'entreposage, s'élève à 200 $ la tonne par mois.

Si Blanchex prévoit se trouver en rupture de stock au pays, il lui est toujours possible de s'approvisionner à un coût de 300 $ la tonne auprès de sa filiale norvégienne. Ce coût élevé provient des frais de transport que doit alors assumer la société sans pouvoir les transmettre à ses clients. Chez Blanchex, cette dépense est assimilée à un coût de pénurie.

Quel plan de production Blanchex doit-elle adopter pour l'horizon des 4 mois à venir : combien de tonnes d'Agent X doit-on produire et quand faut-il le faire; combien de tonnes d'Agent X se procurera-t-on auprès de la filiale norvégienne ? On présumera que, au début du mois 1, Blanchex ne dispose pas d'Agent X en stock au pays.

3. La résolution graphique - Énoncés

1. Un polygone à 6 sommets

Soit le modèle linéaire suivant :

Max $z = 4 x_1 + 5 x_2$ $\nabla = (4, 5)$

sous les contraintes :

$$-x_1 + 2 x_2 \leq 12 \quad (-12, 0)\ (0, 6)$$
$$3 x_1 + 5 x_2 \leq 52 \quad (17.3; 0)\ (0/10,4)$$
$$x_1 + x_2 \leq 14 \quad (0,14)\ (14, 0)$$
$$x_1 \leq 12 \quad (12, 0)$$
$$x_1, x_2 \geq 0$$

Question 1: Tracer le graphique cartésien de la région admissible de ce modèle.

Question 2: Déterminer les 6 sommets de la région admissible. Évaluer la fonction-objectif z en chacun des sommets. En quel point la fonction-objectif z atteint-elle son maximum ?

Question 3: Tracer deux courbes de niveau de z. Déterminer graphiquement la solution optimale du modèle. Vérifier que le point trouvé en réponse à la question précédente est bien l'optimum du modèle.

2. Un parallélogramme

Répondre aux trois questions du problème précédent, mais en considérant cette fois le modèle suivant :

Max $z = 2 x_1 + x_2$ $\nabla = (2, 0)$

sous les contraintes :

$$2 x_1 + 2 x_2 \geq 20$$
$$2 x_1 + 2 x_2 \leq 35$$
$$x_2 \geq 5$$
$$x_2 \leq 8$$
$$x_1, x_2 \geq 0$$

3.   Les cartes de souhait de Biancia

Depuis de nombreuses années, la Québécoise Biancia complète sa gamme de cartes de souhait en se procurant, auprès des deux principaux fabricants (A et B) qui approvisionnent le marché français, une partie de leurs surplus de la saison précédente. Les achats de Biancia se font à l'aveuglette, car la taille de ses importations n'est pas suffisante pour justifier qu'elle se rende en France pour y opérer une sélection.

Bon an mal an, Biancia écoule 40 % des cartes achetées de A auprès de boutiques de cadeaux, 15 % auprès de fleuristes et 20 % auprès de libraires. Des cartes qu'elle achète de B, Biancia vend 25 % dans les boutiques de cadeaux, 30 % chez les fleuristes et 25 % chez les libraires. Pour les autres cartes, elle ne trouve pas preneur, soit que ces cartes illustrent des thèmes trop près de la vie française pour être bien compris ici, soit que les termes dans lesquels les souhaits sont rédigés portent à sourire de ce côté-ci de l'Atlantique. Pour ne citer que l'exemple favori de Biancia, que pensez-vous de : « Joyeuses Pâques, Mon Petit Sussucre Fondant… De Ton Gros LapinLoup » ?

Selon Biancia, les proportions « historiques » de cartes écoulées auprès de chaque type de magasins, qui sont indiquées ci-dessus, seront respectées cette année encore. L'analyse des ventes des dernières années a permis d'établir des prévisions pour les résultats de la prochaine campagne : Biancia s'attend à vendre au plus 8 000 cartes aux magasins de cadeaux; les fleuristes lui en prendront au plus 6 000 et les libraires, au plus 5 000. Enfin, elle prévoit réaliser cette année un profit de 61 ¢ pour chacune des cartes qu'elle se sera procurées chez A et qu'elle réussira à vendre. Ce profit sera de 65 ¢ pour les cartes vendues qui auront été achetées de B. Chaque carte classée comme invendable entraîne une perte de 21 ¢ si elle provient de A, et de 22 ¢ si elle provient de B.

Biancia, dont l'objectif est naturellement de maximiser les profits rattachés à cette importation annuelle, planifie ses commandes à l'aide d'un modèle linéaire dont les variables de décision x_A et x_B se définissent ainsi :

$$x_J = \text{nombre de cartes achetées du fabricant } J.$$

Le modèle comprend 3 contraintes technologiques :

$$0,40\, x_A + 0,25\, x_B \leq 8\,000$$
$$0,15\, x_A + 0,30\, x_B \leq 6\,000$$
$$0,20\, x_A + 0,25\, x_B \leq 5\,000$$

Les variables x_A et x_B devraient, logiquement, être soumises à des contraintes d'intégrité, mais Biancia ne tient pas compte de ces contraintes, car le profit ou la perte associés à une carte sont minimes et ne portent pas à conséquence.

Question 1: Construire la région admissible du modèle linéaire continu utilisé par Biancia.

Question 2: Écrire la fonction-objectif.

Question 3: Déterminer une solution optimale. Quel profit Biancia peut-elle espérer retirer cette année des cartes importées ?

4.   Solutions optimales multiples

Soit le modèle linéaire suivant :

Max $z = 3 x_1 + 3 x_2$

sous les contraintes :

$$x_1 + x_2 \leq 8$$
$$x_1 \leq 6$$
$$x_2 \leq 5$$
$$x_1 , x_2 \geq 0$$

Question 1: Tracer le graphique cartésien de la région admissible de ce modèle.

Question 2: Déterminer les sommets de la région admissible, puis évaluer la fonction-objectif z en chacun d'entre eux. Vérifier que la fonction-objectif z atteint sa valeur maximale en deux de ces sommets.

Question 3: Donner 4 solutions optimales de ce modèle.

5.   Une solution optimale dégénérée

Soit le modèle linéaire suivant :

Max $z = - 6 x_1 + 4 x_2$

sous les contraintes :

$$- 3 x_1 + 8 x_2 \leq 12$$
$$24 x_1 + 6 x_2 \geq 44$$
$$3 x_1 - 15 x_2 \leq 6$$
$$3 x_1 + 3 x_2 \geq 6$$
$$4 x_1 + 6 x_2 \leq 34$$
$$6 x_1 + 2 x_2 \geq 12$$
$$x_1 , x_2 \geq 0$$

Question 1: Tracer le graphique cartésien de la région admissible de ce modèle.

Question 2: Déterminer les sommets de la région admissible, puis évaluer la fonction-objectif z en chacun d'entre eux. Lequel de ces sommets est l'unique optimum du modèle ?

Question 3: Une *contrainte* d'un modèle linéaire admettant une solution optimale unique est dite *active à l'optimum* lorsque la solution optimale satisfait cette contrainte comme équation; dans le cas contraire, elle est dite *inactive*. Indiquer lesquelles des contraintes du modèle sont inactives à l'optimum.

6. Un segment de droite

Soit le modèle linéaire suivant :

$$\text{Min} \quad z = 3\,x_1 - 7\,x_2$$

sous les contraintes :

$$7\,x_1 + 13\,x_2 \geq 99$$
$$7\,x_1 + 14\,x_2 \geq 105$$
$$-5\,x_1 + 30\,x_2 \geq 45$$
$$5\,x_1 + 3\,x_2 \leq 60$$
$$4\,x_1 + 8\,x_2 \leq 60$$
$$x_1\,,\, x_2 \geq 0$$

Question 1: Tracer le graphique cartésien de la région admissible de ce modèle.

Question 2: Déterminer les sommets de la région admissible, puis évaluer la fonction-objectif z en chacun d'entre eux. Lequel de ces sommets est l'unique optimum du modèle ?

7. Fabrication de deux produits

Une manufacture consacre ses ressources à la fabrication des deux produits, P1 et P2, dont les prix de vente respectifs sont de 32 \$ et de 20 \$. La demande du mois prochain ne saurait excéder 65 unités de P1 et 60 unités de P2. La fabrication des produits requiert 2 opérations menées chacune dans un atelier approprié. Le tableau suivant donne la durée (en heures/unité) de ces opérations; il indique également pendant combien d'heures chacun des ateliers sera disponible le mois prochain.

Atelier	Temps requis (en heures/unité)		Disponibilité
	P1	P2	(en heures)
Assemblage	1	0,5	75
Contrôle de qualité	1,5	0,8	150

Le directeur des opérations a décidé de modéliser le problème d'allocation des ressources. Il a d'abord défini les variables de décision suivantes :

x_1 = le nombre d'unités du produit P1 à fabriquer durant le prochain mois

x_2 = le nombre d'unités du produit P2 à fabriquer durant le prochain mois.

Et il a identifié les contraintes technologiques suivantes :

$$x_1 + 0,5\, x_2 \leq 75 \qquad (1)$$
$$1,5\, x_1 + 0,8\, x_2 \leq 150 \qquad (2)$$
$$x_1 \leq 65 \qquad (3)$$
$$x_2 \leq 60 \qquad (4)$$
$$x_j \geq 0 \quad \text{pour} \quad j = 1, 2 \qquad (5)$$

Question 1: Le directeur des opérations cherche à maximiser le montant des ventes totales (exprimé en dollars). Écrire la fonction-objectif qui traduit cet objectif.

Question 2: Résoudre graphiquement le modèle linéaire constitué de la fonction-objectif obtenue à la question 1 et des contraintes (1) à (5).

Question 3: La fabrication des produits nécessite le recours à un matériau de base : chaque unité de P1 exige 2 kg de ce matériau, tandis qu'une unité de P2 en exige 1 kg seulement. La manufacture pourra disposer de 150 kg de ce matériau le mois prochain. Écrire une contrainte qui traduit l'utilisation de cette ressource. L'ajout de cette contrainte modifie-t-elle la solution optimale obtenue à la question 2 ?

Question 4: On prévoit recourir aux heures supplémentaires dans l'atelier d'assemblage pour augmenter la production. Définir la variable de décision appropriée représentant le nombre d'heures supplémentaires et modifier les contraintes obtenues jusqu'ici pour tenir compte de cette possibilité.

Question 5: En plus du recours aux heures supplémentaires dans l'atelier d'assemblage, on se propose de stimuler la demande par une campagne publicitaire : chaque dollar de publicité pour P1 en accroît la demande de 10 unités; chaque dollar de publicité pour P2 en accroît la demande de 15 unités. Le budget maximal de publicité est 100 $. Définir les variables de décision appropriées et modifier les contraintes obtenues jusqu'à maintenant pour tenir compte de cette possibilité de faire de la publicité.

Question 6: Le directeur de la production se rend compte qu'il doit modifier l'objectif poursuivi : il s'agira dorénavant de maximiser les ventes nettes (exprimées en dollars), c'est-à-dire les ventes totales moins les coûts engagés en heures régulières, en heures supplémentaires, en publicité et en achats du matériau de base. Écrire la nouvelle fonction-objectif sachant que les heures supplémentaires sont rémunérées à 150% du tarif des heures régulières, que ces dernières sont rétribuées à raison de 8 $ chacune et que le kilogramme du matériau de base revient à 3 $.

8.   Un polygone irrégulier

Considérons l'ensemble des contraintes linéaires suivantes :

$$6\,x_1 \;-\; x_2 \;\geq\; 28$$
$$-\,x_1 \;+\; x_2 \;\leq\; 2$$
$$x_2 \;\leq\; 11$$
$$4\,x_1 \;+\; x_2 \;\leq\; 59$$
$$x_1 \;-\; x_2 \;\leq\; 6$$
$$2\,x_1 \;-\; 5\,x_2 \;\leq\; 0$$
$$x_1 \;,\; x_2 \;\geq\; 0$$

Question 1: Tracer le graphique de la région admissible de cet ensemble de contraintes. Déterminer les sommets du polygone obtenu.

Question 2: En quel(s) point(s) de la région admissible trouvée en réponse à la question 1 les fonctions-objectifs suivantes atteignent-elles leur maximum ?

$$z_1 \;=\; +\,4\,x_1 \;+\; 7\,x_2$$
$$z_2 \;=\; -\,5\,x_1 \;+\; 5\,x_2$$
$$z_3 \;=\; -\,3\,x_1 \;+\; 2\,x_2$$
$$z_4 \;=\; +\,3\,x_1 \;-\; 2\,x_2$$
$$z_5 \;=\; +\,3\,x_1 \;+\; 12\,x_2$$

Question 3: En quel(s) point(s) de la région admissible trouvée en réponse à la question 1 les fonctions-objectifs z_h $(1 \leq h \leq 5)$ atteignent-elles leur minimum ?

9.   Fonctions-objectifs comportant un paramètre

Considérons l'ensemble des contraintes linéaires suivantes :

$$3\,x_1 \;-\; x_2 \;\geq\; 15$$
$$x_1 \;-\; x_2 \;\geq\; 1$$
$$x_1 \;+\; x_2 \;\leq\; 23$$
$$x_1 \;-\; 2\,x_2 \;\leq\; 5$$
$$x_1 \;,\; x_2 \;\geq\; 0$$

Question 1: Tracer le graphique de la région admissible *Adm* de cet ensemble de contraintes. Déterminer les sommets du polygone obtenu.

Question 2: Déterminer c_1 de sorte que le point (12; 11) soit, dans la région *Adm* trouvée en réponse à la question précédente, l'unique maximum de la fonction-objectif $z = c_1 x_1 + 11 x_2$.

Question 3: Déterminer c_2 de sorte que tout point sur le segment de droite joignant (7; 6) et (12; 11) soit, dans la région *Adm*, un minimum de la fonction-objectif $z = 6 x_1 + c_2 x_2$.

10. Modification d'un membre droit et solution optimale

Soit (P), le modèle linéaire continu suivant.

$$\text{Max} \quad z = c_1 x_1 + c_2 x_2$$

sous les contraintes :

$$
\begin{array}{rcll}
2 x_1 + 5 x_2 & \geq & 10 & \quad (1) \\
2 x_1 + 2 x_2 & \leq & 10 & \quad (2) \\
- 2 x_1 + 3 x_2 & \leq & 0 & \quad (3) \\
x_1 & \leq & 5 & \quad (4) \\
x_1 , x_2 & \geq & 0 & \quad (5)
\end{array}
$$

Question 1: Déterminer graphiquement l'ensemble des solutions admissibles de (P). Énumérer les sommets de cette région admissible.

Question 2: Résoudre le modèle (P) dans le cas où $c_1 = 3$ et $c_2 = 4$: donner une solution optimale et la valeur de la fonction-objectif pour cette solution.

Question 3: Indiquer comment serait modifiée la réponse à la question 2 si le membre droit de la contrainte (2) passait de 10 à 12 : déterminer d'abord la région admissible du modèle modifié (P'), puis donner la nouvelle solution optimale et la valeur de z correspondante.

Question 4: Résoudre le modèle (P) dans le cas où $c_1 = 4$ et $c_2 = 3$.

Question 5: Indiquer comment serait modifiée la réponse à la question précédente si le membre droit de la contrainte (2) passait de 10 à 12.

11. Variations d'un membre droit

Soit (P), le modèle linéaire suivant.

$$\text{Max} \quad z = 3 x_1 + x_2$$

sous les contraintes :

$$x_1 + 2\,x_2 \leq b_1$$
$$-\,x_1 + x_2 \leq 2$$
$$x_1 - x_2 \leq 3$$
$$x_1 \leq 5$$
$$x_1\,,\,x_2 \geq 0$$

Lorsque $b_1 = 13$, la fonction-objectif z atteint sa valeur maximale 19 au point $(5;\,4)$.

Question 1: Tracer les figures qui permettront de calculer la valeur optimale de z lorsque b_1 augmente de 9 à 12, par pas de 1.

Question 2: De combien augmente, à chacun de ces pas, la valeur optimale de z ?

Question 3: Que se passe-t-il lorsque $b_1 = 21$?

Question 4: Que se passe-t-il lorsque $b_1 = 7$?

12.   Solutions admissibles et combinaisons convexes

Soit (P), le modèle linéaire suivant.

Max $z = 5\,x_1 + 7\,x_2$

sous les contraintes :

$$x_1 + 3\,x_2 \leq 15$$
$$3\,x_1 + x_2 \leq 21$$
$$x_1\,,\,x_2 \geq 0$$

Question 1: Tracer le graphique de la région admissible de ce modèle. Déterminer les sommets du polygone obtenu.

Question 2: Vérifier que $(2;\,3)$ est une solution admissible de (P). Exprimer, de deux façons, ce point $(2;\,3)$ comme combinaison linéaire convexe des sommets de la région admissible.

Question 3: Exprimer les points admissibles $(1;\,3)$, $(6;\,1)$, $(6;\,2)$ et $(4;\,2)$ comme combinaisons linéaires convexes des sommets de la région admissible.

Question 4: Vérifier que $(3;\,4)$ est un point frontière de la région admissible. Exprimer ce point $(3;\,4)$ comme combinaison linéaire convexe de 2 des sommets.

* **Question 5**:   Montrer que $(5;\,5)$ n'est pas une solution admissible de (P) et que ce point $(5;\,5)$ ne s'exprime pas comme combinaison linéaire convexe des sommets de la région admissible.

13.   Solutions optimales et combinaisons convexes

Soit (P), le modèle linéaire suivant :

$$\text{Min} \quad z = 30\,x_1 + 36\,x_2$$

sous les contraintes :

$$6\,x_1 + 3\,x_2 \leq 69$$
$$5\,x_1 + 6\,x_2 \geq 52$$
$$3\,x_1 - 6\,x_2 \leq 12$$
$$x_2 \leq 7$$
$$x_1\,,\,x_2 \geq 0$$

Question 1: Tracer le graphique de la région admissible de ce modèle. Déterminer les sommets du polygone obtenu.

Question 2: Évaluer la fonction-objectif z en chacun des sommets de la région admissible. Vérifier que z atteint sa valeur minimale en deux de ces sommets.

Question 3: Le modèle (P) admet une infinité de solutions optimales. Donner une interprétation géométrique et une expression algébrique générale de ces diverses solutions optimales.

4. L'algorithme du simplexe - Énoncés

1. Région admissible et variables d'écart

Soit le modèle linéaire suivant.

$$\text{Max} \quad z = -3\,x_1 + 7\,x_2$$

sous les contraintes :

$$-2\,x_1 + x_2 \le 4$$
$$x_1 - 3\,x_2 \le 12$$
$$x_2 \le 10$$
$$x_1 \le 18$$
$$x_1, x_2 \ge 0$$

Question 1: Déterminer graphiquement la région admissible de ce modèle linéaire.

Question 2: Écrire le modèle sous forme (PLS=), en utilisant les variables d'écart requises.

Question 3: Évaluer les différentes variables d'écart en chacun des sommets de la région admissible. Montrer que chacun de ces sommets vérifie comme équations 2 contraintes (technologiques ou de non-négativité).

Question 4: Évaluer les différentes variables d'écart en chacun des points suivants du 1er quadrant :

$$P = (6;\ 4) \qquad Q = (2;\ 21) \qquad R = (2;\ 8) \qquad S = (20;\ 6).$$

Lesquels de ces points sont admissibles ?

2. Variables d'écart

Soit le modèle linéaire suivant.

$$\text{Max} \quad z = x_1 + 2\,x_2 + 3\,x_3 + 4\,x_4$$

sous les contraintes :

$$2\,x_1 + 4\,x_2 + 7\,x_3 + 2\,x_4 \le 60$$
$$x_1 + x_2 + 2\,x_3 + 5\,x_4 \le 40$$
$$3\,x_1 + 2\,x_2 + x_3 + 2\,x_4 \le 50$$
$$x_1, x_2, x_3, x_4 \ge 0$$

Question 1: Écrire le modèle sous forme (PLS=), en utilisant les variables d'écart requises.

Question 2: Évaluer les différentes variables d'écart en chacun des points suivants :

$$P = (1; 1; 1; 1) \qquad Q = (2; 4; 8; 0) \qquad R = (7; 5; 9; 2).$$

Lesquels de ces points sont admissibles ?

3.   Variables d'écart et d'excédent

Soit le modèle linéaire suivant.

$$\text{Max} \quad z = 6\,x_1 + 4\,x_2 + 2\,x_3$$

sous les contraintes :

$$
\begin{aligned}
6\,x_1 + \quad x_2 + 5\,x_3 &\leq 21 \\
2\,x_1 + 2\,x_2 + 2\,x_3 &\geq 5 \\
3\,x_1 - \quad x_2 + 4\,x_3 &\geq 5 \\
x_1 + 2\,x_2 - 2\,x_3 &\geq 5 \\
x_1,\ x_2,\ x_3 &\geq 0
\end{aligned}
$$

Question 1: Écrire les contraintes technologiques sous la forme d'un système équivalent d'équations linéaires, en introduisant les variables d'écart et d'excédent non négatives requises.

Question 2: Évaluer les variables d'écart et d'excédent en chacun des points suivants :

$$P = (0; 4; 2) \qquad Q = (2; 1; 0) \qquad R = (4; 0; 4) \qquad S = (5; 1; \text{-}2).$$

Lesquels parmi ces points sont admissibles ?

4.   Ajout de variables et fonction-objectif à minimiser

Soit le modèle linéaire obtenu du modèle du problème précédent en conservant les mêmes contraintes, mais en se donnant comme objectif de minimiser z, où

$$z = 2\,x_1 + 5\,x_2 + 4\,x_3 \,.$$

Question 1: Écrire les contraintes technologiques sous la forme d'un système équivalent d'équations linéaires, en introduisant les variables d'écart et d'excédent non négatives requises.

Question 2: Évaluer les variables d'écart et d'excédent en chacun des points suivants :

$$P = (0; 4; 2) \qquad Q = (2; 1; 0) \qquad R = (4; 0; 4) \qquad S = (5; 1; \text{-}2).$$

5. Pivotages et région admissible

Soit (P), un modèle linéaire dont les contraintes sont :

$$x_2 \leq 4$$
$$x_1 + x_2 \leq 8$$
$$x_1 \leq 6$$
$$x_1, x_2 \geq 0$$

La région admissible de (P) est le polygone OABCD ci-dessous.

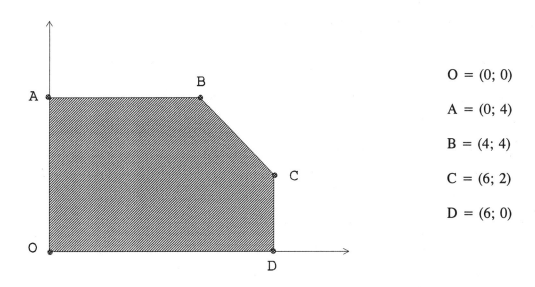

O = (0; 0)

A = (0; 4)

B = (4; 4)

C = (6; 2)

D = (6; 0)

Question 1: Écrire les 3 contraintes technologiques sous la forme d'un système équivalent d'équations linéaires, en introduisant les variables d'écart non négatives requises.

Question 2: Évaluer les différentes variables d'écart en chacun des sommets de la région admissible. Vérifier que chacun de ces sommets vérifie comme équations 2 contraintes (technologiques ou de non-négativité).

Question 3: Donner la variable entrante et la variable sortante lorsque l'on pivote de O à D.

Question 4: Donner la variable entrante et la variable sortante lorsque l'on pivote de B à C.

Question 5: Donner la variable entrante et la variable sortante lorsque l'on pivote de C à B.

6.   Liste des sommets visités par l'algorithme du simplexe

Soit (P), le modèle linéaire dont l'objectif est de maximiser z, où

$$z \; = \; 3 \, x_1 \, + \, 6 \, x_2,$$

et dont les contraintes sont celles données au problème précédent.

Question 1: Déterminer géométriquement la solution optimale.

Question 2: Donner le tableau initial du simplexe.

Question 3: Donner la succession des sommets visités par l'algorithme du simplexe si le critère du meilleur coût marginal (MCM) est utilisé. Indiquer de combien z s'accroît à chaque itération.

7.   Le tableau initial du simplexe d'un modèle (PLS)

Soit le modèle (PLS) suivant.

Max $z = 3 \, x_1 + 7 \, x_4$

sous les contraintes :

$$3 \, x_1 \; - \; 4 \, x_2 \; + \; 6 \, x_3 \; + \; 2 \, x_4 \; \leq \; 18$$
$$x_1 \; + \; x_2 \; + \; x_3 \; + \; 3 \, x_4 \; \leq \; 21$$
$$x_1 \; + \; 3 \, x_2 \qquad \; + \; 3 \, x_4 \; \leq \; 15$$
$$4 \, x_1 \; + \; x_2 \; - \; 2 \, x_3 \; + \; 2 \, x_4 \; \leq \; 12$$

$$x_1, \; x_2, \; x_3, \; x_4 \; \geq \; 0$$

Question 1: Écrire le modèle sous forme (PLS=).

Question 2: Donner le tableau initial du simplexe associé à ce modèle.

8.   La première itération du simplexe d'un modèle (PLS)

Reprenons le modèle (PLS) du problème précédent. Et convenons que le critère MCM est retenu.

Question 1: Déterminer la variable entrante, la variable sortante et le pivot de la première itération du simplexe.

Question 2: Donner la solution de base associée au tableau du simplexe numéro 1 résultant de la première itération. Donner également la valeur de z pour cette solution de base.

9. Calcul des coûts marginaux d'un tableau

Considérons le tableau du simplexe suivant obtenu lors de la résolution par l'algorithme du simplexe d'un modèle (PLS).

Base		3	7	5	0	0	0	0	
Coeff.	Var.	x_1	x_2	x_3	e_1	e_2	e_3	e_4	Valeur
0	e_1	0	0	2,7	1	0	- 1,3	0,6	14
0	e_2	0	0	0,5	0	1	- 1,5	0	3
3	x_1	1	0	- 1,3	0	0	0,7	- 0,4	7
7	x_2	0	1	0,9	0	0	- 0,1	0,2	4
z_j									
$c_j - z_j$									

Question 1: Compléter le tableau : calculer les coefficients z_j, les coûts marginaux $c_j - z_j$, ainsi que la valeur de la fonction-objectif z.

Question 2: Quelle est la solution de base associée à ce tableau ?

Question 3: Indiquer pourquoi ce tableau n'est pas optimal. Déterminer la variable entrante, la variable sortante, ainsi que le pivot.

Question 4: Donner la solution de base associée au tableau subséquent. De combien z augmente-t-elle à la suite de cette itération ?

10.   Variables entrante et sortante

Considérons le tableau du simplexe suivant obtenu lors de la résolution par l'algorithme du simplexe d'un modèle (PLS).

Base		3	6	7	0	0	0	0	
Coeff.	Var.	x_1	x_2	x_3	e_1	e_2	e_3	e_4	Valeur
0	e_1	0	0,4	0	1	- 0,3	0	- 0,1	144
3	x_1	1	- 0,2	0	0	0,4	0	- 0,2	48
0	e_3	0	1,6	0	0	- 0,7	1	0,1	696
7	x_3	0	0,8	1	0	- 0,1	0	0,3	168
z_j		3	5	7	0	0,5	0	1,5	
$c_j - z_j$		0	1	0	0	- 0,5	0	- 1,5	1320

Question 1: Écrire le système linéaire associé à ce tableau.

Question 2: Quelle est la solution de base associée à ce tableau ?

Question 3: Indiquer pourquoi ce tableau n'est pas optimal. Déterminer la variable entrante, la variable sortante, ainsi que le pivot.

Question 4: Donner la solution de base associée au tableau subséquent. De combien z augmente-t-elle à la suite de cette itération ?

11.   Une itération du simplexe

Considérons le tableau du simplexe ci-dessous, qui est associé à un problème de maximisation.

Base		7	2	12	4	0	0	0	
Coeff.	Var.	x_1	x_2	x_3	x_4	e_1	e_2	e_3	Valeur
4	x_4	- 1	0	2	1	1	0	0	15
2	x_2	5	1	0	0	- 6	1	0	120
0	e_3	12	0	18	0	30	1	1	950
z_j		6	2	8	4	- 8	2	0	
$c_j - z_j$		1	0	4	0	8	- 2	0	300

Question 1: Quelle est la solution de base associée à ce tableau ? Quelle est la valeur de z pour cette solution ?

Question 2: Effectuer une itération du simplexe (choisir la variable entrante selon le critère MCM).

Question 3: Donner la solution de base associée au tableau résultant de cette itération. De combien z augmente-t-elle à la suite de cette itération ?

Question 4: Le tableau résultant de l'itération effectuée à la question 2 est-il optimal ? Pourquoi ?

12.   Résolution d'un modèle (PLS)

Résoudre le modèle linéaire suivant à l'aide de l'algorithme du simplexe, en choisissant la variable entrante selon le critère MCM.

$$\text{Max } z = 3\,x_1 + x_2 + 7\,x_3$$

sous les contraintes :

$$
\begin{aligned}
x_1 + x_2 + x_3 &\le 3 \\
2\,x_1 + 2\,x_2 + 3\,x_3 &\le 6 \\
x_1 + 4\,x_2 + 2\,x_3 &\le 8 \\
x_1,\, x_2,\, x_3 &\ge 0
\end{aligned}
$$

13.   Paramètres à déterminer

Déterminer les valeurs des paramètres a, b, c, … apparaissant dans les tableaux du simplexe ci-dessous.

Question 1:

Base		6	2	7	0	0	0	
Coeff.	Var.	x_1	x_2	x_3	e_1	e_2	e_3	Valeur
7	x_3	a	2	h	0	3	0	7
6	x_1	b	0	i	3	- 1	0	12
0	e_3	c	3	j	- 7	- 2	1	5
z_j		d	f	k	18	15	0	
$c_j - z_j$		e	g	m	- 18	n	0	p

Question 2:

Base		a	b	c	d	e	f	
Coeff.	Var.	x_1	x_2	x_3	e_1	e_2	e_3	Valeur
b	x_2	g	m	q	- 2	3	4	13
c	x_3	h	n	r	v	0	- 1	4
a	x_1	i	o	s	4	- 5	- 3	15
z_j		j	5	t	4	x	10	
$c_j - z_j$		k	p	u	w	5	y	z

Question 3:

Base		3	2	2	4	0	0	0	0	
Coeff.	Var.	x_1	x_2	x_3	x_4	e_1	e_2	e_3	e_4	Valeur
0	e_1	0	0	0	0	1	- d	- d	0	5
4	x_4	a	0	0	1	0	d	0	0	6
2	x_2	0	1	a	0	0	0	d	0	e
0	e_4	a	0	a	0	0	0	0	1	12
$c_j - z_j$		b	0	c	0	0	- 2	b	0	42

14.   Conditions sur les paramètres apparaissant dans un tableau optimal

Un modèle (PLS) comportant 4 contraintes technologiques admet comme tableau optimal le tableau du simplexe suivant.

Base		4	a	b	c	0	0	0	0	
Coeff.	Var.	x_1	x_2	x_3	x_4	e_1	e_2	e_3	e_4	Valeur
4	x_1	1	- 4	0	0	2	0	1	0	20
0	e_2	0	2	0	0	i	m	- 1	0	18
b	x_3	0	3	1	0	j	0	n	0	36
c	x_4	0	0	0	g	0	0	0	1	40
z_j		d	- 1	b	c	k	0	14	c	
$c_j - z_j$		e	- 2	f	h	- k	0	- 14	- c	500

Déterminer, pour chacun des paramètres a, b, ..., n apparaissant dans le tableau, l'ensemble des valeurs que peut prendre ce paramètre.

15. Un modèle (PLC) de maximisation

Soit le modèle linéaire (P) suivant.

$$\text{Max} \quad z = 3\,x_1 + x_2 + 6\,x_4$$

sous les contraintes :

$$2\,x_1 + x_2 + 3\,x_3 + 2\,x_4 \leq 8$$
$$x_1 + 6\,x_2 + 2\,x_3 \qquad = 5$$
$$3\,x_1 + 4\,x_2 \qquad + 3\,x_4 \geq 4$$
$$4\,x_1 + x_2 + 5\,x_3 + x_4 \geq 5$$
$$x_1,\ x_2,\ x_3,\ x_4 \geq 0$$

Question 1: En ajoutant les variables d'écart et d'excédent requises, écrire les contraintes sous la forme d'un système équivalent ne comportant que des équations linéaires et des contraintes de non-négativité.

Question 2: Réécrire les contraintes sous forme canonique en ajoutant les variables artificielles requises.

Question 3: Donner le tableau initial du simplexe dans le cas où l'on utilise la méthode en deux phases.

* **Question 4**: Donner le tableau initial du simplexe dans le cas où l'on utilise la méthode du grand M.

16. Un modèle (PLC) de minimisation

Répondre aux questions du problème précédent, mais en prenant le modèle (P') dont l'objectif est de minimiser la fonction-objectif z du modèle (P) du problème précédent et dont les contraintes technologiques sont les mêmes que (P).

17. Réécriture de modèles linéaires sous forme canonique

Écrire chacun des modèles linéaires suivants sous *forme canonique*, c'est-à-dire sous la forme d'un modèle présentant les caractéristiques suivantes :

- chaque contrainte technologique est une équation linéaire et chaque variable est soumise à une contrainte de non-négativité;

- à chaque contrainte technologique est associée une variable de base, qui est affectée du coefficient 1 dans cette contrainte et du coefficient 0 dans les autres contraintes technologiques, de même que dans la fonction-objectif;

- les membres droits des contraintes technologiques sont tous non négatifs.

Question 1:   Max $z = 6\,x_1 + 11\,x_2 + 7\,x_3$

sous les contraintes :

$$-\,3\,x_1 \;-\; 7\,x_2 \;+\; 4\,x_3 \;\geq\; -\,12$$
$$5\,x_1 \;+\; 2\,x_2 \;-\; 4\,x_3 \;\geq\; 7$$
$$2\,x_1 \;-\; 4\,x_2 \;-\; 5\,x_3 \;=\; -\,8$$
$$-\;\;x_1 \;+\; 6\,x_2 \;-\; 6\,x_3 \;\leq\; -\,5$$

$$x_1,\,x_2,\,x_3 \;\geq\; 0$$

Question 2:   Max $z = 4\,x_1 + 3\,x_2 + 5\,x_3 + x_4$

sous les contraintes :

$$8\,x_1 \;-\; 5\,x_2 \;-\; 5\,x_3 \;+\; 4\,x_4 \;=\; -\,11$$
$$3\,x_1 \;-\;\;\;x_2 \;+\; 7\,x_3 \;+\; 2\,x_4 \;\leq\; 9$$
$$-\,7\,x_1 \;+\; 4\,x_2 \;+\;\;\;x_3 \;+\;\;\;x_4 \;\geq\; -\,15$$
$$x_1 \;-\;\;\;x_2 \;+\; 3\,x_3 \;+\; 7\,x_4 \;\leq\; -\,4$$

$$x_1,\,x_2,\,x_3,\,x_4 \;\geq\; 0$$

Question 3:   Min $z = 3\,x_1 + 8\,x_2 - 2\,x_3 + 5\,x_4$

sous les contraintes :

$$x_1 \;+\; 6\,x_2 \;\;\;\;\;\;\;\;\;+\;\;\;x_4 \;\leq\; 60$$
$$-\;x_1 \;-\; 3\,x_2 \;-\;\;\;x_3 \;+\; 7\,x_4 \;\leq\; -\,63$$
$$x_1 \;+\; 8\,x_2 \;-\; 2\,x_3 \;\;\;\;\;\;\;\;\;=\; 8$$
$$-\,4\,x_2 \;+\;\;\;x_3 \;-\; 9\,x_4 \;=\; -1$$

$$x_1,\,x_2,\,x_3,\,x_4 \;\geq\; 0$$

18.   Un tableau de la phase I

Considérons le tableau du simplexe suivant obtenu lors de la résolution par l'algorithme du simplexe d'un modèle (PLC). Le tableau appartient à la phase I : plus précisément, il s'agit du tableau numéro 1 de la phase I.

Base		0	0	0	0	0	0	1	1	
Coeff.	Var.	x_1	x_2	x_3	e_1	e_2	e_3	a_1	a_3	Valeur
1	a_1	- 26	0	- 10	- 1	0	7	1	- 7	140
0	e_2	- 3	0	- 1	0	1	1	0	- 1	38
0	x_2	4	1	2	0	0	- 1	0	1	10
z_j										
$c_j - z_j$										

Question 1: Compléter le tableau : calculer les coefficients z_j, les coûts marginaux $c_j - z_j$, ainsi que la valeur de la fonction-objectif.

Question 2: Déterminer la solution de base associée à ce tableau. Indiquer pourquoi cette solution n'est pas admissible.

Question 3: Déterminer la solution de base résultant de la prochaine itération. Cette dernière solution est-elle admissible ? Pourquoi ?

19.   Un tableau de la phase II

Considérons le tableau du simplexe suivant, qui est associé à un modèle de maximisation (PLC). Le tableau appartient à la phase II.

Base		6	3	11	5	0	0	0	0	
Coeff.	Var.	x_1	x_2	x_3	x_4	e_1	e_2	e_3	e_4	Valeur
3	x_2	1	1	0	0	- 0,5	0	0	0	18
0	e_2	1	0	1	1	0	1	0	0	60
0	e_3	1	0	- 1	- 1	- 0,5	0	1	0	6
0	e_4	- 1	0	1	0	0,5	0	0	1	54
z_j		3	3	0	0	- 1,5	0	0	0	
$c_j - z_j$		3	0	11	5	1,5	0	0	0	54

Question 1: Quelle est la solution de base associée à ce tableau ?

Question 2: Indiquer pourquoi ce tableau n'est pas optimal. Déterminer la variable entrante, la variable sortante, ainsi que le pivot (choisir la variable entrante selon le critère MCM).

Question 3: Donner la solution de base associée au tableau subséquent. De combien z augmente-t-elle à la suite de cette itération ?

20.   Une itération d'un modèle de maximisation (PLC)

Considérons le tableau du simplexe suivant, qui est associé à un modèle de maximisation (PLC).

Base		2	7	8	5	0	0	0	
Coeff.	Var.	x_1	x_2	x_3	x_4	e_2	e_3	e_4	Valeur
5	x_4	1	0	0	1	0	0	0	21
0	e_2	3	0	- 1	0	1	- 1	0	6
7	x_2	1	1	0	0	0	- 0,5	0	12
0	e_4	- 5	0	5	0	0	2,5	1	30
z_j		12	7	0	0	0	- 3,5	0	
$c_j - z_j$		- 10	0	8	0	0	3,5	0	189

Question 1: Quelle est la solution de base associée à ce tableau ? Quelle est la valeur de z pour cette solution ?

Question 2: Effectuer une itération du simplexe (choisir la variable entrante selon le critère MCM).

Question 3: Donner la solution de base associée au tableau résultant de cette itération. De combien z augmente-t-elle à la suite de cette itération ?

Question 4: Cette dernière solution est-elle optimale ? Pourquoi ?

21.   Une itération d'un modèle de minimisation (PLC)

Considérons le tableau du simplexe suivant, qui est associé à un modèle de minimisation (PLC).

Base		0	3	10	4	0	0	
Coeff.	Var.	x_1	x_2	x_3	x_4	e_1	e_2	Valeur
0	e_1	0	1	0	0	1	1	60
4	x_4	0	1	0	1	0	- 0,625	12
10	x_3	0	0	1	0	0	0,125	12
0	x_1	1	0	0	0	0	- 0,500	24
z_j		0	4	10	4	0	- 1,25	
$c_j - z_j$		0	- 1	0	0	0	1,25	168

Question 1: Quelle est la solution de base associée à ce tableau ? Quelle est la valeur de z pour cette solution ?

Question 2: Effectuer une itération du simplexe (choisir la variable entrante selon le critère MCM).

Question 3: Donner la solution de base associée au tableau résultant de cette itération. De combien z diminue-t-elle à la suite de cette itération ?

Question 4: Cette dernière solution est-elle optimale ? Pourquoi ?

22. Un modèle (PLC) à deux variables de décision

Considérons le modèle linéaire suivant :

$$\text{Max } z = 6\,x_1 + 4\,x_2$$

sous les contraintes :

$$
\begin{aligned}
x_1 + 2\,x_2 &\geq 12 & (1) \\
- 3\,x_1 + 2\,x_2 &= -12 & (2) \\
x_1 - 2\,x_2 &\geq -4 & (3) \\
x_1 &\geq 6 & (4)
\end{aligned}
$$

$$x_1, x_2 \geq 0$$

Le graphique ci-dessous donne les droites associées aux 4 contraintes technologiques de ce modèle linéaire.

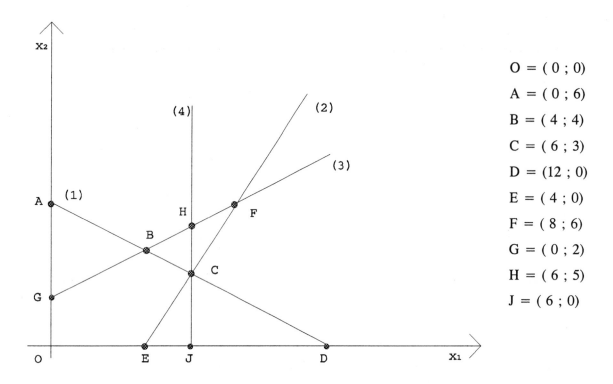

$$O = (0 ; 0)$$
$$A = (0 ; 6)$$
$$B = (4 ; 4)$$
$$C = (6 ; 3)$$
$$D = (12 ; 0)$$
$$E = (4 ; 0)$$
$$F = (8 ; 6)$$
$$G = (0 ; 2)$$
$$H = (6 ; 5)$$
$$J = (6 ; 0)$$

Question 1: Quelle est la région admissible du modèle linéaire ? Donner les coordonnées x_1 et x_2 de 3 solutions admissibles de ce modèle.

Question 2: Quelle est la solution optimale du modèle linéaire ? Que vaut z pour cette solution ?

Question 3: Construire le tableau du simplexe numéro 0 (tableau initial) de ce modèle, en ajoutant les variables d'écart, d'excédent et artificielles requises.

Voici un tableau du simplexe obtenu en appliquant l'algorithme du simplexe au modèle linéaire précédent.

	Base	6	4	0	0	0	
Coeff.	Var.	x_1	x_2	e_1	e_3	e_4	Valeur
4	x_2	0	1	0	0	-1,5	3
6	x_1	1	0	0	0	-1,0	6
0	e_3	0	0	0	1	2,0	4
0	e_1	0	0	1	0	-2,0	0
z_j		6	4	0	0	-12	
$c_j - z_j$		0	0	0	0	12	48

Question 4: Quelle est la solution de base associée à ce tableau ? Cette solution est-elle admissible ?

Question 5: Indiquer pourquoi le tableau n'est pas optimal. Déterminer la variable entrante, la variable sortante, ainsi que le pivot. Calculer la solution de base associée au tableau subséquent.

* 23. Modèle (PLC) et séquence des points visités

Pour chacun des modèles (PLC) suivants, déterminer graphiquement la solution optimale et donner la séquence des points visités par l'algorithme du simplexe, si la variable entrante est toujours choisie selon le critère MCM.

Question 1:   Min $z = 65\,x_1 + 14\,x_2$

sous les contraintes :

$$6\,x_1 + 3\,x_2 \geq 240$$
$$3\,x_1 - 2\,x_2 \leq 480$$
$$-4\,x_1 + 5\,x_2 \leq 400$$
$$x_1 \qquad\quad \leq 180$$
$$x_2 \leq 160$$
$$x_1\,,\,x_2 \geq 0$$

Question 2:   Max $z = 8\,x_1 + 11\,x_2$

sous les mêmes contraintes que le modèle précédent.

Question 3:   Max $z = 20\,x_1 + 50\,x_2$

sous les contraintes :

$$7\,x_1 + 7\,x_2 \leq 770$$
$$8\,x_1 + 4\,x_2 \geq 320$$
$$-2\,x_1 + 6\,x_2 \geq 60$$
$$x_2 \leq 60$$
$$x_1\,,\,x_2 \geq 0$$

Question 4:   Min $z = 2\,x_1 + x_2$

sous les contraintes :

$$x_1 + x_2 \leq 26$$
$$6\,x_1 + 3\,x_2 \leq 30$$
$$3\,x_1 - x_2 \geq 30$$
$$x_2 \geq 6$$
$$x_1\,,\,x_2 \geq 0$$

24.   Modèle de maximisation et solutions optimales multiples

Considérons le tableau du simplexe suivant, qui est associé à un modèle de maximisation (PLC).

Base		12	7	18	0	0	0	
Coeff.	Var.	x_1	x_2	x_3	e_1	e_2	e_3	Valeur
12	x_1	1	1	0	-3	0	0	15
0	e_2	0	-1	0	-4	1	-2	20
18	x_3	0	1	1	2	0	1	2
z_j		12	30	18	0	0	18	
$c_j - z_j$		0	-23	0	0	0	-18	***

Question 1: Indiquer pourquoi ce tableau est optimal. Calculer la valeur optimale de z.

Question 2: Donner trois solutions optimales du modèle (PLC).

25. Modèle de minimisation et solutions optimales multiples

Considérons le tableau du simplexe suivant, qui est associé à un modèle de minimisation (PLC).

Base		22	90	44	12	0	0	0	
Coeff.	Var.	x_1	x_2	x_3	x_4	e_1	e_2	e_3	Valeur
22	x_1	1	2	2	0	-1	-1	0	6
12	x_4	0	1	0	1	0	1	0	14
0	e_3	0	-10	0	0	2	-1	1	11
z_j		22	56	44	12	-22	-10	0	
$c_j - z_j$		0	34	0	0	22	10	0	300

Question 1: Donner 2 solutions de base optimales du modèle (PLC).

Question 2: Déterminer une 3e solution optimale.

Question 3: Donner une expression générale qui permet d'obtenir toutes les solutions optimales du modèle (PLC).

26. Un modèle admettant trois solutions de base optimales

Considérons le tableau du simplexe suivant, qui est associé à un modèle de maximisation (PLC).

Base		18	2	10	50	0	0	0	
Coeff.	Var.	x_1	x_2	x_3	x_4	e_1	e_2	e_3	Valeur
0	e_1	0	0	0	1	1	-2	2	8
18	x_1	1	0	0	1	0	1,333	2	4
2	x_2	0	1	0	-4	0	-2	-8	4
10	x_3	0	0	1	4	0	2	-2	16
z_j		18	2	10	50	0	40	0	
$c_j - z_j$		0	0	0	0	0	-40	0	240

Question 1: Donner 3 solutions de base optimales du modèle (PLC).

Question 2: Déterminer une 4e solution optimale.

Question 3: Donner une expression générale qui permet d'obtenir toutes les solutions optimales du modèle (PLC).

27.   Une solution de base dégénérée

Considérons le tableau suivant obtenu lors de la résolution par l'algorithme du simplexe d'un modèle de maximisation de type (PLC). Le critère MCM a été utilisé pour choisir la variable entrante.

Base		4	1	5	0	0	0	0	
Coeff.	Var.	x_1	x_2	x_3	x_4	e_1	e_2	e_3	Valeur
4	x_1	1	0	- 1	- 1	-1	0	1	18
0	e_2	0	0	1	0	1	1	0	18
1	x_2	0	1	1	1	0	0	- 1	18
z_j		4	1	- 3	- 3	- 4	0	3	
$c_j - z_j$		0	0	8	3	4	0	- 3	90

Effectuer une itération du simplexe. Vérifier que la solution de base résultante est dégénérée.

28.   Algorithme du simplexe et solution optimale dégénérée

Soit le modèle linéaire suivant :

Max $z = 12\,x_1 + 15\,x_2$

sous les contraintes :

$$- 4\,x_1 + 3\,x_2 \geq b$$
$$- 2\,x_1 + 4\,x_2 \geq 20$$
$$x_2 \leq 8$$
$$x_1,\, x_2 \geq 0$$

Question 1: Poser $b = 10$ et résoudre le modèle obtenu à l'aide de l'algorithme du simplexe (choisir la variable entrante selon le critère MCM).

Question 2: Répondre à la question précédente, mais en posant cette fois $b = 0$.

Question 3: Tracer la région admissible du modèle linéaire obtenu en posant $b = 10$. Tracer de même la région admissible quand $b = 0$. Puis interpréter graphiquement les résultats obtenus en réponse aux questions 1 et 2.

5. L'analyse postoptimale - Énoncés

1. Ballons du Coeur

Ballons du Coeur se dit le « spécialiste de la fête impromptue ». Il fabrique chapeaux en papier, confettis, produits de maquillage, décorations de parterre (flamants roses, pingouins, mouffettes, moutons...), gâteaux géants... La grande spécialité de Ballons du Coeur, c'est la production de ballons en mylar autoscellant et de ballons en microfoil.

Ballons du Coeur s'apprête à lancer une rafale de ballons de ces deux types. Voici les ressources disponibles pour cette rafale : 3 000 heures de main-d'oeuvre, 3 000 heures-machine, 175 rouleaux de microfoil et 350 rouleaux de mylar autoscellant. Un rouleau de microfoil permet de produire 1 000 ballons tandis qu'un rouleau de mylar en donne 1 500. Transformer en ballons un rouleau de microfoil requiert 4 heures de main-d'oeuvre et 12 heures-machine. Il faut compter 8 heures de main-d'oeuvre et 4 heures-machine pour la transformation d'un rouleau de mylar.

Ballons du Coeur doit fabriquer au moins 125 000 ballons en microfoil et 300 000 ballons en mylar. La production totale doit être d'au moins 575 000 ballons. Ballons du Coeur veut assurer cette production au moindre coût. Il en coûte 8 ¢ pour fabriquer un ballon en microfoil et 7 ¢ pour fabriquer un ballon en mylar.

Ballons du Coeur formule ce problème de production comme un modèle linéaire continu dont les variables de décision sont :

$$x_j = \text{nombre de rouleaux de type } j \text{ transformés en ballons}$$

où $j = 1$ (microfoil), 2 (mylar). Voici le modèle utilisé.

$$\text{Min } z = 80\,x_1 + 105\,x_2$$

sous les contraintes :

$$4\,x_1 + 8\,x_2 \leq 3\,000 \tag{1}$$
$$12\,x_1 + 4\,x_2 \leq 3\,000 \tag{2}$$
$$x_1 \leq 175 \tag{3}$$
$$x_2 \leq 350 \tag{4}$$
$$x_1 \geq 125 \tag{5}$$
$$x_2 \geq 300 \tag{6}$$
$$x_1 + 1,5\,x_2 \geq 575 \tag{7}$$
$$x_1, x_2 \geq 0$$

Le tableau suivant donne un tableau du simplexe final de ce modèle.

Base	80 x_1	105 x_2	0 e_1	0 e_2	0 e_3	0 e_4	0 e_5	0 e_6	0 e_7	Valeur
e_1	0	0	1	0	0	0	-1,333	0	5,333	100
e_2	0	0	0	1	0	0	9,333	0	2,667	300
e_3	0	0	0	0	1	0	1	0	0	50
e_4	0	0	0	0	0	1	-0,667	0	0,667	50
x_1	1	0	0	0	0	0	-1	0	0	125
e_6	0	0	0	0	0	0	0,667	1	-0,667	100
x_2	0	1	0	0	0	0	0,667	0	-0,667	300
C.M.	0	0	0	0	0	0	10	0	70	41 500

Les questions suivantes sont indépendantes les unes des autres, sauf indication contraire.

Question 1: Combien de ballons de chacun des deux types seront fabriqués ?

Question 2: Si on disposait d'une heure-machine de plus, qu'en ferait-on ? Si on se voyait privé d'une heure-machine, comment réagirait-on ?

Question 3: Comment seraient affectés le plan optimal et le coût de la rafale si on désirait porter à 128 000 le nombre minimal de ballons en microfoil à fabriquer ? Et quelle serait alors l'utilisation des ressources de temps-machine et de main-d'oeuvre ?

Question 4: Comment serait affecté le plan optimal si on désirait porter à 328 000 le nombre minimal de ballons en mylar à fabriquer ?

Question 5: Si on décidait de porter à 590 000 ballons la production totale de la prochaine rafale, comment devrait-on s'y prendre ?

Question 6: Le propriétaire se demande si le coût de fabrication d'un ballon ne serait pas le même, soit 8 ¢, que le ballon soit en microfoil ou en mylar. Comment seraient affectés le plan optimal et le coût de la rafale s'il en était ainsi ?

Question 7: Résoudre graphiquement le modèle linéaire de Ballons du Coeur : construire la région admissible, énumérer les sommets de cette région admissible, puis déterminer la solution admissible.

Question 8: Répondre à la question 3 en utilisant le graphique construit à la question précédente.

Question 9: Répondre à la question 6 en utilisant le graphique construit à la question 7.

2. Les Accessoires d'auto inc.

Les Accessoires d'auto inc. (AAI) prépare le lancement d'une nouvelle gamme de produits destinés aux automobilistes. Cette gamme comporte 7 produits, notés A, B, C, D, E, F et G, qui sont assemblés sur les chaînes C1 et C2, à partir des matériaux M1, M2 et M3.

AAI dispose de 500 kg de M1, de 750 kg de M2 et de 350 kg de M3. La chaîne C1 est disponible pendant 60 heures et la chaîne C2, pendant 80 heures. Voici un tableau où ont été rassemblées les données techniques de production, ainsi que les contributions unitaires des produits aux frais fixes et au profit.

Produit	A	B	C	D	E	F	G
Contrib. (en $/u)	10	12	8	15	1	10	19
M1 *	0,1	0,4	0,2	0,1	0,2	0,1	0,2
M2 *	0,2	0,1	0,4	0,2	0,2	0,3	0,4
M3 *	0,2	0,1	0,1	0,2	0,1	0,2	0,3
C1 **	0,02	0,03	0,01	0,04	0,01	0,02	0,04
C2 **	0,04	--	0,02	0,02	0,06	0,02	0,05

* Les données des lignes M1, M2 et M3 sont en kg.   **Les données des lignes C1 et C2 sont en heures.

Le directeur du marketing exige que l'on produise un minimum de 300 unités de A tout en tenant à ce que la production de B n'excède pas 700 unités. Le directeur de la production assure qu'il lui serait impossible de fabriquer plus de 400 unités de E.

À titre d'analyste chez AAI, vous étiez responsable de l'élaboration d'un modèle linéaire pour tenter de maximiser la contribution de cette gamme de produits aux frais fixes et au profit. Vous vous êtes acquitté de votre tâche en formulant et en résolvant le modèle continu suivant.

Max $z = 10\,x_A + 12\,x_B + 8\,x_C + 15\,x_D + 1\,x_E + 10\,x_F + 19\,x_G$

sous les contraintes technologiques :

$$0,1\,x_A + 0,4\,x_B + 0,2\,x_C + 0,1\,x_D + 0,2\,x_E + 0,1\,x_F + 0,2\,x_G \leq 500 \quad (1)$$
$$0,2\,x_A + 0,1\,x_B + 0,4\,x_C + 0,2\,x_D + 0,2\,x_E + 0,3\,x_F + 0,4\,x_G \leq 750 \quad (2)$$
$$0,2\,x_A + 0,1\,x_B + 0,1\,x_C + 0,2\,x_D + 0,1\,x_E + 0,2\,x_F + 0,3\,x_G \leq 350 \quad (3)$$
$$0,02\,x_A + 0,03\,x_B + 0,01\,x_C + 0,04\,x_D + 0,01\,x_E + 0,02\,x_F + 0,04\,x_G \leq 60 \quad (4)$$
$$0,04\,x_A + 0,02\,x_C + 0,02\,x_D + 0,06\,x_E + 0,02\,x_F + 0,05\,x_G \leq 80 \quad (5)$$
$$x_A \geq 300 \quad (6)$$
$$x_B \leq 700 \quad (7)$$
$$x_E \leq 400 \quad (8)$$

Voici un tableau final du simplexe de ce modèle (pour alléger, seules les colonnes des variables hors base sont présentées).

Base	1 x_E	10 x_F	19 x_G	0 e_1	0 e_3	0 e_4	0 e_6	Valeur
x_C	1,00	1,40	1,50	2,00	13,00	-70	1,40	930
x_B	0	-0,60	-0,50	2,00	-7,00	30	-0,60	530
e_2	-0,20	-0,32	-0,35	-0,60	-4,90	21	-0,42	12T
x_D	0	0,60	1,00	-2,00	2,00	20	0,60	720
e_5	0,04	-0,02	0	0	-0,30	1	0	35
x_A	0	0	0	0	0	0	-1,00	300
e_7	0	0,60	0,50	-2,00	7,00	-30	0,60	170
e_8	1,00	0	0	0	0	0	0	400
C.M.	-7	-3	-2	-10	-50	-100	-3	27 600

Vous convoquez une réunion à laquelle assistent le directeur du marketing, le directeur de la production et le directeur des achats. Voici les questions que vous adressent ces derniers à tour de rôle.

Question 1 : Le directeur du marketing, déçu de ne pas retrouver le produit F dans la production envisagée, prétend qu'il pourrait en augmenter le prix de vente. De combien au minimum AAI devrait-elle augmenter le prix de vente de F pour qu'il devienne rentable d'entrer F dans la gamme des produits à fabriquer ? Et, à ce prix minimal, combien d'unités de F pourrait-on faire ?

Question 2 : Le directeur des achats indique que, bien qu'il ne puisse obtenir de la source habituelle une plus grande quantité de M1, il pourrait s'en procurer d'un fournisseur étranger en payant 9 $ de plus le kilogramme. Il demande s'il devrait en commander à ce prix. Si vous répondiez oui, il aimerait savoir combien de kilogrammes en commander.

Question 3 : Le directeur du marketing affirme que le client qui lui réclamait 300 unités du produit A vient de porter sa commande à 350 unités. Il vous demande quelles seraient les conséquences sur votre plan de production s'il acceptait cette augmentation.

Question 4 : Le directeur de la production pourrait obtenir 5 heures supplémentaires d'utilisation de la chaîne C1 en contrepartie d'un débours de 450 $ en sus des frais normaux déjà inclus dans le calcul des marges bénéficiaires. Il vous demande s'il serait payant de le faire. En tout cas, il aimerait que vous lui indiquiez les conséquences d'un tel geste sur le plan de production.

Question 5 : Le directeur du marketing revient à la charge en prétendant que le prix de vente du produit B est trop bas. Il pense qu'on pourrait pousser à 14 $ la contribution unitaire de ce produit aux frais fixes et au profit. Toutefois il prétend que dans ce cas la demande du produit n'excéderait pas 600 unités. Il vous demande si les conséquences économiques à court terme sont intéressantes.

3. Les macédoines de fruits

Une petite coopérative achète des pommes des vergers québécois et des pêches de l'Ontario pour en confectionner des macédoines recherchées pour la qualité de leurs ingrédients. Elle met en marché 4 produits, qui varient selon la proportion de fruits qu'on y retrouve et la recette du sirop qu'on y ajoute en cours de cuisson.

DONNÉES RELATIVES À UNE CAISSE DE CHAQUE PRODUIT

Produit	Pommes (en kg)	Pêches (en kg)	Préparation et cuisson (en h)	Mélange et mise en boîtes (en h)	Étiquetage et emballage (en h)	Profit (en $)
P1	20	10	1	1	2	10
P2	10	20	2	1	1	6
P3	16	16	2	1	1	8
P4	12	10	1	1	2	7
Disponibilités	400 000	417 000	45 000	28 000	40 000	

Les « profits » unitaires ont été calculés par le comptable de la coopérative en retranchant du prix de vente le coût des matières premières et les coûts salariaux. Les employés salariés coûtent 16 \$/h à la coopérative, salaire et avantages sociaux compris. Le carnet de commandes dicte la production d'au moins 6 000 caisses de P3.

Pour planifier la production des macédoines de fruits, la coopérative utilise un modèle linéaire continu, dont les 4 variables de décision sont définies ainsi :

$$x_j = \text{nombre de caisses du produit P}j \text{ préparées par la coopérative.}$$

Le modèle consiste à maximiser la fonction-objectif z, où

$$\max(z) = 10\,x_1 + 6\,x_2 + 8\,x_3 + 7\,x_4$$

sous les contraintes technologiques suivantes :

POMMES $\qquad 20\,x_1 + 10\,x_2 + 16\,x_3 + 12\,x_4 \leq 400\,000$

PÊCHES $\qquad 10\,x_1 + 20\,x_2 + 16\,x_3 + 10\,x_4 \leq 417\,000$

PRÉPAR $\qquad x_1 + 2\,x_2 + 2\,x_3 + x_4 \leq 45\,000$

MÉLANGE $\qquad x_1 + x_2 + x_3 + x_4 \leq 28\,000$

ÉTIQUET $\qquad 2\,x_1 + x_2 + x_3 + 2\,x_4 \leq 40\,000$

COMMANDES $\quad x_3 \geq 6\,000$

Est présenté à la page suivante un tableau final du simplexe de ce modèle (pour alléger, seules les colonnes des variables hors base sont données). Suivent les intervalles de variation associés à ce tableau optimal.

Base	0 e_1	0 e_4	0 e_5	0 e_6	Valeur
x_4	−0,125	0	1,25	−0,75	4 500
e_2	0	−30	10	−4	1 000
e_3	0	−3	1	0	1 000
x_1	0,125	−1	−0,25	0,75	7 500
x_2	0	2	−1	1	10 000
x_3	0	0	0	−1	6 000
C.M.	−0,375	−2	−0,25	−0,25	******

Intervalles de variation des c_j				Intervalles de variation des b_i			
	Valeur				Valeur		
Variable	présente	minimale	maximale	Contrainte	présente	minimale	maximale
x_1	10	9,67	11,00	1 Pommes ≤	400 000	340 000	436 000
x_2	6	5,75	6,25	2 Pêches ≤	417 000	416 000	Infini
				3 Prépar ≤	45 000	44 000	Infini
x_3	8	- Infini	8,25	4 Mélange ≤	28 000	23 000	28 033,3
x_4	7	6,80	7,33	5 Étiquet ≤	40 000	39 900	50 000
				6 Commandes ≥	6 000	5 750	16 000

Question 1: Décrire le plan de production associé au tableau final. Quel sera le profit de la coopérative si on implante ce plan ?

Question 2: Combien de kilos de pommes et de pêches seront incorporés dans les macédoines si le plan de production associé au tableau final est retenu ? Et combien d'heures seront alors nécessaires pour la préparation et la cuisson ? pour le mélange et la mise en boîtes ? pour l'étiquetage et l'emballage ?

Question 3: Le plan obtenu à la question 1 est-il le seul plan optimal ? Expliquer brièvement.

Question 4: Quel prix maximal la coopérative serait-elle prête à payer pour se procurer 1 kg supplémentaire de pommes ? Combien de kilogrammes s'en procurerait-elle à ce prix ?

Question 5: Mêmes questions pour les pêches.

Question 6: On pourrait augmenter de 1 000 heures le temps disponible pour la préparation des fruits et la cuisson. Combien serait-on prêt à payer ces heures additionnelles si les quantités disponibles de pommes et de pêches restaient fixées aux niveaux actuels ?

Question 7: Même question pour 1 000 heures additionnelles pour l'étiquetage et l'emballage.

Question 8: Si le temps disponible pour l'étiquetage et l'emballage augmente à 41 000 heures, de quelle façon devra-t-on réaménager le plan de production pour utiliser à bon escient ce temps additionnel ?

4. Mini-Golf

Les banlieues-dortoirs des grandes métropoles abritent aussi des insomniaques. Des golfs miniatures y recrutent une bonne part de leur clientèle nocturne. L'exiguïté des terrains où se pratique ce sport — les parcours n'ont que quelques mètres — en rend abordable l'éclairage intensif requis la nuit.

Mini-Golf gère, sur la rive sud de Montréal, 6 golfs miniatures, qui sont ouverts tous les jours de la semaine, les lundis exceptés, de 11 heures du matin à 3 heures du matin. Chacun de ces golfs est recouvert d'un dôme translucide; Mini-Golf peut donc accueillir sa clientèle tout au long de l'année sans craindre les intempéries, ce qui lui a permis d'émettre des cartes de membre donnant droit à une réduction de 5 $ du tarif horaire consenti au grand public. Mini-Golf réserve aux membres au moins 300 heures par semaine au tarif horaire de 15 $. Un professionnel et ses 3 assistants offrent aux membres des cours individuels ou des cours en petit groupe. Mini-Golf charge 35 $/h pour les cours individuels s'ils sont donnés par le maître golfeur et 30 $/h si c'est un des assistants qui est présent. Les cours de groupe, donnés par une équipe formée du maître golfeur et d'un assistant, durent 2 heures; ils coûtent 75 $ lorsqu'ils sont offerts aux adultes et 45 $ lorsqu'ils sont offerts aux enfants. Mini-Golf garantit, chaque semaine, au moins 5 cours de groupe pour adultes et au moins 10 cours de groupe pour enfants. Enfin, une ligue d'amateurs joue chaque semaine quelques parties qui durent deux heures et demie chacune. On leur alloue au plus 50 heures, au tarif horaire de 20 $.

Le maître golfeur et ses assistants sont rétribués par Mini-Golf sur une base hebdomadaire. Le maître doit assurer 40 heures de présence par semaine et chaque assistant, 50 heures par semaine.

Mini-Golf utilise un modèle linéaire pour déterminer une répartition des heures d'exploitation hebdomadaires qui maximise les revenus. Les 7 variables de décision x_j représentent le nombre de périodes réservées hebdomadairement à chacune des activités offertes :

x_1 (en heures) : cours individuels donnés par le maître golfeur

x_2 (en heures) : cours individuels donnés par un assistant

x_3 (en périodes de 2 h) : cours de groupe offerts aux adultes

x_4 (en périodes de 2 h) : cours de groupe offerts aux enfants

x_5 (en heures) : temps réservé aux membres

x_6 (en périodes de 2,5 h) : périodes réservées à la ligue d'amateurs

x_7 (en heures) : temps réservé au grand public.

Le modèle linéaire utilisé par Mini-Golf est reproduit ci-dessous. Un tableau final de sa relaxation continue, ainsi que les intervalles de variation associés, sont également donnés.

Max $z = 35 x_1 + 30 x_2 + 75 x_3 + 45 x_4 + 15 x_5 + 50 x_6 + 20 x_7$

sous les contraintes technologiques suivantes :

Heures $x_1 + x_2 + 2 x_3 + 2 x_4 + x_5 + 2,5 x_6 + x_7 \leq 576$

Membres $x_5 \geq 300$

Amateurs $2,5 x_6 \leq 50$

Maître $x_1 + 2 x_3 + 2 x_4 \leq 40$

Assistants $x_2 + 2\,x_3 + 2\,x_4 \le 150$

Min Gr-A $2\,x_3 \ge 10$

Min Gr-E $2\,x_4 \ge 20$

Base	50 x_6	0 e_1	0 e_2	0 e_4	0 e_5	0 e_6	0 e_7	Valeur
x_7	2,5	1	1	−1	−1	−1	−1	116
x_5	0	0	−1	0	0	0	0	300
e_3	2,5	0	0	0	0	0	0	50
x_1	0	0	0	1	0	1	1	10
x_2	0	0	0	0	1	1	1	120
x_3	0	0	0	0	0	−0,5	0	5
x_4	0	0	0	0	0	0	−0,5	10
C.M.	0	−20	−5	−15	−10	−7,5	−22,5	11 595

Intervalles de variation des c_j				Intervalles de variation des b_i			
Variable	Valeur présente	minimale	maximale	Contrainte	Valeur présente	minimale	maximale
x_1	35	27,5	Infini	1 Heures ≤	576	460	Infini
x_2	30	22,5	Infini	2 Membres ≥	300	0	416
x_3	75	− Infini	90,0	3 Amateurs ≤	50	0	Infini
x_4	45	− Infini	90,0	4 Maître ≤	40	30	156
x_5	15	− Infini	20,0	5 Assistants ≤	150	30	266
x_6	50	− Infini	50,0	6 Min Gr-A ≥	10	0	20
x_7	20	20,0	27,5	7 Min Gr-E ≥	20	0	30

Question 1: Décrire la solution associée au tableau final. Existe-t-il d'autres solutions optimales ?

Question 2: Indiquer comment a été obtenu le membre droit 576 de la contrainte « Heures ».

Question 3: Quelle serait la répartition optimale du temps disponible si le prix des cours individuels du maître golfeur était augmenté à 40 $ l'heure ? Quels seraient les revenus hebdomadaires si Mini-Golf implantait cette répartition et que tous les cours offerts par le maître trouvaient preneur ?

Question 4: Mini-Golf songe à exiger des assistants un maximum de 45 heures de présence par semaine seulement. Quel serait l'impact de cette décision sur les revenus hebdomadaires ?

Question 5: Décrire une répartition optimale dans le contexte où Mini-Golf garantirait, chaque semaine, seulement 5 cours de groupe pour enfants. Quel serait l'impact de cette décision sur les revenus ?

Question 6: La ligue d'amateurs réagirait sans doute avec vigueur si Mini-Golf décidait d'implanter sans changement la solution associée au tableau final. Le directeur de Mini-Golf croit qu'un minimum de 12 périodes, soit 30 heures, doit être mis à la disposition de la ligue. Que deviendraient la répartition optimale et les revenus hebdomadaires si l'on ajoutait au modèle la contrainte « $x_6 \ge 12$ » ?

5. La société Lippi

La société Lippi se spécialise dans la production de tôles perforées. Dès 1889, son usine de Montréal fournissait aux brasseries du continent des tôles perforées employées dans la construction de tourailles où sécher le houblon et le malt. Lippi fabriquait aussi des tôles de revêtement pour recouvrir bouches et buses de diffusion du chauffage central. Le carnet de commandes de 1929 montre que les clients se procuraient chez Lippi des tôles perforées destinées aux machines agricoles, aux papeteries et à l'industrie automobile. Les entreprises ferroviaires lui achetaient des tôles de protection et des cylindres de triage. En 1960, Lippi s'intéressa aux transformations ultérieures à donner aux deux faces des tôles perforées. Ces traitements visent la protection des tôles contre la corrosion blanche qui apparaît au stockage et permettent, sans dégraissage ni phosphatation, une adhérence optimale des laques de finition ou des caoutchoucs de protection exigés par la clientèle.

Chez Lippi, les tôles sont produites par deux chaînes comportant chacune une perforeuse hydraulique. Chaque chaîne est munie, en amont de la perforeuse, d'un dérouleur de coils et d'un découpeur au laser; et, en aval de la perforeuse, d'un robot de profilage, d'emboutissage et de pliage, d'un robot de pistolage pneumatique de fritte d'émail, d'un bain de trempage au latex et d'un four de vulcanisation.

Les deux chaînes, la Humbert et la Lambert, ne diffèrent que par leurs capacités de production. Le tableau suivant donne, pour chaque chaîne, sa capacité (en tonnes/jour), ainsi que sa contribution (en $/jour) aux profits et aux frais fixes selon le type de production qui lui sera confiée.

Chaîne	Capacité (en tonnes/jour)		Contribution (en $/jour)	
	T. émaillées	T. caoutchoutées	T. émaillées	T. caoutchoutées
La Humbert	40	35	525	550
La Lambert	50	40	500	590

L'entretien préventif des deux chaînes a déjà été planifié pour juillet et août. Le tableau suivant donne, pour chaque mois, le nombre maximal de jours de production que pourra fournir chaque chaîne, ainsi que la demande maximale (en tonnes) pour chaque type de tôles telle que prévue par le service du marketing.

Mois	Nombre de jours de production		Demande (en tonnes)	
	La Humbert	La Lambert	T. émaillées	T. caoutchoutées
Juillet	26	26	1 000	800
Août	28	25	1 600	1 000

De plus, le nombre total de jours de production sur les deux chaînes pendant juillet et août ne pourra excéder 102 jours, les effectifs étant réduits durant cette période à cause de certains employés dont les vacances annuelles coïncident traditionnellement avec les vacances scolaires et qui considèrent que ce privilège constitue un droit acquis.

Lippi a l'habitude de stocker ses surplus de production dans un petit entrepôt attenant à l'usine dont la capacité est de 160 tonnes de tôles émaillées ou caoutchoutées. Cet entrepôt sera vide au début juillet; il devra être complètement libéré au début septembre pour des travaux de rénovation et d'agrandissement. Les coûts afférents au stockage des surplus de tôles produits en juillet et livrés en août sont évalués à 1 \$/tonne pour la tôle émaillée et à 1,20 \$/tonne pour la tôle caoutchoutée.

Dans le but de répartir le mieux possible les ressources disponibles en juillet et août, la direction de l'usine a établi un modèle linéaire continu dont les variables de décision EHJ, EHA, ELJ, ELA, CHJ, CHA, CLJ, CLA, EENTR et CENTR sont définies de la façon suivante :

TXY = temps (en jours) du mois Y réservé sur la chaîne X pour les tôles T

où T = E(émaillées), C(caoutchoutées) et X = H(Humbert), L(Lambert) et Y = J(juillet), A(août);

$TENTR$ = tôles (en tonnes) de type T produites en juillet pour livraison en août

où T = E(émaillées), C(caoutchoutées). L'objectif consiste à maximiser la contribution z des ressources disponibles en juillet et août aux profits et aux frais fixes, où

$z = 525\ EHJ + 525\ EHA + 500\ ELJ + 500\ ELA + 550\ CHJ + 550\ CHA + 590\ CLJ + 590\ CLA - 1\ EENTR - 1{,}2\ CENTR$

Les contraintes technologiques sont :

DISP HJ $EHJ + CHJ \leq 26$

DISP HA $EHA + CHA \leq 28$

DISP LJ $ELJ + CLJ \leq 26$

DISP LA $ELA + CLA \leq 25$

DEM EJ $40\ EHJ + 50\ ELJ - EENTR \leq 1\ 000$

DEM EA $40\ EHA + 50\ ELA + EENTR \leq 1\ 600$

DEM CJ $35\ CHJ + 40\ CLJ - CENTR \leq\ \ \ 800$

DEM CA $35\ CHA + 40\ CLA + CENTR \leq 1\ 000$

CAP ENTR $EENTR + CENTR \leq 160$

DISP TOT $EHJ + EHA + ELJ + ELA + CHJ + CHA + CLJ + CLA \leq 102$

Voici un tableau final du simplexe pour ce modèle linéaire (pour alléger, seules les colonnes des variables hors base sont données).

Base	500 ELJ	550 CHJ	550 CHA	0 e_1	0 e_2	0 e_4	0 e_5	0 e_7	0 e_8	0 e_{10}	Valeur
EHJ	0	1	0	1	0	0	0	0	0	0	26
EHA	0	0	1	0	1	0	0	0	0	0	28
e_3	0	0	0	1	1	1	0	0	0	-1	3
CLA	-1	0,875	0,875	1	1	1	0	0,025	0,025	-1	22
EENTR	-50	40	0	40	0	0	-1	0	0	0	40
e_6	0	3,750	3,750	10	10	0	1	1,250	1,250	-50	290
CLJ	1	0	0	-1	-1	-1	0	0	0	1	23
CENTR	40	-35	0	-40	-40	-40	0	-1	0	40	120
e_9	10	-5	0	0	40	40	1	1	0	-40	0
ELA	1	-0,875	-0,875	-1	-1	0	0	-0,025	-0,025	1	3
C.M.	-2	-55,75	-53,75	-33	-73	-48	-1	-3,45	-2,25	-452	56 216

Les questions suivantes sont indépendantes les unes des autres.

Question 1: Déterminer l'intervalle de variation du membre droit b_5 de la 5e contrainte « DEM EJ ».

Question 2: Les comptables de Lippi se demandent s'ils ont raison d'imputer à l'entreposage de la tôle caoutchoutée un prix supérieur à celui de la tôle émaillée. Déterminer la solution optimale et la contribution maximale aux profits et aux frais fixes si les coûts afférents au stockage de la tôle émaillée produite en juillet et livrée en août étaient évalués à 1,20 \$/tonne.

Question 3: Déterminer la solution optimale et la contribution maximale aux profits et aux frais fixes si la contribution unitaire aux profits et aux frais fixes de la tôle émaillée produite par la Humbert était évaluée à 500 \$/jour.

Question 4: Quel serait l'impact sur la contribution maximale aux profits et aux frais fixes si en juillet la demande maximale de tôles caoutchoutées augmentait à 880 tonnes ?

Question 5: Un client, qui avait commandé de la tôle émaillée à livrer en août vient d'aviser Lippi qu'il préférerait maintenant recevoir sa commande en juillet. Quel serait l'impact sur la contribution maximale aux profits et aux frais fixes si la demande de tôles émaillées en juillet augmentait de 20 tonnes et que celle d'août diminuait à 1 580 tonnes ?

Question 6: Il serait possible d'augmenter le nombre de jours de production en juillet sur la chaîne Humbert en consentant une prime aux employés qui font des heures supplémentaires sur cette chaîne. Les heures supplémentaires possibles représentent un maximum de 2 jours de production; la prime aurait comme effet de diminuer de 25 \$/jour la marge sur les tôles produites pendant les heures supplémentaires. Est-ce rentable ? Dans le cas positif, déterminer combien de tôles des deux sortes produites en juillet seront entreposées pour être livrées en août.

6. Utilisation des intervalles de variation.   Un exemple : la société Lippi

Répondre aux questions 2 à 6 du problème précédent en utilisant les intervalles de variation ci-dessous.

	Intervalles de variation des c_j				Intervalles de variation des b_i			
		Valeur					Valeur	
Variable	présente	minimale	maximale	Contrainte		présente	minimale	maximale
EHJ	525	492	Infini	1 Disp HJ	≤	26	25	29
EHA	525	471,250	Infini	2 Disp HA	≤	28	28	31
ELJ	500	− Infini	502	3 Disp LJ	≤	26	23	Infini
ELA	500	498	533	4 Disp LA	≤	25	25	28
CHJ	550	− Infini	605,750	5 Dem EJ	≤	1 000	1 000	1 040
CHA	550	− Infini	603,750	6 Dem EA	≤	1 600	1 310	Infini
CLJ	590	588	623	7 Dem CJ	≤	800	800	920
CLA	590	557	592	8 Dem CA	≤	1 000	768	1 120
EENTR	−1,0	−1,825	−0,960	9 Cap Entr	≤	160	160	Infini
CENTR	−1,2	−1,250	−0,375	10 Disp Tot	≤	102	99	102

7. Zoo

Reprenons le contexte du problème 17 du chapitre 2, « Zoo ». Comme l'indique la solution, ce problème se modélise de la façon suivante :

$$\text{Min } z = 16\,x_A + 14\,x_B + 16\,x_C + 12\,x_D + 13\,x_E$$

sous les contraintes de non-négativité et les contraintes suivantes :

1. PLANCTON $0,5\,x_A + 0,45\,x_B + 0,31\,x_C + 0,25\,x_D + 0,1\,x_E \geq 30$

2. NEUTR MIN $0,1\,x_A + 0,15\,x_B + 0,27\,x_C + 0,3\,x_D + 0,25\,x_E \geq 10$

3. NEUTR MAX $0,1\,x_A + 0,15\,x_B + 0,27\,x_C + 0,3\,x_D + 0,25\,x_E \leq 20$

4. PH MIN $0,15\,x_A + 0,2\,x_B + 0,06\,x_C + 0,05\,x_D + 0,38\,x_E \geq 10$

5. PH MAX $0,15\,x_A + 0,2\,x_B + 0,06\,x_C + 0,05\,x_D + 0,38\,x_E \leq 20$

6. SELS $0,25\,x_A + 0,2\,x_B + 0,36\,x_C + 0,4\,x_D + 0,27\,x_E \geq 30$

7. TOTAL $x_A + x_B + x_C + x_D + x_E = 100$

8. DISP A $x_A \leq 100$

9. DISP B $x_B \leq 50$

10. DISP C $\quad\quad x_C \leq 60$

11. DISP D $\quad\quad x_D \leq 30$

12. DISP E $\quad\quad x_E \leq 10$

Voici les coûts marginaux $c_j - z_j$ des variables hors base du tableau final, ainsi que les valeurs prises par les variables de décision et par z dans la solution de base associée à un tableau final du simplexe.

- Coûts marginaux : $\quad e_3 : 15{,}7143 \quad\quad e_4 : 24{,}2857 \quad\quad e_{11} : 4{,}50 \quad\quad e_{12} : 1{,}1286$

- Valeurs : $\quad x_A = 34 \quad\quad x_B = 16 \quad\quad x_C = 10 \quad\quad x_D = 30 \quad\quad x_E = 10 ; \quad z = 1\,418$

Voici enfin les intervalles de variation des c_j et des b_i associés à ce même tableau final du simplexe.

Intervalles de variation des c_j				Intervalles de variation des b_i			
	Valeur					Valeur	
Variable	présente	minimale	maximale	Contrainte		présente	minimale	maximale
x_A	16	14,6250	18,0789	1 Plancton	$\geq$	30	$-$ Infini	35,8000
				2 Neutr Min	$\geq$	10	$-$ Infini	20
				3 Neutr Max	$\leq$	20	17,9636	22,9750
x_B	14	12,7939	16,0000	4 Ph Min	$\geq$	10	$-$ Infini	14,2000
				5 Ph Max	$\leq$	20	14,2000	Infini
				6 Sels	$\geq$	30	27,2000	31,3176
x_C	16	14,1412	20,4000	7 Total	$=$	100	92,8889	108
				8 Disp A	$\leq$	100	34	Infini
				9 Disp B	$\leq$	50	16	Infini
x_D	12	$-$ Infini	16,5000	10 Disp C	$\leq$	60	10	Infini
				11 Disp D	$\leq$	30	0	38
x_E	13	$-$ Infini	14,1286	12 Disp E	$\leq$	10	0	26,4706

Question 1: Que deviendraient le plan de mélange optimal et le coût total correspondant si la quantité disponible du produit A était non pas de 100 kg mais plutôt de 50 kg ?

Question 2: Que deviendraient le plan de mélange optimal et le coût total correspondant si le coût du produit A était de 15 $?

Question 3: Supposons que le zoo se voit offrir un contenant de 10 kg du produit E au coût de 150 $. Devrait-il profiter de cette offre ?

Question 4: Supposons que l'exigence quant à la présence du plancton soit révisée à la baisse : on accepterait que seulement 25 kg de plancton soient ajoutés aux 5 000 litres d'eau. Quel serait alors le coût d'un mélange optimal ?

8. Service d'ordre lors d'une visite officielle

Le mois prochain, le maire de Shanghaï effectuera une visite officielle dans une communauté urbaine de création récente. La direction de la police devra alors faire appel au régime des heures supplémentaires pour les policiers qui assureront le service d'ordre.

La communauté urbaine vient de rassembler sous une même direction les corps policiers de ses deux municipalités constituantes, A et B, dont la fusion a été récemment entérinée par la législature provinciale. Lors de la visite prévue, les conventions collectives qui prévalaient pour les policiers de chacune des deux municipalités seront toujours en vigueur. Selon la convention de A, les heures supplémentaires sont rénumérées 22 $ chacune et doivent être offertes par blocs de 4 heures, chaque policier appelé effectuant un seul bloc. Dans l'autre municipalité, les blocs sont de 2 heures et le taux horaire est de 20 $; un policier de B fournit au plus un bloc de 2 heures supplémentaires.

Les 60 policiers qui étaient au service de la municipalité A ont un meilleur entraînement et sont plus expérimentés que leurs 35 collègues de la municipalité B. La direction de la communauté urbaine accorde donc, *in petto*, 4 points d'efficacité pour chaque heure de prestations d'un policier de A, tandis qu'elle en attribue 3 seulement pour une heure fournie par un policier de B.

La direction de la communauté urbaine cherche à minimiser le coût des 250 heures supplémentaires requises tout en s'assurant que le service d'ordre soit à cette occasion de qualité suffisante pour représenter au moins 900 points d'efficacité. Elle utilise, pour analyser la situation, un modèle linéaire continu dont les variables de décision sont définies de la façon suivante :

$$x_J = \text{nombre de policiers de } J \text{ appelés à travailler en heures supplémentaires}$$

où $J = $ A, B. Le modèle s'écrit :

$$\text{Min } z = 88 \, x_A + 40 \, x_B$$

sous les contraintes :

$$4 \, x_A + 2 \, x_B \geq 250$$

$$x_A \leq 60$$

$$x_B \leq 35$$

$$16 \, x_A + 6 \, x_B \geq 900$$

$$x_A, x_B \geq 0$$

Le tableau suivant donne un tableau final du simplexe de ce modèle.

Base	88 x_A	40 x_B	0 e_1	0 e_2	0 e_3	0 e_4	Valeur
x_A	1	0	- 0,25	0	- 0,5	0	45
e_2	0	0	0,25	1	0,5	0	15
x_B	0	1	0	0	1	0	35
e_4	0	0	- 4	0	- 2	1	30
C.M.	0	0	22	0	4	0	5 360

Et voici les intervalles de variation associés à cette solution optimale.

Intervalles de variation des c_j				Intervalles de variation des b_i				
Variable	Valeur			Contrainte		Valeur		
	présente	minimale	maximale			présente	minimale	maximale
x_A	88	80	Infini	1	≥	250	242,5	310
				2	≤	60	45,0	Infini
x_B	40	− Infini	44	3	≤	35	5,0	50
				4	≥	900	− Infini	930

Question 1: Décrire la solution de base associée à ce tableau final du simplexe.

Question 2: Le modèle admet-il d'autres solutions optimales ? Si oui, en donner trois; sinon, indiquer brièvement pourquoi.

Question 3: Que se passerait-il si le service d'ordre devait assurer un total de 270 heures supplémentaires ?

Question 4: La direction vient d'être avisée que 4 policiers de B, impliqués dans une plainte pour brutalité à l'encontre d'un citoyen, seront en congé sans solde et ne pourront travailler lors de la visite du maire de Shangaï. Indiquer comment modifier la solution optimale pour tenir compte de cette diminution des ressources policières disponibles.

Question 5: La direction soutient que deux policiers de A sont d'anciens policiers de B dont la mutation est trop récente pour les assimiler au corps de A. Quelles modifications devrait-on apporter à l'organisation du service d'ordre pour la visite du maire de Shanghaï si on accordait à ces deux policiers 3 points d'efficacité par heure de travail, tout en les traitant officiellement conformément à la convention collective de la municipalité A ?

* **Question 6**: Si la direction implante la solution de base associée au tableau final, la cote d'efficacité du service d'ordre atteindra 930 points. Pourrait-on, par une augmentation du minimum 250 des heures supplémentaires, porter cette cote d'efficacité de 930 à 1 050 points ?

9. L'eau de toilette Boréal

Le lancement réussi du parfum *Neiges* par une parfumerie montréalaise a confirmé l'engouement européen pour les produits d'origine québécoise, que ce soit le sirop d'érable, Céline Dion, Gilles Villeneuve ou Bombardier. Molinard, la vieille parfumerie de Grasse, cherchait depuis longtemps à retrouver la faveur de clients épris d'exotisme nord-américain. D'autres grands parfumeurs partageaient son souci. Une indiscrétion commise par un responsable d'une de ces maisons au cours d'une randonnée de motoneige au Saguenay avait mis la puce à l'oreille d'André Paul, guide montagnais que ses pérégrinations de jeunesse avait amené jadis à Grasse. Il proposa à plusieurs parfumeurs français l'utilisation des fleurs sauvages du Moyen Nord. Après études de terrain, 4 de ces derniers décidèrent de faire appel à André Paul pour exploiter le parfum de ces fleurs sauvages qui tapissent en juin et juillet la grande steppe à caribous du Moyen Nord québécois. L'abondance de la floraison les avait moins surpris que les délicates, subtiles et parfois capiteuses effluves qui se dégageaient des échantillons de distillat obtenus par leurs spécialistes dépêchés sur place.

La décision fut arrêtée : il fallait profiter de ce pactole abondant et gratuit. Chacun rémunérerait son investissement en achetant à escompte une partie de la production d'essence ou en obtenant de l'entreprise d'André une compensation financière proportionnelle aux investissements consentis. Puis chacun se servirait de l'essence pour créer un parfum évocateur de grands espaces et de liberté. Des noms furent brevetés : *Harfang* chez Molinard, *Aguanish* chez Fragonard, *Chicoutai* chez Fabergé, *Inuit* chez Dior.

La main-d'œuvre pour la cueillette des pétales est rare sous ces latitudes boréales mais les jours sont longs à l'époque de la floraison et la tâche est facilitée par le recours aux grands battoirs griffus qui assistent les Montagnais dans la cueillette des bleuets.

Il a fallu choisir un procédé de captage des essences qui soit adapté à l'environnement de cueillette. L'enfleurage, où l'on dépose les fleurs renouvelées toutes les 24 heures sur un corps gras, serait revenu trop cher en main-d'œuvre bien que cette technique ait fait la réputation de Grasse. La distillation, originaire de Byzance, qui consiste à entraîner à la vapeur d'eau les constituants odorants pour recueillir à la sortie de l'alambic les huiles essentielles, aurait exigé 5 à 6 tonnes de pétales et d'eau pour obtenir 1 kg d'essence. Il aurait été impossible de récolter assez de bois sec dans ces régions d'arbustes rabougris pour entretenir les alambics requis pour distiller les mixtures. Le procédé dit d'extraction, beaucoup moins énergivore, fut donc retenu. Il fait appel à des dissolvants volatils et consiste à faire macérer sous vide fleurs et aromates dans des solvants; ceux-ci, en s'évaporant, laissent la liqueur concrète qui, une fois débarrassée chez les parfumeurs des cires insolubles, devient l'absolue, base indispensable aux compositions de qualité.

André, aidé d'une équipe d'ingénieurs chimistes de Grasse, a conçu des mini-usines d'extraction qu'un hélicoptère dépose aux endroits appropriés, sans démontage préalable. On prolonge la période de cueillette en déplaçant les mini-usines graduellement vers le nord. Des brûleurs alimentés au gaz naturel fournissent l'énergie indispensable à l'extraction. La proximité garantie des mini-usines et des cueilleurs maintient la fraîcheur optimale des fleurs en attente de traitement... mieux qu'à Grasse assure André. C'est ainsi que des mini-usines équipées d'alambics de campagne, de pompes à vide, de serpentins et de réfrigérants, de concentrateurs et de batteuses se retrouvèrent en toundra.

André Paul caresse déjà l'idée de lancer une eau de toilette dans un galet de verre givré, bouché par un petit soleil doré de sept rayons dont l'eau blonde jettera de subtils reflets. Ce sera *Boréal*. Il a commencé à constituer des réserves d'essence en entreposant la production annuelle non commercialisée auprès des parfumeurs-investisseurs. Il donne une valeur de 210 $ le litre à ces surplus de production, qu'il ne s'interdit pas de commercialiser aux prix normaux si la récolte d'une année n'est pas suffisante pour faire face à ses engagements auprès des 6 investisseurs. Car le montage financier de l'entreprise a suscité de nombreux compromis et obligé à bien des engagements dont voici l'essentiel.

Le conseil de bande des Montagnais et celui des Cris ont décidé d'investir respectivement 1 M$ et 2 M$. André s'est engagé à rémunérer ce capital chaque année au taux de 6 %. Les deux bandes se sont vu accorder l'exclusivité du recrutement de la main-d'œuvre de l'entreprise.

Trois des parfumeurs ont formé une association dont les membres ont investi respectivement 3, 4 et 5 millions de dollars. L'association a exigé une rémunération de 8 % de son capital sous forme d'escomptes de 32 $ le litre d'essence, à compléter par une somme d'argent. De plus, André s'est engagé à ce que les quantités d'essence obtenues par chacun des parfumeurs associés respectent les conditions suivantes :

- le parfumeur 1, qui a investi 3 M$, ne recevra pas moins des 3/5 de la quantité d'essence obtenue par le parfumeur 3, lequel a investi 5 M$;

- le parfumeur 2, qui a investi 4 M$, recevra au moins les 4/5 de la quantité d'essence attribuée au parfumeur 3.

Le quatrième parfumeur a imposé des conditions léonines. En échange d'un investissement lourd de 9 M$, il a exigé une rémunération sous forme d'un escompte de 64 $ le litre d'essence, complété s'il le fallait d'un versement en espèces pour lui assurer au total un taux de rendement compris entre 9% et 10%. Il a de plus exigé l'obtention d'une proportion de la production commercialisée qui ne soit pas inférieure à la proportion de sa contribution à l'ensemble du financement de l'entreprise.

Les parfumeurs, de peur qu'André ne les inonde d'essence, ont exigé qu'à chaque année le total des escomptes n'excède pas le total des sommes versées à l'ensemble des 4 investisseurs-parfumeurs.

Le prix du litre d'essence avant escompte a été fixé d'un commun accord à 300 $. La production totale de cette année atteindra tout juste 21 000 litres d'essence. André a élaboré un modèle linéaire continu pour tenir compte des diverses ententes conclues, tout en maintenant l'objectif de maximiser les rentrées monétaires obtenues. Les variables de décision utilisées se définissent ainsi :

s = nombre de litres d'essence non commercialisés

x_j = nombre de litres d'essence attribués au parfumeur j

y_j = montant (en $) accordé au parfumeur 4 ($j=4$) ou à l'association ($j=$A) en sus de l'escompte

Le modèle s'écrit :

Max $z = 210\,s + 268\,x_1 + 268\,x_2 + 268\,x_3 + 236\,x_4 - y_A - y_4$

sous les contraintes technologiques :

RENDEMENTA $32\,x_1 + 32\,x_2 + 32\,x_3 + y_A \geq 960\,000$ \hfill (1)

ESS 1 VS 3 $\quad 5\,x_1 - 3\,x_3 \geq 0$ \hfill (2)

ESS 2 VS 3	$5\,x_2 - 4\,x_3 \geq 0$	(3)
REND4 MIN	$64\,x_4 + y_4 \geq 810\,000$	(4)
REND4 MAX	$64\,x_4 + y_4 \leq 900\,000$	(5)
ESSENCE 4	$3\,x_1 + 3\,x_2 + 3\,x_3 - 5\,x_4 \leq 0$	(6)
ESC VS LIQ	$32\,x_1 + 32\,x_2 + 32\,x_3 + 64\,x_4 - y_A - y_4 \leq 0$	(7)
DISP ESS	$s + x_1 + x_2 + x_3 + x_4 \leq 21\,000$	(8)

Voici un tableau final du simplexe pour ce modèle linéaire (pour alléger, seules les colonnes des variables hors base sont données).

Base	210 s	0 e_2	0 e_3	0 e_4	0 e_6	0 e_7	0 e_8	Valeur
e_1	88,000	0	0	1	-8,000	-1	88,000	78 000
y_4	-24,000	0	0	-1	8,000	0	-24,000	306 000
x_3	0,260	0,083	0,083	0	0,052	0	0,260	5 468,75
x_4	0,375	0	0	0	-0,125	0	0,375	7 875
e_5	0,000	0	0	1	0,000	0	0,000	90 000
x_2	0,208	0,067	-0,133	0	0,042	0	0,208	4 375
y_A	68,000	0	0	1	-12,000	-1	68,000	618 000
x_1	0,156	-0,150	0,050	0	0,031	0	0,156	3 281,25
C.M.	-2	0	0	0	-8	-1	-212	4 452 000

Et voici les intervalles de variation associés à ce tableau final (les valeurs remplacées par des astérisques seront recalculées aux questions 5 et 6).

Variable	Valeur présente	Valeur minimale	Valeur maximale	Contrainte		Valeur présente	Valeur minimale	Valeur maximale
s	210	*****	*****	1 RendementA	$\geq$	960 000	− Infini	1 038 000
x_1	268	*****	*****	2 Ess 1 vs 3	$\geq$	0	******	******
x_2	268	268	268	3 Ess 2 vs 3	$\geq$	0	− 32 813	65 625
x_3	268	268	Infini	4 Rend4 Min	$\geq$	810 000	504 000	888 000
x_4	236	230,67	300	5 Rend4 Max	$\leq$	900 000	810 000	Infini
y_A	−1	− 1	− 0,33	6 Essence 4	$\leq$	0	− 38 250	9 750
y_4	−1	− 2	− 1	7 Esc vs Liq	$\leq$	0	− Infini	78 000
				8 Disp Ess	$\leq$	21 000	20 114	33 750

The table header for the c_j and b_i sections reads:

| Intervalles de variation des c_j | | | | Intervalles de variation des b_i | | | | |

Les questions suivantes sont indépendantes les unes des autres.

Question 1: Justifier, à partir du contexte, la contrainte (6) du modèle.

Question 2: Décrire la solution de base associée au tableau du simplexe ci-dessus. Combien restera-t-il à André Paul après le versement des sommes dues aux différents investisseurs à titre de rémunération de leur capital ?

Question 3: Indiquer pourquoi la solution de base associée au tableau donné ci-dessous n'est pas unique. De plus, déterminer une autre solution optimale qui ferait croître la quantité d'essence attribuée au parfumeur 2.

Question 4: Selon la solution de base associée au tableau optimal, le rendement du parfumeur 4 sera de 9% exactement. André Paul se dit que ce résultat était prévisible et que la contrainte (4) sera toujours satisfaite comme équation à l'optimum. Commenter brièvement.

Question 5: Déterminer l'intervalle de variation de b_2, le membre droit de la 2e contrainte technologique.

Question 6: Déterminer les intervalles de variation des coefficients c_j des variables x_1 et x_2 dans la fonction-objectif.

Question 7: La solution de base associée au tableau optimal recommande de remettre aux 4 parfumeurs-investisseurs les 21 000 litres d'essence disponibles cette année. À partir de quelle valeur imputée à l'essence non commercialisée serait-il rentable pour André Paul de conserver des surplus de production pour son eau *Boréal* ?

Question 8: Cette année, André Paul vendra aux parfumeurs-investisseurs la totalité de la récolte. En serait-il de même si la récolte s'élevait à 24 000 litres d'essence ? Pourquoi ?

Question 9: Les parfumeurs 1, 2 et 3, après avoir pris connaissance des termes du contrat entre André Paul et le 4e parfumeur-investisseur, ont sommé André Paul de réviser à la hausse les conditions faites à leur association. Ils réclament maintenant un rendement de 8,5%. Si André Paul se rendait à cette exigence, combien de litres d'essence remettrait-il à chaque parfumeur et combien verserait-il en argent en sus des escomptes ? Enfin, quel serait alors le revenu net qu'il retirerait des 21 000 litres d'essence disponibles ?

Question 10: Au cours des manutentions, une bonbonne d'essence de 10 litres s'est cassée. Comment répartir la récolte restante entre les 4 parfumeurs de façon à minimiser le manque à gagner pour André Paul ?

Question 11: Les employés du parfumeur 2 sont présentement en grève et la direction préférerait recevoir cette année le retour sur son investissement en argent seulement. André Paul pourrait-il, sans diminuer son revenu net, accéder à cette demande ?

10. Papyrus

Bien que la paternité étymologique en appartienne au papyrus égyptien, le papier a comme ancêtre technologique les ersatz de vélin que les Chinois, dès le premier siècle de notre ère, fabriquaient de façon
artisanale à partir de fibres de coton et de lin. Des prisonniers chinois amenés au VIIIe siècle par la route
de la soie jusqu'à Samarkand, dans l'actuel Ouzbékistan, furent les premiers papetiers expatriés. Dès l'an
793, on trouve des papetiers chinois à Bagdad au service de Haroun-el-Rashid, qui interdit le parchemin
dans son administration pour combattre le grattage des faussaires. Les procédés des papetiers chinois sont
bientôt connus des Damascènes qui fourniront longtemps le papier aux Européens.

Les techniques papetières vont par la suite passer en Égypte et au Maroc, puis les Maures les feront
connaître en Espagne au XIIe siècle. La production européenne, soutenue par les chiffonniers qui forment
rapidement une confrérie d'agents de récupération des vieilles étoffes, est alors vigoureuse. La demande
de papier s'emballe, causée par l'obligation d'enregistrer les opérations comptables, la diffusion des
oeuvres des anciens par le canal des copies monastiques, et surtout par l'invention de Gutenberg, la presse
à imprimer. Des journaux commencent à paraître au début du XVIIIe siècle, l'utilisation des abécédaires
se répand, de sorte que le flux de récupération des chiffons est très tendu.

On décide alors de recourir à la cellulose des arbres. Le papier n'est en effet qu'un dépôt aqueux de
fibres végétales mis à sécher après son étalement en fines couches. En séchant, la cellulose crée des
ponts hydrogénés entre ses fibres qui assurent au papier les propriétés mécaniques désirées. Toutefois,
le traitement artisanal des fibres arbustives s'avérera coûteux, car elles se prêtent mal aux techniques
manuelles. Enfin, Louis-Nicolas Robert vint. Il dépose en 1798 un brevet pour « une machine à faire
le papier d'une très grande longueur ». Son employeur, Didot Saint-Léger, lui rachète son invention.
Mais, le beau-frère de Didot, un anglais du nom de Fourdrinier, s'empare des plans et file outre-Manche,
où de grands papetiers londoniens font faire un prototype de cette machine qui automatise la fabrication
continue du papier à partir de la pâte cellulosique.

La dernière-née de ces machines, toujours fabriquées selon les principes de Louis-Nicolas Robert, fournit
aujourd'hui en une semaine un large ruban de papier capable de relier Paris à Montréal. Pour obtenir
la pâte à papier, il faut écorcer les troncs d'arbres, les déchiqueter par un procédé mécanique de broyage
ou par un procédé chimique. Le procédé mécanique fournit les fibres destinées au papier-journal et au
papier d'emballage. Le procédé chimique retire de la pâte la lignine dont la présence ferait jaunir le
papier à imprimer. On débarrasse la pâte de ses saletés et on la blanchit avant de l'enfourner dans une
machine Fourdrinier. La pâte de papier bien délayée y est étalée à grande allure sur des toiles ajourées
où elle se purge rapidement de son excès d'eau. Son séchage se poursuit sur des tapis roulants recouverts
de feutre éponge. Puis le ruban est calandré entre des rouleaux chauds qui en terminent le séchage et en
aplanissent les rugosités. Le ruban lissé est parfois revêtu d'argile de chine (papier glacé) ou de caséine
(papier à imprimer). Le papier est finalement enroulé en bobines à la sortie de la machine.

La montée de la pollution causée par l'incinération des rebuts de papier, la rareté croissante des sites
d'enfouissement où leur biodégradation s'effectue très lentement (les journaux enfouis au sec depuis plus
de 75 ans se prêtent encore à une lecture aisée), ont ravivé un intérêt digne des chiffonniers d'antan pour
le recyclage des fibres de ces rebuts. Le recyclage du papier est certes préférable d'un point de vue éco-
logique ; il devient même avantageux d'un point de vue économique grâce aux progrès technologiques.
Tout en étant moins polluants, les procédés de recyclage du papier économisent énergie et ressources
hydrauliques. De plus, une tonne de papier recyclé épargne en moyenne 25 arbres et 3 mètres cubes
d'espace d'enfouissement.

Le recyclage des rebuts de papier comporte plusieurs étapes. Des ramasseurs les trient puis les mettent en ballots revendus aux papeteries. Là, on les réempâte en solution aqueuse. Suit l'étape la plus coûteuse et la plus délicate : le désencrage, pour lequel trois procédés courants sont utilisés. Le premier, qui fait appel à des lavages successifs à grande eau, permet de récupérer jusqu'à 75 % des fibres originales mais cumule les eaux usées. Le second utilise des surfactants qui provoquent l'agglomération des particules d'encre et la récupération subséquente de près de 90 % des fibres. Le traitement des effluents est toutefois difficile et coûteux. Le procédé le plus moderne, le moins coûteux et le plus efficient est l'électrophorèse, qui affaiblit les liaisons électroniques que créent les imprimantes et les photocopieurs laser pour ancrer les particules d'encre au papier. Après le désencrage, la pâte est forcée au travers de filtres qui retiennent saletés, trombones et plastiques. Elle est ensuite blanchie. Il faut enfin ajouter des fibres neuves en suppléance des fibres écourtées chassées par les procédés de réempâtage et de désencrage.

La société Papyrus est copropriété d'une association de militants écologistes, avocats du recyclage des rebuts de papier. Papyrus a démarré ses opérations dans la ville A il y a une dizaine d'années. Les autorités politiques de la ville B, qui souhaitent le lancement d'une nouvelle papeterie dans leur ville, viennent d'offrir à Papyrus un taux d'imposition des profits plus faible qu'en A pour les premières années d'exploitation. La papeterie B utiliserait le nouveau procédé de désencrage des rebuts, l'électrophorèse.

Le conseil d'administration de Papyrus a décidé d'aller de l'avant et de construire une papeterie en B dont les opérations pourront commencer au début de l'an prochain. Le financement de la nouvelle usine proviendra des fonds propres des copropriétaires. Ces capitaux « écologiques » ne requièrent pas de rémunération. L'usine A opère sous un régime fiscal qui exige le paiement en impôts de 40 % des revenus nets des ventes réalisées en A. Les revenus nets de l'usine B seront grevés d'impôt au taux de 35%.

Il reste à organiser de façon optimale l'ensemble des opérations de la première année. Le tableau suivant résume les données quantitatives pertinentes au problème de Papyrus. La 1re partie donne l'offre prévue de papiers rebuts dans chaque ville et leur coût. La 2e indique, pour chaque papeterie, sa capacité de traitement (en tonnes de papiers rebuts), son coût de traitement (en dollars par tonne traitée de papiers rebuts) et son rendement (en tonnes de papier recyclé pour 1 tonne traitée de papiers rebuts). Enfin, la 3e partie donne la demande (en tonnes de papier recyclé) dans chaque ville, ainsi que le prix de vente du papier recyclé (en \$/t).

	A	B
Papiers rebuts		
Offre (en t de rebuts)	5 400	3 000
Coût (en \$/t)	130	110
Traitement		
Capacité (en t de rebuts)	5 000	3 500
Coût (en \$/t)	115	110
Rendement (en t de recyclé)	0,600	0,750
Papier recyclé		
Demande (en t de recyclé)	3 200	2 500
Prix (en \$/t)	520	530

Papyrus envisage d'équilibrer offre et demande dans chaque ville par l'échange de matières premières ou de produits finis. Elle évalue à 20 \$/t le transport des ballots de rebuts, et à 22 \$/t celui des bobines de papier recyclé.

Un analyste de Papyrus a élaboré, pour la planification des opérations de l'an prochain, un modèle linéaire continu dont les variables de décision sont définies de la façon suivante :

x_{IJ} = quantité (en t) de papiers rebuts achetée dans le marché de la ville I pour la papeterie J

t_J = quantité (en t) de papiers rebuts traitée par la papeterie J

y_{IJ} = quantité (en t) de papier recyclé provenant de la papeterie I et vendue dans le marché J

où $I =$ A, B et $J =$ A, B. Toutes ces variables ont trait aux opérations de l'an prochain. L'objectif consiste à maximiser les revenus nets après impôts z, où

$$z = -78\, x_{AA} - 90\, x_{AB} - 69\, t_A + 312\, y_{AA} + 331{,}3\, y_{AB} - 71{,}5\, x_{BB} - 84{,}5\, x_{BA} - 71{,}5\, t_B + 344{,}5\, y_{BB} + 297{,}7\, y_{BA}.$$

Dans le calcul des coefficients de la fonction-objectif z, l'analyste a appliqué les règles comptables suivantes :

- les achats sont considérés comme des dépenses associées aux opérations de la ville où ils sont effectués, indépendamment de leur traitement ultérieur;

- les coûts de transport sont imputés à la ville d'origine;

- les revenus des ventes sont réputés provenir de la ville où la vente a lieu, quelle que soit la papeterie ayant produit le papier vendu.

Voici les contraintes technologiques du modèle.

DISP A	$x_{AA} + x_{AB} \leq 5\,400$
DISP B	$x_{BB} + x_{BA} \leq 3\,000$
DÉFN t_A	$-x_{AA} + t_A - x_{BA} = 0$
DÉFN t_B	$-x_{AB} - x_{BB} + t_B = 0$
CAPACITÉ A	$t_A \leq 5\,000$
CAPACITÉ B	$t_B \leq 3\,500$
RENDEMENTA	$-0{,}60\, t_A + y_{AA} + y_{AB} = 0$
RENDEMENTB	$-0{,}75\, t_B + y_{BB} + y_{BA} = 0$
DEMANDE A	$y_{AA} + y_{BA} \leq 3\,200$
DEMANDE B	$y_{AB} + y_{BB} \leq 2\,500$

Voici un tableau final du simplexe pour ce modèle linéaire (pour alléger, seules les colonnes des variables hors base sont données).

		331,3	−84,5	0	0	0	0	
	Base	y_{AB}	x_{BA}	e_1	e_2	e_6	e_{10}	Valeur
	x_{AA}	0	1	1	1	−1	0	4 900
	x_{BB}	0	1	0	1	0	0	3 000
	t_A	0	0	1	1	−1	0	4 900
	x_{AB}	0	−1	0	−1	1	0	500
	e_5	0	0	−1	−1	1	0	100
	t_B	0	0	0	0	1	0	3 500
	y_{AA}	1	0	0,6	0,6	−0,60	0	2 940
	y_{BA}	−1	0	0	0	0,75	−1	125
	e_9	0	0	−0,6	−0,6	−0,15	1	135
	y_{BB}	1	0	0	0	0	1	2 500
	C.M.	−27,5	−25	−40,2	−58,7	−21,575	−46,8	585 692,5

Et voici les intervalles de variation associés à cette solution optimale.

	Intervalles de variation des c_j				Intervalles de variation des b_i			
		Valeur					Valeur	
Variable	présente	minimale	maximale	Contrainte		présente	minimale	maximale
x_{AA}	−78,0	−103,000	−56,425	1 Disp A	≤	5 400	500	5 500
x_{AB}	−90,0	−111,575	−65,000	2 Disp B	≤	3 000	0	3 100
t_A	−69,0	−109,200	−47,425	3 Défn t_A	=	0	−4 900	100
y_{AA}	312,0	284,500	347,958	4 Défn t_B	=	0	−4 900	100
y_{AB}	331,3	− Infini	358,800	5 Capacité A	≤	5 000	4 900	Infini
x_{BB}	−71,5	−96,500	Infini	6 Capacité B	≤	3 500	3 400	4 400
x_{BA}	−84,5	− Infini	−59,500	7 RendementA	=	0	−2 940	135
t_B	−71,5	−93,075	Infini	8 RendementB	=	0	−125	135
y_{BB}	344,5	317,000	Infini	9 Demande A	≤	3 200	3 065	Infini
y_{BA}	297,7	268,933	325,200	10 Demande B	≤	2 500	2 365	2 625

Les questions suivantes sont indépendantes les unes des autres.

Question 1: Expliquer brièvement comment ont été obtenus les coefficients des variables x_{AA}, x_{AB}, y_{AA} et y_{AB} dans la fonction-objectif z.

Question 2: Interpréter, dans le contexte du problème, le coût marginal −40,2 de la variable e_1 dans le tableau optimal.

Question 3: Le président de Papyrus demande à l'analyste de lui indiquer la somme maximale à débourser pour une campagne publicitaire qui amènerait la récolte de 50 tonnes additionnelles de papiers rebuts dans chacun des marchés A et B. Celui-ci, en consultant les tableaux de résultats reproduits ci-dessus, répond que la valeur maximale d'une telle campagne est de 4 945 $. Indiquer comment obtenir cette réponse.

Question 4: Le président, impressionné par la rapidité de la réponse à la question précédente et curieux de comprendre ce drôle de modèle quantitatif, demande maintenant si une campagne engendrant 100 tonnes additionnelles dans chacun des marchés vaudrait le double, soit 9 890 $. L'analyste indique qu'il ne saurait répondre sur-le-champ à cette question : il lui faudra effectuer des calculs supplémentaires qui requerraient, pour être effectués en un temps raisonnable, le recours à un ordinateur. Dit-il vrai ou bien se cache-t-il derrière de prétendues limitations de l'outil quantitatif ?

Question 5: Le prix des ballots de papiers rebuts sera haussé de 5 % l'an prochain dans le marché A. Quelles seront les conséquences de cette augmentation sur la solution optimale et sur le profit net après impôt ?

Question 6: Si la capacité de traitement de la papeterie B pouvait être portée à 3 600 tonnes de papiers rebuts, quel impact aurait cette capacité accrue sur le profit net et sur la production dans chaque usine ?

Question 7: Si une des broyeuses de la papeterie A n'est pas améliorée, la capacité de traitement de A chutera de 50 tonnes l'an prochain. Quelle somme serait-on prêt à investir pour effectuer cette amélioration ?

Question 8: Le déménagement de A en B l'an prochain d'une firme de ramassage augmentera l'offre prévue de papiers rebuts en B de 50 tonnes et diminuera du même tonnage l'offre de rebuts en A. Quelles sont les conséquences de ce déménagement sur la plan optimal de Papyrus ?

Question 9: Le directeur de la papeterie A prévoit réduire de 5 $ les coûts de traitement en A d'une tonne de rebuts tout en allant chercher, au tarif actuel, 100 tonnes de papiers rebuts supplémentaires dans le marché A. Quelles seront les conséquences de ces deux gestes sur le profit net après impôt et sur la production dans chaque usine ?

11. La papeterie St-Gilles et les normes environnementales

La papeterie St-Gilles fabrique deux types de papier, du papier imprimerie et du papier destiné à l'impression des magazines dont il a l'obligation contractuelle de fournir au moins 200 tonnes par mois au prix de 400 $ la tonne.

Fabriquer 1 tonne de papier à magazines requiert 50 unités de production, tandis que 1 tonne de papier imprimerie en consomme 75. St-Gilles peut faire appel à 22 000 unités de production au cours du mois prochain. Chaque tonne de papier exige 2 tonnes de pâte et St-Gilles disposera le mois prochain de 600 tonnes de pâte. Les normes environnementales restreignent à 500 unités les émissions de chlore dans la rivière où St-Gilles s'approvisionne en eau et où il rejette ses effluents. Chaque tonne de papier imprimerie produit 2 unités d'émissions chlorées; et 1 tonne de papier à magazines en produit 1,5 unité.

Le coût de production d'une tonne de papier imprimerie est le même que celui d'une tonne de papier à magazines. Le prix de vente du papier imprimerie est aléatoire au moment où St-Gilles doit planifier sa production : la direction évalue à 25 % la probabilité pour que ce papier se vende 525 $ la tonne, à 50 % celle pour qu'il se vende 550 $ la tonne et enfin à 25 % celle pour qu'il se vende 560 $ la tonne.

La papeterie cherche un plan de production pour le mois prochain permettant de maximiser ses revenus espérés. À cette fin, elle utilise un modèle linéaire dont les variables de décision sont définies de la façon suivante :

x_1 = nombre de tonnes de papier à magazines à produire le mois prochain

x_2 = nombre de tonnes de papier imprimerie à produire le mois prochain.

L'objectif consiste à maximiser les revenus espérés z, où

$$z = 400\,x_1 + 546,25\,x_2$$

Voici les contraintes technologiques du modèle utilisé par St-Gilles.

CONTRAT $\quad\quad x_1 \geq 200$

DISP PROD $\quad 50\,x_1 + 75\,x_2 \leq 22\,000$

DISP PÂTE $\quad 2\,x_1 + 2\,x_2 \leq 600$

CHLORE $\quad\quad 1,5\,x_1 + 2\,x_2 \leq 500$

Voici enfin le tableau final de ce modèle linéaire et les intervalles de variation associés à cette solution optimale. (Les *Valeurs* du tableau final, qui ont été effacées, seront recalculées à la question 3.)

Base	400	546,25	0	0	0	0	
	x_1	x_2	e_1	e_2	e_3	e_4	Valeur
x_1	1	0	−1,0	0	0,0	0	********
e_2	0	0	−25,0	1	−37,5	0	********
x_2	0	1	−1,0	0	0,5	0	********
e_4	0	0	−0,5	0	−1,0	1	********
C.M.	0	0	−146,25	0	−273,125	0	********

Intervalles de variation des c_j				Intervalles de variation des b_i				
	Valeur					Valeur		
Variable	présente	minimale	maximale	Contrainte		présente	minimale	maximale
x_1	400	− Infini	546,25	1 Contrat	≥	200	200	300
				2 Disp Prod	≤	22 000	17 500	Infini
x_2	546,25	400	Infini	3 Disp Pâte	≤	600	400	600
				4 Chlore	≤	500	500	Infini

Les questions suivantes sont indépendantes les unes des autres.

Question 1: Indiquer comment a été obtenu le coefficient 546,25 de la variable x_2 dans la fonction-objectif.

Question 2: Résoudre graphiquement le modèle linéaire : construire la région admissible, énumérer les sommets de cette région admissible, puis déterminer la solution optimale.

Question 3: Compléter le tableau final du simplexe en recalculant les *Valeurs*.

Question 4: Quel serait l'impact sur le profit espéré de la papeterie St-Gilles et sur le plan optimal de production si le papier à magazines se vendait 444 $ la tonne ?

Question 5: Quel serait l'impact sur le profit espéré de St-Gilles et sur le plan optimal de production si le plus élevé des prix de vente du papier imprimerie, dont la probabilité est évaluée à 25 % par la direction de la papeterie, était de 600 $ la tonne plutôt que de 560 $ la tonne ?

Question 6: Quel serait l'impact sur le profit espéré de St-Gilles et sur le plan optimal de production si la direction modifiait ainsi les probabilités associées aux 3 prix possibles du papier imprimerie : les probabilités pour que ce papier se vende 525 $/t, 550 $/t ou bien 560 $/t sont de 30%, 40% et 30% respectivement ?

Question 7: Combien St-Gilles serait-il prêt à débourser pour enfreindre de 100 unités les normes environnementales sur les émissions chlorées ? Expliquer brièvement.

Question 8: Si la quantité de pâte disponible chutait à 525 tonnes, à combien d'unités s'élèveraient les émissions de chlore de la papeterie ? Et quel en serait alors le profit espéré ?

Question 9: La direction de St-Gilles pourrait augmenter de 2 200 unités la capacité de production de la papeterie, chaque unité supplémentaire coûtant 150 $ de plus que les unités régulières. Est-il rentable pour St-Gilles de recourir à ces unités supplémentaires ? Si oui, calculer le nouveau plan optimal de production et la quantité d'émission de chlore.

12. La société Érol

La société Érol exploite deux usines voisines de pièces de grande précision destinées à l'industrie aéronautique. Un fabricant d'automobiles lui propose la fabrication des trois composantes d'une pièce de train avant dont il se réserve l'assemblage. Le fabricant versera à Érol 50 $ pour chaque lot formé d'une composante de chaque type, et il s'engage à accepter autant de lots que lui en fournira Érol.

Le tableau suivant indique le nombre d'unités de production requises selon l'usine pour chacune des composantes formant un lot, ainsi que les coûts associés.

Composante	Unités de production requises		Coût de fabrication (en $)	
	U1	U2	U1	U2
1	3	5	10	10
2	4	4	4	5
3	5	3	6	5

Érol disposera le mois prochain de 80 000 unités de production dans l'usine 1 et de 48 000 unités de production dans l'usine 2, en sus des unités de production qu'elle doit consacrer à sa production habituelle de pièces d'aéronautique.

Pour organiser la production de ces composantes de façon optimale, Érol a conçu un modèle linéaire continu dont les variables de décision sont :

x_{ij} = nombre de composantes i fabriquées dans l'usine j

y = nombre de lots des 3 composantes livrés au fabricant d'automobiles.

Le modèle s'écrit :

Max $z = -10\,x_{11} - 10\,x_{12} - 4\,x_{21} - 5\,x_{22} - 6\,x_{31} - 5\,x_{32} + 50\,y$

sous les contraintes technologiques suivantes :

DISP U1	$3\,x_{11} + 4\,x_{21} + 5\,x_{31} \leq 80\,000$	(1)
DISP U2	$5\,x_{12} + 4\,x_{22} + 3\,x_{32} \leq 48\,000$	(2)
LIEN y-C1	$-x_{11} - x_{12} + y \leq 0$	(3)
LIEN y-C2	$-x_{21} - x_{22} + y \leq 0$	(4)
LIEN y-C3	$-x_{31} - x_{32} + y \leq 0$	(5)

Voici un tableau final du simplexe de ce modèle (pour alléger, seules les colonnes des variables hors base sont données). Sont donnés à la suite les intervalles de variation associés à ce tableau final.

Base	-10 x_{12}	-6 x_{31}	0 e_1	0 e_2	0 e_3	0 e_4	0 e_5	Valeur
x_{32}	0,2	1,2	0,100	0,100	0,300	0,4	-0,700	12 800
x_{22}	1,1	-0,9	-0,075	0,175	-0,225	-0,3	0,525	2 400
y	0,2	0,2	0,100	0,100	0,300	0,4	0,300	12 800
x_{11}	1,2	0,2	0,100	0,100	-0,700	0,4	0,300	12 800
x_{21}	-0,9	1,1	0,175	-0,075	0,525	-0,3	-0,225	10 400
C.M.	-5,1	-8,1	-3,175	-2,925	-19,525	-16,7	-13,775	394 400

Intervalles de variation des c_j				Intervalles de variation des b_i				
	Valeur					Valeur		
Variable	présente	minimale	maximale	Contrainte		présente	minimale	maximale
x_{11}	-10	-14,25	17,89	1 Disp U1	≤	80 000	20 571	112 000
x_{12}	-10	- Infini	-4,90	2 Disp U2	≤	48 000	34 286	186 667
x_{21}	-4	-11,36	1,67					
x_{22}	-5	-9,64	4,00	3 Lien y-C1	≤	0	-19 810	10 667
x_{31}	-6	- Infini	2,10	4 Lien y-C2	≤	0	-32 000	8 000
x_{32}	-5	-11,75	14,68					
y	50	24,50	Infini	5 Lien y-C3	≤	0	- 4 571	18 286

Question 1: Que deviendraient le plan optimal et le profit associé si le fabricant d'automobiles baissait à 40 $ la somme versée pour un lot ?

Question 2: Que deviendraient le plan optimal et le profit associé si les coûts de fabrication à l'usine 1 augmentaient de 10 % ?

Question 3: Que deviendraient le plan optimal et le profit associé si le nombre d'unités de production disponibles à l'usine 2 augmentait à 60 000 ?

Question 4: Interpréter, dans le contexte, le fait que le coût marginal associé à la 2e contrainte techno-logique soit égal à $-2,925$.

Question 5: Pourquoi la diminution de 1 unité de production a-t-elle un impact économique différent selon l'usine ?

Question 6: Peut-il être optimal de mettre les deux usines à contribution pour la fabrication de chacune des composantes ?

13. Macadam

Trois pourvoyeurs concurrents exercent leurs activités dans une région limitrophe d'un petit village isolé dont la route est entretenue par le ministère de la Voirie. Il leur revient toutefois de maintenir en état carrossable les chemins forestiers qui permettent l'accès à leurs pourvoiries respectives. Malgré l'esprit de compétition féroce qui les divise, l'éloignement des grands centres où se trouvent les entreprises de travaux publics les a forcés à faire appel à une même entreprise de travaux routiers pour recouvrir d'asphalte les chemins dont dépend leur gagne-pain. Ils profiteront ainsi d'économies d'échelle permises, entre autres, par le partage des frais de déplacement de la machinerie nécessaire aux travaux d'asphaltage.

Une entreprise de travaux routiers a adressé aux trois pourvoyeurs la proposition décrite dans le tableau suivant. À ces coûts reliés à l'asphaltage il faut ajouter la somme de 3 500 $ requise par l'entrepreneur pour le déplacement de la machinerie.

Pourvoiries desservies	A	B	C	A, B	A, C	B, C	A, B, C
Coûts d'asphaltage (en 000$)	31	35	26	66	50	55	82

Les pourvoyeurs décident de se prévaloir de cette offre de services, qui est la meilleure de toutes celles qu'ils ont reçues. Il leur reste à s'accorder sur le partage équitable des coûts de 85 500 $. À B qui proposa de répartir les coûts également, les deux autres firent remarquer qu'il leur en coûterait moins s'ils l'excluaient de l'entente. Après d'âpres discussions, ils se mirent d'accord sur les principes suivants :

1. Aucun d'entre eux n'aurait à payer plus que s'il était le seul à souscrire à la proposition de l'entreprise.

2. Dans aucun cas, 2 pourvoyeurs ne débourseraient plus qu'ils n'auraient à le faire si la proposition acceptée excluait le troisième pourvoyeur.

3. Il faut viser à ce que le débours de celui des pourvoyeurs qui paiera le plus soit le plus faible possible.

Les 3 pourvoyeurs ont fait construire le modèle linéaire continu suivant pour déterminer combien chacun devrait débourser pour l'asphaltage des chemins des 3 pourvoiries.

Min $z = y$

sous les contraintes :

$$x_A \leq 34\ 500 \tag{1}$$

$$x_B \leq 38\ 500 \tag{2}$$

$$x_C \leq 29\ 500 \tag{3}$$

$$x_A + x_B \leq 69\ 500 \tag{4}$$

$$x_A + x_C \leq 53\ 500 \tag{5}$$

$$x_B + x_C \leq 58\ 500 \tag{6}$$

$$x_A + x_B + x_C \geq 85\ 500 \tag{7}$$

$$x_A - y \leq 0 \tag{8}$$

$$x_B - y \leq 0 \tag{9}$$

$$x_C - y \leq 0 \tag{10}$$

où toutes les variables de décision sont non négatives. Voici le tableau du simplexe résultant de l'application de l'algorithme du simplexe à ce modèle (pour alléger, seules les colonnes des variables hors base sont données).

Base	0 e_5	0 e_6	0 e_7	0 e_9	Valeur
e_1	0	1	1	0	7 500
e_2	1	0	1	0	6 500
e_3	-1	-1	-1	0	3 000
e_4	1	1	2	0	10 500
y	-1	0	-1	-1	32 000
e_8	-1	1	0	-1	5 000
e_{10}	-2	-1	-2	-1	5 500
x_A	0	-1	-1	0	27 000
x_B	-1	0	-1	0	32 000
x_C	1	1	1	0	26 500
C.M.	1	0	1	1	32 000

Question 1: Indiquer pourquoi la solution de base associée à ce tableau est optimale.

Question 2: C déclare que, malgré les indications données par cette solution optimale, une contribution de sa part de 21 500 $ suffirait pour respecter les principes sur lesquels les trois pourvoyeurs se sont mis d'accord. Que penser de cette déclaration ?

Question 3: A n'est pas prêt à accepter la répartition suggérée par C. Il préférerait un arrangement où le partage des 53 500 $ qu'il doit assumer conjointement avec C se fasse de façon à ce que C débourse les $^{26}/_{31}$ de ce que lui, A, aurait à assumer. Commenter.

* **Question 4**: Lesquelles des solutions considérées aux questions 1, 2 et 3 resteraient admissibles si on ajoutait au modèle la contrainte « $26\,x_A - 31\,x_C \leq 0$ » ? Décrire l'ensemble des solutions optimales du nouveau modèle.

Question 5: On observe que les 3 premières contraintes du modèle sont satisfaites comme inéquations par la solution de base associée au tableau du simplexe de l'énoncé. Peut-on en inférer que ces contraintes sont redondantes ?

14. Gaz et plastiques

Un industriel fabrique, à partir de gaz naturel, deux types de plastique, A et B. Pour chaque unité de gaz naturel, après un ensemble de réactions chimiques qui se produisent dans le laboratoire 1, on obtient 3 unités de A et 4 unités de B. Ces réactions entraînent une dépense de 22 $ et exigent 2 heures de main-d'oeuvre.

On peut alors obtenir d'un client 12 $ pour chaque unité de A que l'on consent à lui vendre. Les autres unités de A sont acheminées au laboratoire 2 où, pour une dépense de 5 $ et 3 heures de main-d'oeuvre par unité, on peut les transformer en un produit A2, une unité de A donnant une unité de A2 qui se vend 40,50 $. Le carnet de commandes prévoit une livraison d'au moins 1 000 unités de A2 par mois chez un client.

Le plastique B obtenu en laboratoire 1 peut soit être vendu à un prix unitaire de 9 $, soit être acheminé dans un laboratoire 3 où, pour une dépense de 6 $ et 2 heures de main-d'oeuvre, une unité de B sera transformée en une unité d'un produit B3, laquelle se vend 36 $.

Les techniciens de cette usine sont polyvalents : chacun peut travailler indifféremment dans l'un ou l'autre des laboratoires. Le temps de main-d'oeuvre disponible s'élève à 125 000 heures par mois. La capacité maximale de traitement de gaz naturel de l'usine est de 55 000 unités par mois.

Voici un modèle linéaire indiquant à l'industriel comment organiser la production de l'usine pour maximiser le profit mensuel qu'il en tirera. Les variables de décision utilisées sont :

GN = nombre d'unités de gaz naturel utilisées par mois dans l'usine pour la fabrication des produits

A = nombre d'unités du plastique A fabriquées par mois

B = nombre d'unités du plastique B fabriquées par mois

AV = nombre d'unités du plastique A vendues mensuellement au sortir du laboratoire 1

BV = nombre d'unités du plastique B vendues mensuellement au sortir du laboratoire 1

A2 = nombre d'unités du plastique A transformées mensuellement au laboratoire 2

B3 = nombre d'unités du plastique B transformées mensuellement au laboratoire 3.

Le modèle s'écrit :

$$\text{Max } z = -22\,GN + 35{,}50\,A2 + 30\,B3 + 12\,AV + 9\,BV$$

sous les contraintes technologiques suivantes :

$$GN \leq 55\,000 \tag{1}$$

$$3\,GN - A = 0 \tag{2}$$

$$4 \, GN - B = 0 \tag{3}$$

$$A - A2 - AV = 0 \tag{4}$$

$$B - B3 - BV = 0 \tag{5}$$

$$2 \, GN + 3 \, A2 + 2 \, B3 \leq 125 \, 000 \tag{6}$$

$$A2 \geq 1 \, 000 \tag{7}$$

Voici un tableau du simplexe final pour ce modèle linéaire (pour alléger, seules les colonnes des variables hors base sont données).

Base	0 e_1	0 e_6	0 e_7	Valeur
GN	1	0	0	55 000
A	3	0	0	165 000
B	4	0	0	220 000
AV	3	0	1	164 000
BV	5	-0,5	-1,5	214 000
B3	-1	0,5	1,5	6 000
A2	0	0	-1	1 000
C.M.	-29	-10,5	-8	2 899 500

Et voici les intervalles de variation associés à ce tableau final.

	Intervalles de variation des c_j				Intervalles de variation des b_i			
	Valeur					Valeur		
Variable	présente	minimale	maximale	Contrainte		présente	minimale	maximale
GN	-22	− 51	Infini	1	≤	55 000	12 200	61 000
A	0	− 9,67	Infini	2	=	0	− Infini	164 000
B	0	− 7,25	Infini	3	=	0	− Infini	214 000
A2	35,5	− Infini	43,50	4	=	0	− Infini	164 000
B3	30	24,67	59	5	=	0	− Infini	214 000
AV	12	4	Infini	6	≤	125 000	113 000	553 000
BV	9	3,20	14,33	7	≥	1 000	0	5 000

Le plan de production optimal consiste à traiter les 55 000 unités de gaz naturel disponibles, à fabriquer 165 000 unités de A, dont 164 000 seront vendues telles quelles et 1 000 seront transformées en plastique A2, et à fabriquer 220 000 unités de B, dont 214 000 seront vendues telles quelles et 6 000 seront transformées en plastique B3. Le profit que l'industriel retirera de ces opérations s'élèvera à 2 899 500 $.

Question 1: À supposer que les coûts associés aux opérations du laboratoire 1 augmentent au-delà des 22 $ l'unité de gaz naturel prévus, à quel moment deviendrait-il rentable de ne pas traiter durant le prochain mois toutes les 55 000 unités de gaz disponibles ?

Question 2: Quel serait l'impact sur le plan de production et le profit optimaux si une nouvelle commande de 500 unités de A2 était reçue, de sorte que le carnet de commandes exigerait dorénavant de fabriquer et de livrer au moins 1 500 unités de A2 ?

Question 3: L'industriel songe à augmenter de 10% les prix de vente du plastique A et de son dérivé A2.

(a) Vérifier que le plan de production décrit dans le tableau final reste optimal; et déterminer le profit qu'obtiendrait l'industriel s'il appliquait cette augmentation de 10%.

(b) De combien d'unités de gaz l'industriel pourrait-il, grâce à ces augmentations de prix, abandonner le traitement tout en réalisant les mêmes revenus, soit 2 899 500 $?

Question 4: Si on devait prévoir une chute de 5 000 heures dans la banque d'heures de main-d'oeuvre durant le mois prochain, de combien faudrait-il augmenter le prix de B3 pour pallier cette perte tout en obtenant les mêmes revenus ?

Question 5: Le coût des réactions dans le laboratoire 1 vient d'augmenter de 10%. De quel pourcentage l'industriel devrait-il augmenter les prix du plastique A et de son dérivé A2 s'il veut conserver les mêmes profits mensuels ?

15. Le plan de production hebdomadaire de la firme HH

La firme HH fabrique et met en marché deux produits, A et B. Le tableau ci-dessous donne, pour chaque produit, le prix de vente unitaire et les ressources requises pour en fabriquer 1 unité.

	Produit A	Produit B
Prix de vente	60 $	41 $
Matériau requis	2 unités	1 unité
Main-d'oeuvre	0,75 heure	0,50 heure
Usinage	1,50 heure	0,80 heure

Chaque semaine, HH peut se procurer au plus 400 unités du matériau requis, au coût de 4,75 $ l'unité. Au service de HH on compte 4 ouvriers, qui consacrent chacun 40 heures par semaine à leur travail et dont les salaires pour ces heures font déjà partie des frais d'exploitation. Il arrive que les ouvriers aient à faire des heures supplémentaires rémunérées au taux horaire de 15 $; mais la direction leur a promis de ne jamais exiger plus de 35 heures supplémentaires par semaine. L'usinage requis par la fabrication des produits A et B s'effectue sur des machines dont la disponibilité hebdomadaire s'élève à 320 heures.

Le seul effort de vente de HH consiste dans la remise de cadeaux-gadgets à ses clients. En l'absence de tout effort promotionnel, la demande pour le produit A serait de 50 unités par semaine et celle du produit B, de 60 unités. Les cadeaux stimulent la demande : chaque dollar ainsi dépensé pour le produit A en augmente la demande de 8 unités, et chaque dollar investi pour le produit B en augmente la demande de 4 unités. HH juge prudent de ne pas dépenser plus de 65 $ en promotion chaque semaine.

Voici le modèle utilisé par la direction de HH pour déterminer le plan de production hebdomadaire optimal. Les variables de décision sont :

A = nombre d'unités du produit A fabriquées et vendues par semaine

B = nombre d'unités du produit B fabriquées et vendues par semaine

HS = nombre d'heures supplémentaires par semaine

UM = nombre d'unités de matériau utilisées chaque semaine

PA = montant (en $) dépensé chaque semaine pour la promotion du produit A

PB = montant (en $) dépensé chaque semaine pour la promotion du produit B

La firme HH cherche à maximiser le profit hebdomadaire z :

$$z = 60\,A + 41\,B - 15\,HS - 4{,}75\,UM - 1PA - 1PB$$

sous les contraintes technologiques suivantes :

$$2A + 1B \leq UM \tag{1}$$

$$UM \leq 400 \tag{2}$$

$$0{,}75\,A + 0{,}50\,B \leq 160 + HS \tag{3}$$

$$HS \leq 35 \tag{4}$$

$$1{,}5\,A + 0{,}8\,B \leq 320 \tag{5}$$

$$A - 8\,PA \leq 50 \tag{6}$$

$$B - 4\,PB \leq 60 \tag{7}$$

$$PA + PB \leq 65 \tag{8}$$

Voici un tableau final du simplexe pour ce modèle linéaire (pour alléger, seules les colonnes des variables hors base sont données).

Base	-1 PA	0 e_1	0 e_2	0 e_3	0 e_7	0 e_8	Valeur
A	-2	0,500	0,500	0	$-0,500$	-2	40
UM	0	0	1	0	0	0	400
HS	0,5	0,375	0,375	-1	0,125	0,5	30
e_4	$-0,5$	$-0,375$	$-0,375$	1	$-0,125$	$-0,5$	5
e_5	$-0,2$	$-0,750$	$-0,750$	0	$-0,050$	$-0,2$	4
e_6	-6	$-0,500$	$-0,500$	0	0,500	2	10
B	4	0	0	0	1	4	320
PB	1	0	0	0	0	1	65
C.M.	$-36,5$	$-24,375$	$-19,625$	-15	$-9,125$	$-35,5$	13 105

Et voici les intervalles de variation associés à ce tableau final.

Intervalles de variation des c_j				Intervalles de variation des b_i				
	Valeur					Valeur		
Variable	présente	minimale	maximale	Contrainte		présente	minimale	maximale
A	60	******	******	1	$\leq$	0	-80	5,333
B	41	32,125	Infini	2	$\leq$	400	320	405,333
				3	$\leq$	160	155	190
HS	-15	$-67,333$	0	4	$\leq$	35	30	Infini
UM	$-4,75$	$-24,375$	Infini	5	$\leq$	320	316	Infini
PA	-1	$-$ Infini	35,5	6	$\leq$	50	40	Infini
				7	$\leq$	60	40	100
PB	-1	$-36,500$	Infini	8	$\leq$	65	60	75

Le plan de production optimal consiste à fabriquer 40 unités du produit A et 320 unités de B. HH achètera les 400 unités de matériau disponibles, exigera 30 heures supplémentaires de ses ouvriers et investira 65 $ en promotion pour le produit B. Le profit hebdomadaire s'élèvera alors à 13 105 $.

* **Question 1**: Expliquer, à partir du modèle, pourquoi le coefficient situé à l'intersection de la colonne PA et de la 3e ligne du tableau final prend la valeur 0,5. Expliquer de même le coût marginal $-36,5$ de la variable PA.

* **Question 2**: Justifier, en se reportant au modèle, les valeurs des coefficients des variables e_1, e_7 et e_8 situés sur la 3e ligne du tableau final.

Question 3: Un concurrent de HH, dans le but de se tailler une meilleure part de marché, propose en solde un succédané du produit A. La direction de HH juge qu'une baisse à 50 \$ du prix de vente du produit A permettrait à HH de conserver sa part de marché de 50 unités par semaine. Si HH fixait à 50 \$ le prix de vente unitaire du produit A, quel serait le plan de production optimal ? Et quel serait alors le profit hebdomadaire ?

Question 4: Si l'absence momentanée de concurrence pour la fabrication du produit A permettait à HH d'en augmenter le prix de vente sans danger de rétrécir sa part de marché, à partir de quel prix HH serait-elle incitée à gruger dans les ressources consacrées au produit B pour fabriquer plus que les 40 unités de A prévues dans le plan de production suggéré par le tableau final ?

Question 5: Les ouvriers souhaiteraient que l'entreprise ne fasse plus appel aux heures supplémentaires. Ils jugent que le tarif de 15 \$ l'heure est trop faible et ne constitue pas une compensation suffisante pour l'alourdissement de leur tâche hebdomadaire. Ils songent tout au moins à réclamer une forte augmentation de ce tarif. Si HH devait verser 25 \$ l'heure, serait-il encore rentable pour elle de recourir aux heures supplémentaires ?

Question 6: Quel revenu net tirerait HH de l'allocation de 10 \$ supplémentaires par semaine à la promotion ?

Question 7: Quel est le débours maximal que HH serait prête à débourser pour se procurer 1 unité supplémentaire du matériau ? À ce prix ou à un prix légèrement inférieur, combien d'unités s'en procurerait HH ?

* **Question 8**: Expliquer la différence entre les coûts marginaux des variables d'écart associées aux contraintes 1 et 2.

* **Question 9**: Pourquoi les coûts marginaux des variables PA et e_8 diffèrent-ils de 1 ?

Question 10: HH envisage de mettre sur le marché un nouveau produit, C, dont 1 unité requerrait 2 heures de main-d'oeuvre, 1 unité de matériau et 2 heures-machine. Déterminer, à partir du tableau final et sans effectuer de pivotage, quel prix minimal HH devrait exiger pour le produit C. À ce prix, combien d'unités de C devrait-elle fabriquer ?

6. La programmation linéaire en nombres entiers - Énoncés

1. Méthode SÉP et noeuds à éliminer

Soit (P) le modèle linéaire suivant.

$$\text{Max } z = 12\,x_1 + 36\,x_2$$

sous les contraintes :

$$2\,x_1 + 3\,x_2 \leq 20$$
$$-6\,x_1 + 4\,x_2 \leq 5$$
$$x_1, x_2 \geq 0$$
$$x_1, x_2 \text{ entiers}$$

Question 1: Tracer la région admissible de la relaxation continue (P_0) de ce modèle linéaire. Déterminer graphiquement la solution optimale x_0^* de (P_0); calculer la valeur maximale z_0 de (P_0).

Question 2: Déterminer graphiquement la solution optimale x^* de (P); calculer la valeur maximale z^* de (P).

Question 3: Résoudre le modèle (P) par la méthode SÉP et donner l'arbre d'énumération. Représenter graphiquement les séparations effectuées.

2. Résolution d'un modèle PLTE à deux variables

Répondre aux 3 questions du problème précédent, mais en prenant cette fois pour (P) le modèle totalement en nombres entiers suivant.

$$\text{Max } z = -6\,x_1 + 12\,x_2$$

sous les contraintes :

$$2\,x_1 + 3\,x_2 \leq 24$$
$$2\,x_1 - x_2 \geq 4$$
$$x_1, x_2 \geq 0$$
$$x_1, x_2 \text{ entiers}$$

3.   Modèle à deux variables et critères de choix de la variable de séparation

Soit (P) le modèle linéaire suivant.

$$\text{Max} \quad z = 7\,x_1 + 5\,x_2$$

sous les contraintes :

$$
\begin{aligned}
8\,x_1 + 20\,x_2 &\leq 104 \\
60\,x_1 + 20\,x_2 &\leq 480 \\
x_2 &\leq 4
\end{aligned}
$$

$$x_1, x_2 \geq 0$$
$$x_1, x_2 \text{ entiers}$$

Question 1: Tracer la région admissible de la relaxation continue (P_0) de ce modèle linéaire. Déterminer graphiquement la solution optimale x_0^* de (P_0); calculer la valeur maximale z_0 de (P_0).

Question 2: Déterminer graphiquement la solution optimale x^* de (P); calculer la valeur maximale z^* de (P).

Question 3: Résoudre le modèle (P) par la méthode SÉP selon le critère du meilleur c_j. Donner la séquence des séparations.

Question 4: Résoudre le modèle (P) par la méthode SÉP selon le critère de la variable la plus distante. Donner la séquence des séparations.

4.   Résolution d'un modèle PLTE de minimisation comportant deux variables

Répondre aux 4 questions du problème précédent, mais en prenant cette fois pour (P) le modèle de minimisation suivant.

$$\text{Min} \quad z = 7\,x_1 + 5\,x_2$$

sous les contraintes :

$$
\begin{aligned}
6\,x_1 - 6\,x_2 &\geq 3 \\
6\,x_1 + 14\,x_2 &\geq 59 \\
10\,x_1 - 7\,x_2 &\leq 68 \\
x_2 &\leq 6
\end{aligned}
$$

$$x_1, x_2 \geq 0$$
$$x_1, x_2 \text{ entiers}$$

5.   Le critère du meilleur c_j et les problèmes de maximisation

Résoudre les modèles PLTE suivants par la méthode SÉP selon le critère du meilleur c_j.

Question 1:   Max $z = 2 x_1 + x_2 + 4 x_3 + 5 x_4$

sous les contraintes :

$$
\begin{aligned}
x_1 + 3 x_2 + 2 x_3 + 5 x_4 &\leq 10 \\
2 x_1 + 16 x_2 + x_3 + x_4 &\geq 4 \\
- 3 x_1 + x_2 + 5 x_3 - 10 x_4 &\geq 4
\end{aligned}
$$

$x_1, x_2, x_3, x_4 \geq 0$

x_1, x_2, x_3, x_4 entiers

Question 2:   Max $z = x_1 + 12 x_2 - 3 x_3 + 4 x_4 + 41 x_5$

sous les contraintes :

$$
\begin{aligned}
11 x_1 + 2 x_2 \quad\quad + 7 x_4 + 2 x_5 &\leq 33 \\
9 x_2 \quad\quad\quad\quad + 3 x_5 &\geq 18 \\
x_1 + x_2 + x_3 \quad\quad\quad &\leq 9 \\
2 x_2 + 3 x_3 + 4 x_4 + 7 x_5 &\leq 80
\end{aligned}
$$

$x_1, x_2, x_3, x_4, x_5 \geq 0$

x_1, x_2, x_3, x_4, x_5 entiers

Question 3:   Max $z = 4 x_1 - 2 x_2 + 10 x_3 + 6 x_4 + 9 x_5$

sous les contraintes :

$$
\begin{aligned}
2 x_1 - x_2 + 7 x_3 + 5 x_4 + 4 x_5 &\leq 6 \\
x_1 + 3 x_2 + 2 x_3 - 4 x_4 + x_5 &\leq 0
\end{aligned}
$$

$x_1, x_2, x_3, x_4, x_5 \geq 0$

x_1, x_2, x_3, x_4, x_5 entiers

6.   Le critère de la variable la plus distante et les problèmes de maximisation

Résoudre les modèles du problème précédent par la méthode SÉP en prenant comme variable de séparation celle dont la valeur s'écarte le plus de l'entier le plus près.

7.   Le critère du meilleur c_j et les problèmes de minimisation

Résoudre les modèles PLTE suivants par la méthode SÉP selon le critère du meilleur c_j.

Question 1:   Min $z = 7 x_1 + 8 x_2 + 3 x_3 + 6 x_4$

sous les contraintes :

$$-\ x_1 + 2\ x_2 + 3\ x_3 + x_4 \geq 210$$
$$2\ x_1 -\ x_2 + 2\ x_3 - x_4 \leq 20$$
$$x_1 +\ x_2 -\ x_3 + x_4 \leq 18$$

$$x_1,\ x_2,\ x_3,\ x_4 \geq 0$$

$$x_1,\ x_2,\ x_3,\ x_4 \ \text{entiers}$$

Question 2:   Min $z = 5 x_1 + 2 x_2 + 4 x_3 + x_4$

sous les contraintes :

$$x_1 -\ 11\ x_2 + 2\ x_3 + 16\ x_4 \geq 31$$
$$3\ x_1 -\ x_2 + 2\ x_3 + 2\ x_4 \leq 48$$
$$11\ x_1 +\ x_2 - 2\ x_3 + 29\ x_4 \leq 32$$

$$x_1,\ x_2,\ x_3,\ x_4 \geq 0$$

$$x_1,\ x_2,\ x_3,\ x_4 \ \text{entiers}$$

8.   Le critère de la variable la plus distante et les problèmes de minimisation

Résoudre les modèles du problème précédent par la méthode SÉP en prenant comme variable de séparation celle dont la valeur s'écarte le plus de l'entier le plus près.

9.   La méthode SÉP et les cas d'égalité

Question 1:   Résoudre le modèle suivant par la méthode SÉP selon le critère du meilleur c_j.

Min $z = 20 x_1 + 10 x_2 + 20 x_3 + 60 x_4 + 60 x_5$

sous les contraintes :

$$3\,x_1 + x_2 \qquad + 2\,x_4 + \quad x_5 \geq 61$$
$$-\ x_1 + x_2 + 3\,x_3 + 5\,x_4 + 7\,x_5 \geq 136$$
$$x_3 + \quad x_4 + \quad x_5 \leq 52$$
$$4\,x_1 \qquad + 3\,x_3 + 7\,x_4 + 7\,x_5 \geq 192$$

$$x_1,\ x_2,\ x_3,\ x_4,\ x_5\ \geq 0$$

$$x_1,\ x_2,\ x_3,\ x_4,\ x_5\ \text{entiers}$$

Question 2: Résoudre le modèle PLTE suivant par la méthode SÉP selon le critère de la variable la plus distante.

$$\text{Max}\ \ z = 3\,x_1 + 27\,x_2 - 3\,x_3 + 15\,x_4 + 37\,x_5$$

sous les contraintes :

$$7\,x_1 + 2\,x_2 \qquad + 8\,x_4 + 7\,x_5 \leq 60$$
$$-\ x_1 + \quad x_2 + 3\,x_3 + 5\,x_4 + 7\,x_5 \geq 48$$
$$x_1 + \quad x_2 + \quad x_3 + \quad x_4 + \quad x_5 \leq 24$$
$$4\,x_1 \qquad + 3\,x_3 + 7\,x_4 + 7\,x_5 \leq 96$$

$$x_1,\ x_2,\ x_3,\ x_4,\ x_5\ \geq 0$$

$$x_1,\ x_2,\ x_3,\ x_4,\ x_5\ \text{entiers}$$

Question 3: Résoudre le modèle suivant par la méthode SÉP selon le critère du meilleur c_j.

$$\text{Max}\ \ z = x_1 + 12\,x_2 - 3\,x_3 + 4\,x_4 + 12\,x_5$$

sous les contraintes :

$$x_1 + 4\,x_2 + 4\,x_3 + 4\,x_4 \qquad \leq 35$$
$$9\,x_2 \qquad + 3\,x_5 \geq 18$$
$$11\,x_1 + 2\,x_2 \qquad + 7\,x_4 + 2\,x_5 \leq 34$$
$$2\,x_2 + 3\,x_3 + 4\,x_4 + 7\,x_5 \leq 80$$

$$x_1,\ x_2,\ x_3,\ x_4,\ x_5\ \geq 0$$

$$x_1,\ x_2,\ x_3,\ x_4,\ x_5\ \text{entiers}$$

Question 4: Résoudre le modèle suivant par la méthode SÉP selon le critère de la variable la plus distante.

$$\text{Min}\ \ z = 20\,x_1 + 70\,x_2 + 49\,x_3 - 2\,x_4$$

sous les contraintes :

$$- 20\, x_1 - 10\, x_2 + 10\, x_3 + 20\, x_4 \leq 81$$

$$20\, x_1 + 30\, x_2 + 10\, x_3 + 20\, x_4 \geq 177$$

$$x_1 + x_2 + x_3 - x_4 \leq 0$$

$$x_1 \leq 5$$

$$x_1,\, x_2,\, x_3,\, x_4 \geq 0$$

$$x_1,\, x_2,\, x_3,\, x_4 \quad \text{entiers}$$

10.   Modèle PLTE et arbre d'énumération

Le modèle PLTE (P) ci-dessous a été résolu par la méthode SÉP selon le critère du meilleur c_j. La figure de la page suivante donne l'arbre d'énumération obtenu après 3 séparations.

$$\text{Max} \quad z = x_1 + 42\, x_2 - 3\, x_3 + 4\, x_4 + 40\, x_5$$

sous les contraintes :

$$7\, x_1 + 2\, x_2 + 7\, x_4 + x_5 \leq 34$$

$$9\, x_2 + 3\, x_5 \geq 18$$

$$x_1 + x_2 + x_3 \leq 11$$

$$11\, x_1 + 5\, x_2 + 3\, x_3 + 4\, x_4 + 5\, x_5 \leq 119$$

$$x_j \geq 0 \qquad\qquad\qquad\qquad j = 1, 2, 3, 4, 5$$

$$x_j \text{ entier} \qquad\qquad\qquad\qquad j = 1, 2, 3, 4, 5$$

Question 1: Quels noeuds de l'arbre d'énumération doivent être éliminés ?

Question 2: Trouver, à partir de l'arbre, des bornes $\underline{z}$ et $\overline{z}$ telles que

$$\underline{z} \leq z^* \leq \overline{z}$$

où z^* est la valeur optimale du modèle (P).

Question 3: Indiquer à partir de quel noeud se fera la prochaine séparation et selon quelle variable de décision.

PRO6-10. Modèle PLTE et arbre d'énumération

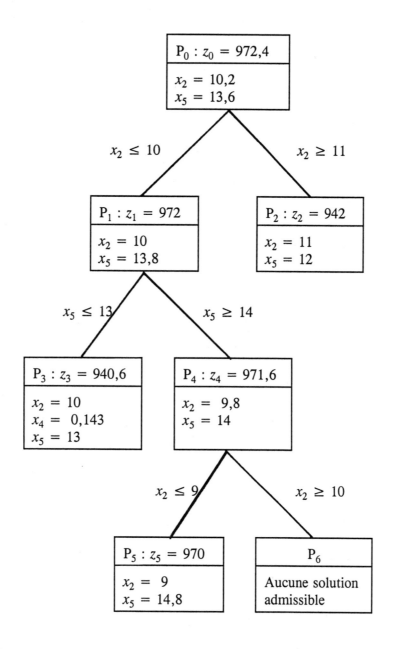

11.   Un arbre d'énumération partiel

Le modèle (P) ci-dessous a été résolu par la méthode SÉP selon le critère de la variable la plus distante (exceptionnellement, on a retenu, dans les cas d'égalité entre plusieurs variables, celle de ces variables dont l'indice est le plus faible). La figure de la page suivante donne l'arbre d'énumération obtenu après 5 séparations.

$$\text{Max} \quad z = 2\,x_1 + 3\,x_2 + 5\,x_3 + 8\,x_4 + 12\,x_5$$

sous les contraintes :

$$12\,x_1 + 8\,x_2 + 5\,x_3 + 3\,x_4 + 2\,x_5 \leq 39$$

$$x_1 - x_2 + x_3 - x_4 + 5\,x_5 \leq 48$$

$$-x_1 - x_2 + x_4 + x_5 \leq 0$$

$$x_j \geq 0 \text{ } et \text{ } entier \qquad\qquad j = 1, 2, 3, 4, 5$$

Question 1:   Quels noeuds de l'arbre d'énumération doivent être éliminés ?

Question 2:   Trouver, à partir de l'arbre, des bornes $\underline{z}$ et $\overline{z}$ telles que

$$\underline{z} \leq z^* \leq \overline{z}$$

où z^* est la valeur optimale du modèle (P).

Question 3:   Décrire la prochaine séparation : à partir de quel noeud (P_h) s'effectue cette séparation ? quelle est la variable de séparation ? quelles contraintes sont adjointes à (P_h) sur chacune des branches émergeant de (P_h) ?

12.   Arbre d'énumération partiel et problème de minimisation

Le modèle (P) ci-dessous a été résolu par la méthode SÉP selon le critère de la variable la plus distante. La figure de la page 106 donne l'arbre d'énumération obtenu après 3 séparations.

$$\text{Min} \quad z = 150\,x_1 + 61\,x_2 + 210\,x_3 + 120\,x_4$$

sous les contraintes :

$$x_1 + x_2 + 2\,x_3 + x_4 \geq 33$$

$$4\,x_1 + 2\,x_2 + 8\,x_3 + 4\,x_4 \geq 172$$

$$x_1 + x_3 + x_4 \leq 48$$

$$3\,x_1 + 5\,x_2 + 2\,x_3 + 2\,x_4 \geq 125$$

$$x_1, x_2, x_3, x_4 \geq 0$$

$$x_1, x_2, x_3, x_4 \text{ entiers}$$

PRO6-11. Un arbre d'énumération partiel

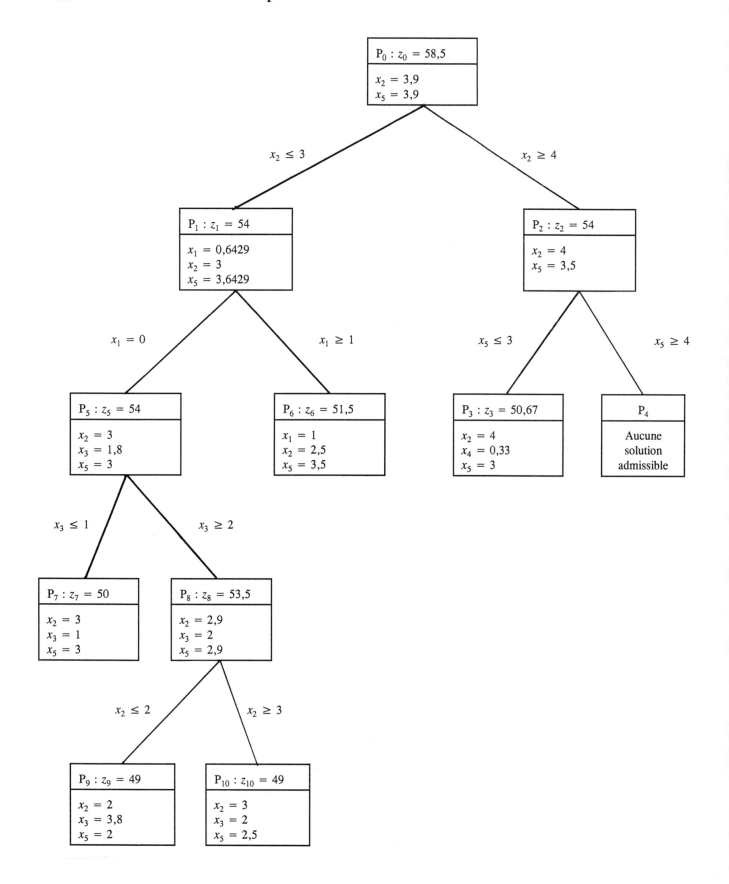

PRO6-12. Arbre d'énumération partiel et problème de minimisation

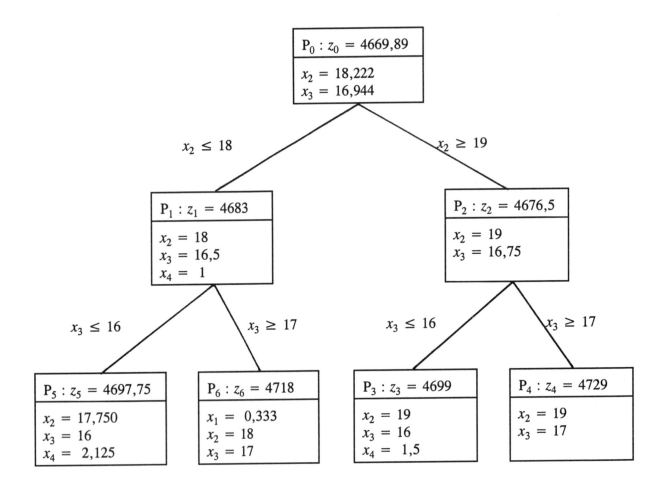

Question 1: Quels noeuds de l'arbre d'énumération doivent être éliminés ? Lesquels sont en attente ?

Question 2: Trouver, à partir de l'arbre, des bornes $\underline{z}$ et $\overline{z}$ telles que

$$\underline{z} \ \leq \ z^* \ \leq \ \overline{z}$$

où z^* est la valeur optimale du modèle (P).

Question 3: Décrire la prochaine séparation : à partir de quel noeud (P_h) s'effectue cette séparation ? quelle est la variable de séparation ? quelles contraintes sont adjointes à (P_h) sur chacune des branches émergeant de (P_h) ?

Question 4: De cette 4e séparation résultent deux noeuds (P_7) et (P_8). La solution optimale x_8^* de (P_8) est entière, mais pas celle de (P_7) :

$$x_7^* = (0; 17; 14,5; 5,5) \quad \text{et} \quad z_7 = 4\ 742$$
$$x_8^* = (0; 18; 16; 2) \quad \text{et} \quad z_8 = 4\ 698 \ .$$

Quels sont, après la 4e séparation, les noeuds en attente ? Mettre à jour les inégalités $\underline{z} \ \leq \ z^* \ \leq \ \overline{z}$.

13. Un arbre dont les noeuds ne sont pas numérotés

Le modèle (P) ci-dessous a été résolu par la méthode SÉP selon le critère de la variable la plus distante. Un arbre d'énumération partiel, dans lequel les numéros des noeuds ont été effacés, est reproduit à la page suivante.

$$\text{Max} \quad z = 80\,x_1 + 140\,x_2 + 40\,x_3 + 60\,x_4 + 220\,x_5$$

sous les contraintes :

$$
\begin{aligned}
x_1 + 2\,x_2 \qquad\quad + \quad x_4 + 2\,x_5 &\leq 18 \\
4\,x_2 + 2\,x_3 + 2\,x_4 + \quad x_5 &\geq 18 \\
x_1 + \quad x_2 + \quad x_3 \qquad\qquad\qquad &\leq 12 \\
2\,x_2 + 5\,x_3 + 4\,x_4 + 7\,x_5 &\leq 80
\end{aligned}
$$

$$x_1, x_2, x_3, x_4, x_5 \geq 0$$

$$x_1, x_2, x_3, x_4, x_5 \quad \text{entiers}$$

Question 1: Calculer la valeur optimale z_0 de la relaxation continue (P_0) à partir des renseignements fournis dans l'arbre de la page suivante.

Question 2: Construire la séquence des séparations, en indiquant explicitement, à chaque étape, quels noeuds sont éliminés, lesquels restent en attente et quelles sont les meilleures bornes $\underline{z}$ et $\overline{z}$ telles que

$$\underline{z} \leq z^* \leq \overline{z}.$$

Question 3: Décrire la prochaine séparation : à partir de quel noeud (P_h) s'effectue-t-elle ? quelle est la variable de séparation ? quelles contraintes sont adjointes à (P_h) sur chacune des branches émergeant de (P_h) ?

Question 4: Écrire explicitement le modèle linéaire associé à ce noeud (P_h) à partir duquel s'effectuera la prochaine séparation.

PRO6-13. **Un arbre dont les noeuds ne sont pas numérotés - Arbre d'énumération partiel**

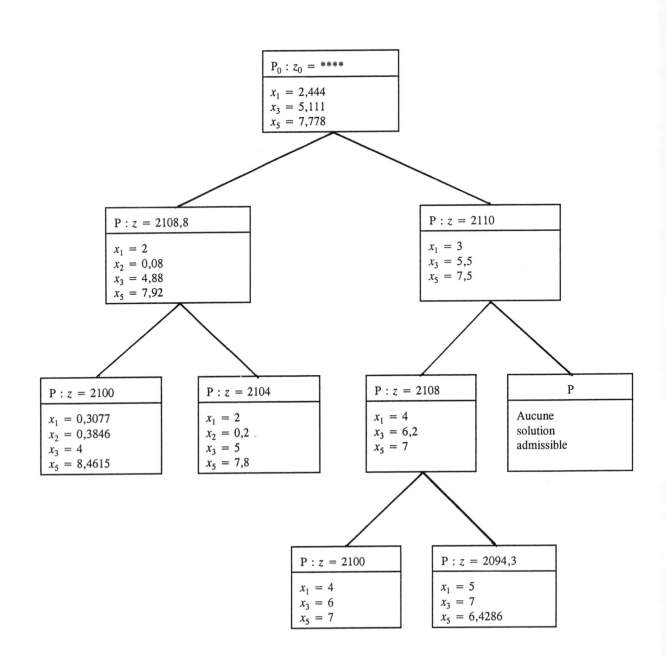

7. Les problèmes de réseaux - Énoncés

1. La Société nationale de niobium de Laputa

La Société nationale de niobium de Laputa (SNNL) exploite deux mines, situées l'une au Brobdingnag, l'autre au Yahoo, deux anciennes colonies laputiennes. Le tableau suivant résume les données pertinentes relatives à ces mines.

Mine	Située au	Coûts (en $/t)	Min (en t)	Max (en t)
M	Brobdingnag	180	5 000	7 500
N	Yahoo	300	2 000	8 000

Les coûts sont exprimés en dollars laputiens par tonne de minerai extraite. Les minima représentent des seuils historiques que la SNNL tient à respecter pour des raisons autant politiques qu'économiques. Non seulement permettent-ils une exploitation efficace des mines, mais ils assurent également un niveau « acceptable » d'emploi. La direction de la SNNL juge qu'il serait imprudent de fixer la production des mines au-dessous des minima historiques. Une réaction populaire pourrait alors se produire et la SNNL risquerait de perdre les avantages princiers dus à sa situation antérieure de représentant de la puissance impériale et à une certaine inertie des dirigeants locaux. Les maxima indiqués découlent des capacités des installations des mines.

Le minerai de la mine M contient 4 % de niobium; celui de N, 5 % de niobium. Le minerai des deux mines est transformé en lingots de niobium pur dans trois usines qui appartiennent également à la SNNL. La principale usine est située au Laputa même. Les deux autres ont été construites dans les ex-colonies au moment de la décolonisation, surtout à des fins politiques. Le tableau suivant indique combien il en coûte, en dollars laputiens, pour transporter une tonne de minerai d'une mine à une usine.

Usine	Située au	Coûts de transport du minerai (en $/t)	
		de M	de N
U	Laputa	40	60
V	Brobdingnag	12	-
W	Yahoo	-	15

Les usines V et W des ex-colonies ne sont pas trop éloignées de la mine locale et s'approvisionnent uniquement à cette mine. Pendant longtemps, ces usines ne pouvaient écouler leur production que sur leur marché local. Malheureusement pour les ouvriers laputiens, une longue grève à l'usine U a obligé récemment la SNNL à ouvrir le marché laputien à la production de W et, encore maintenant, une entente implicite force la SNNL à expédier de W au Laputa entre 25 et 70 tonnes de niobium pur. Le 3e tableau qui suit donne les coûts de transport d'une tonne de métal pur. Les deux dernières lignes indiquent les seuils minima et maxima que SNNL doit respecter sur les 3 marchés nationaux.

Usine	Située au	Coûts de transport du métal pur (en $/t)		
		vers L	vers B	vers Y
U	Laputa	25	150	160
V	Brobdingnag		40	-
W	Yahoo	110	-	45
Minimum		375	75	75
Maximum		450	100	75

On trouvera à la figure ci-dessous un réseau qui illustre graphiquement le problème de SNNL. Ce réseau est incomplet car ni les coûts ni les bornes n'y ont été reportés.

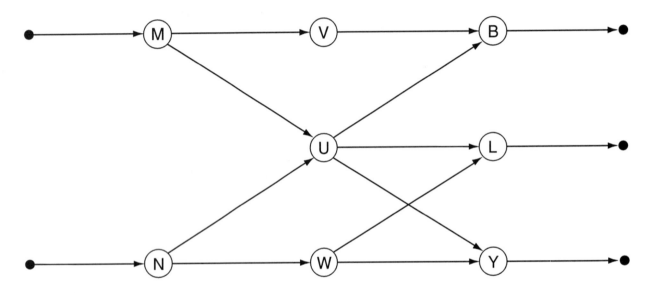

Question 1: Compléter le réseau en inscrivant, sur les arcs, les coûts et les bornes pertinentes. (On suggère de prendre comme unité de flot la tonne de métal pur et de convertir en fonction de cette unité les données exprimées en termes de tonnes de minerai.)

Question 2: Le prix de vente du lingot de niobium diffère selon le pays où il est écoulé : au Laputa, le kilogramme de niobium pur se transige à 60 $; dans les ex-colonies, on offre 63 $/kg. Indiquer comment modifier le réseau pour tenir compte de ces écarts de prix.

Question 3: Les coûts de traitement diffèrent d'une usine à l'autre : en U, il en coûte 23 $ pour obtenir un kilogramme de niobium pur; la même quantité de métal exige 26 $ en V et 23,50 $ en W. L'usine U pourrait, si c'était rentable pour SNNL, traiter toute la production des mines M et N. Par contre, V et W ont une capacité limitée : V ne peut traiter plus de 3 750 tonnes de minerai, tandis que la capacité de W n'est que de 2 900 tonnes. Enfin, les usines n'opèrent de façon efficace que si certains seuils minimaux sont respectés : ces minima sont de 200 tonnes de niobium pur pour U, de 50 tonnes pour V et de 85 tonnes pour W. Indiquer comment modifier le réseau de la question 2 pour tenir compte de ces données nouvelles.

2. Les perruques Sanchez

Les Égyptiens nobles avaient la tête rasée, mais portaient lors des grandes cérémonies des perruques de crin ou de plantes tressées. Les Sumériens, les Assyriens et les Mèdes obéissaient aux mêmes pratiques. À Rome comme à Byzance, les hommes portaient perruque pour cacher leur calvitie et les femmes, pour orner leurs têtes de coiffures sophistiquées. Au XVIe siècle apparaissent des perruques composées d'un canepin sur lequel les cheveux sont enfilés à l'aiguille. Plus tard, la couronne de cheveux naturels est cousue sur une calotte de tissu noir. À partir de 1660, même en Nouvelle-France, il devient inconvenant pour un homme de qualité de sortir sans sa perruque. C'est l'âge d'or de la perruque. Les perruquiers donnent libre cours à leur imagination et leurs chefs-d'œuvre prennent des proportions énormes, telle la perruque in-folio, sorte de monument massif étagé en une cascade de boucles. La perruque est alors poudrée et la queue portée en catogan. La fabrication des perruques n'a de cesse de se raffiner. Souchard vers 1820 implante les cheveux sur des vessies de porc et Caron, sur des tricots de soie importée de Chine.

Frappé de plein fouet entre les deux guerres mondiales par la mode des cheveux courts et des crânes dégarnis, le marché de la perruque refleurit dans les années cinquante. Les cheveux traités sont alors importés surtout des Indes et de Hongkong.

L'atelier Victor Sanchez, à Bruxelles, accueille dans ses petits salons feutrés une clientèle hétéroclite fortunée. Les victimes de pelade et d'alopécie, les travestis, les rescapés de traitements de chimio, les snobs, les acteurs, les juives orthodoxes... s'y côtoient dans la recherche d'une solution à leur problème. Chez les Sanchez, on est perruquier de père en fils. Victor et ses frères, Manuel qui pratique son métier à Paris et Armando qui est établi à Londres, s'approvisionnent en cheveux naturels auprès de deux fournisseurs, le premier de Manille, le second du Jawalapuri. L'exportation de cheveux naturels est considérée comme illicite aux Philippines tout comme aux Indes : en effet, on juge dégradante la pratique, à relent colonial, de vendre ses cheveux. Victor et ses frères refusent de dévoiler le nom de leurs fournisseurs clandestins.

Victor et ses frères, qui travaillent en coopérative et s'approvisionnent en commun auprès de leurs fournisseurs, fixent leurs commandes en fonction de la capacité de traitement et le carnet de commandes de chacun. Ils font face aux aléas du marché en s'échangeant parfois des perruques, dont il ne reste à compléter que l'ajustement au tour de tête du client.

Les tableaux ci-dessous résument les données pertinentes aux commandes des frères Sanchez au cours de l'an prochain. On notera que les Sanchez, afin de maintenir active chacune de leurs filières, tiennent à garantir à chaque fournisseur de cheveux des commandes minimales. De plus, pour fabriquer une perruque, les frères Sanchez comptent en moyenne une masse de 250 g de cheveux naturels.

ACHAT DE CHEVEUX NATURELS

Fournisseur	Coût (en euros/kg)	Quantité min (en kg)	Quantité max (en kg)
Manille	75	800	1 200
Jawalapuri	86	600	1 400

COÛTS DE TRANSPORT

Coûts de transport des cheveux naturels (en euros/kg)			
	Bruxelles	Paris	Londres
Manille	7	8	9
Jawalapuri	9	10	5
Coût moyen de transport (en euros/perruque) entre les ateliers			
Bruxelles	-	20	23
Paris	20	-	19
Londres	23	19	-

DONNÉES RELATIVES AUX ATELIERS

Atelier	Fabrication		Ventes pour l'année		
	Capacité	Coût	Min	Max	Prix moyen
Bruxelles	3 000	350	1 500	3 200	1 200
Paris	2 500	400	1 800	2 600	1 600
Londres	1 800	375	1 400	2 500	1 300

La capacité des ateliers est exprimée en perruques pour l'année; le coût de fabrication, en euros par perruque; les ventes minimales et maximales, en perruques pour l'année; le prix moyen, en euros par perruque.

Les frères Sanchez cherchent à rentabiliser au mieux leur commerce au cours de l'an prochain. Construire et résoudre un réseau approprié. (On suggère de prendre le kilogramme de cheveux comme unité de flot et de convertir les données des tableaux 2 et 3 en fonction de cette unité avant de les intégrer dans le réseau.)

3. La compagnie Chimex

La compagnie Chimex inc. fabrique les engrais chimiques P_1 et P_2 dans des usines U_1 et U_2 situées dans l'Ouest canadien, plus précisément en Alberta. Ces engrais sont utilisés dans la culture du blé à grande échelle. Dans chaque usine, la production de P_1 et celle de P_2 se font de façon complètement indépendante l'une de l'autre, si bien que chaque usine possède des installations particulières pour P_1 et d'autres pour P_2. Le tableau ci-après donne les capacités (en milliers de tonnes) de chaque usine, ainsi que les coûts de production (en dollars par tonne) des engrais.

Usine	Capacité de production (en kt)		Coûts de production (en \$/t)	
	P_1	P_2	P_1	P_2
U_1	60	50	14	15
U_2	100	40	17	13

À cause des frais importants de mise en train, une rafale de production, une fois lancée, doit durer 6 jours. Le septième jour, tout l'engrais produit est amené dans des entrepôts, dénotés E_1 et E_2, érigés non loin des usines. Les coûts de transport (en \$/t) des usines aux entrepôts sont donnés dans le tableau numéro 2 ci-dessous. Noter que ces coûts sont les mêmes, quel que soit l'engrais transporté.

Usine	E_1	E_2
U_1	4	7
U_2	6	3

Les engrais doivent demeurer une semaine dans les entrepôts afin que certaines vapeurs toxiques aient le temps de s'en échapper. Les entrepôts étant équipés en filtres efficaces et en bouches d'aération bien aménagées, les rejets des entrepôts dans l'environnement ne sont pas dommageables. Il est toutefois important, selon les experts de Chimex, que les engrais P_1 et P_2 soient entreposés dans des sections distinctes munies chacune de leurs propres filtres : en effet, si les vapeurs de P_1 et de P_2 se mélangeaient, il se produirait des réactions chimiques complexes dont les dérivés sont dangereux et dommageables pour l'environnement. Chaque entrepôt a donc une capacité de stockage propre à chaque engrais, tel que l'indique le tableau suivant. Chimex doit aussi tenir compte de coûts afférents aux nettoyages des filtres et des bouches d'aération. Ces coûts sont directement proportionnels à la quantité d'engrais entreposée et sont aussi indiqués dans le tableau.

Entrepôt	Capacité de stockage (en kt)		Coûts de stockage (en \$/t)	
	P_1	P_2	P_1	P_2
E_1	60	35	3	2
E_2	40	50	1	4

Après une semaine d'entreposage, les engrais peuvent être enfin acheminés, en un jour, à leurs destinations finales, deux clients importants, dénotés C_1 et C_2. Les coûts de transport des entrepôts vers les clients, qui sont les mêmes quel que soit l'engrais transporté, sont donnés dans le tableau suivant.

Entrepôt	C_1	C_2
E_1	8	5
E_2	4	9

Chimex doit lancer lundi prochain des rafales de production pour répondre aux commandes décrites au 5e et dernier tableau, que l'on trouvera au haut de la page suivante. Chimex veut évidemment maximiser le profit total qu'il retirera de ces rafales de production.

Client	Demande minimale (en kt)		Prix de vente aux clients (en $/t)	
	P_1	P_2	P_1	P_2
C_1	40	30	70	80
C_2	50	45	95	60

Question 1: Tracer un modèle graphique qui décrive le problème de production de Chimex.

Question 2: Choisir, dans le modèle construit à la question 1, un sommet de transbordement et donner la contrainte technologique qui, dans le modèle linéaire associé, indique que le flot net émergeant de ce sommet est nul.

Question 3: Choisir, dans le modèle construit à la question 1, un sommet émetteur et donner la contrainte technologique qui, dans le modèle linéaire associé, indique que le flot net émergeant de ce sommet satisfait aux bornes reportées dans le modèle.

* **Question 4:** Un chimiste externe, après une analyse approfondie, a avisé Chimex qu'il n'était pas vraiment nécessaire, dans les entrepôts, de séparer les engrais dans deux sections distinctes. Selon lui, les risques sont à toutes fins utiles inexistants. Comme il n'est plus nécessaire de cloisonner les entrepôts, Chimex peut maintenant prendre en considération une capacité globale de stockage par entrepôt, et non pas deux comme précédemment, alors qu'il fallait distinguer les capacités en fonction de l'engrais considéré.

Est-il encore possible de résoudre le problème de Chimex comme un problème de transbordement, sachant premièrement que la capacité globale d'un entrepôt est la somme des capacités données au tableau 3 et, deuxièmement, que les coûts d'entreposage ont été réévalués à la lumière de l'avis de l'expert externe et sont maintenant fixés à 2 $/t, quels que soient l'engrais ou l'entrepôt considérés ?

Si oui, donner le nouveau modèle graphique; sinon, donner un modèle linéaire qui traduise le nouveau problème.

4. La planification de la production chez Assemblor

Assemblor fabrique, dans son usine de Longueuil, le produit P à partir de diverses composantes provenant de fournisseurs situés les uns dans la région métropolitaine de Montréal, d'autres en Ontario, en Colombie-Britannique ou aux États-Unis. La capacité de l'usine est de 200 unités de P par semaine.

Le directeur de l'usine veut planifier la production des 6 prochaines semaines. Le tableau ci-dessous décrit la demande prévue pour cette période. La première ligne donne le nombre d'unités qu'Assemblor s'est engagée à livrer à des clients réguliers : ceux-ci absorbent en effet une partie importante de la production de l'usine et assurent sa stabilité financière; la direction d'Assemblor consent donc à répondre à leurs commandes, même si parfois elle encourt ainsi un manque à gagner. La seconde ligne indique combien d'unités au maximum Assemblor pourrait écouler en sus des commandes des clients réguliers.

DEMANDE (en unités) DU PRODUIT P

Semaine	1	2	3	4	5	6
Commandes	154	209	108	117	132	145
Demande additionnelle	70	70	60	60	75	75
Total	224	279	168	177	207	220

Les livraisons se font à la fin de chaque semaine. Les unités qui ne sont pas livrées une semaine donnée sont entreposées à l'usine : l'usine peut conserver un maximum de 50 unités, le coût de stockage étant évalué à 3 $ par semaine et par unité. Le lundi de la semaine 1, l'usine aura en stock 20 unités du produit P.

L'un des fournisseurs attitrés de l'usine de Longueuil vient de subir un bris d'équipement et sa capacité de production sera diminuée considérablement pendant quelques semaines. La pièce X, que ce fournisseur est le seul à fabriquer en Amérique du Nord, constitue une composante-clé du produit P. Le directeur a donc appelé le fournisseur et, après de vives négociations, assorties d'un rappel de la longue et fructueuse collaboration entre les deux entreprises, il a été convenu que le fournisseur respecterait le calendrier de livraisons suivant, si Assemblor le juge à propos.

CALENDRIER DE LIVRAISONS DE LA COMPOSANTE X

Semaine	1	2	3	4	5	6
Nombre d'unités	420	240	240	280	240	340

Les livraisons de ce fournisseur se font le lundi matin. Les quantités indiquées dans le tableau constituent des maxima : la commande reçue une semaine donnée ne peut excéder le nombre d'unités mentionné dans le tableau; par contre, le directeur d'Assemblor pourrait ne pas atteindre ce maximum, ce qui d'ailleurs ferait l'affaire du fournisseur, qui pourrait ainsi satisfaire les demandes d'autres clients.

Une unité de P exige deux pièces X. L'usine de Longueuil peut stocker jusqu'à 200 pièces X, à un coût de 1 $ par unité et par semaine. Enfin, le lundi de la semaine 1, l'usine aura en stock 30 pièces X.

Le directeur de l'usine a recouru à un modèle de réseau pour l'assister dans la planification de la production des 6 prochaines semaines. La figure de la page suivante donne le coeur du modèle utilisé par le directeur. Celui-ci doit tenir compte du fait que la capacité de son usine baissera de 20% les semaines 1 et 2, à cause de jours fériés.

Question 1: Décrire ce que représente le flot sur les arcs $F_1 \rightarrow A_1$, $F_1 \rightarrow F_2$ et $A_1 \rightarrow A_2$.

Question 2: Compléter le réseau partiel donné ci-dessous : ajouter les arcs virtuels manquants et reporter sur les arcs les bornes et les coûts pertinents.

Question 3: Assemblor réalise un profit de 50 $ par unité de P vendue au «prix affiché». Elle offre par ailleurs à ses clients réguliers une réduction de 17 $ l'unité sur ce prix affiché. Indiquer comment modifier le réseau de la question précédente pour traduire cette réduction de prix.

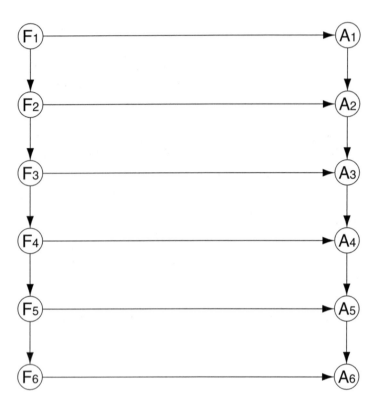

Question 4: L'usine pourrait s'approvisionner en pièces X auprès d'un fournisseur européen. Celui-ci pourrait livrer, à partir du début de la semaine 3, jusqu'à 20 pièces X par semaine, à un coût unitaire dépassant de 20 $ celui du fournisseur habituel. Indiquer comment modifier le réseau de la question précédente pour tenir compte de cette possibilité.

Question 5: La convention collective des ouvriers de l'usine de Longueuil permet à la direction d'exiger du temps supplémentaire de ses employés. Les heures additionnelles autorisées par la convention représentent normalement une production de 35 unités de P par semaine. (Ce maximum de 35 unités est baissé de 20% durant les semaines 1 et 2.) Chaque unité de P produite pendant les heures supplémentaires revient à 43 $ de plus que celles produites en temps régulier, ce qui réduit d'autant la marge bénéficiaire de l'entreprise. Indiquer comment modifier le réseau de la question précédente pour tenir compte de cette possibilité.

5. Hatitudes, la multinationale du chapeau de feutre de luxe

La société Hatitudes se targue d'être la première multinationale du chapeau de feutre de luxe. Elle achète sa matière première dans 4 pays : Maroc, Australie, Équateur et Nouvelle-Zélande. Elle y dispose de réseaux d'acheteurs pour se procurer les poils de chèvre, de lapin de garenne, de lama et de mouton de la meilleure qualité dont un mélange constitue la matière première des feutres de bonne qualité. C'est ainsi qu'à Casablanca, à Dawson, à Guayaquil et à Auckland la société dispose d'un atelier de soufflage pour éliminer par ventilation les impuretés et les poils les plus grossiers (le jarre). Les acheteurs sont rémunérés selon le poids des poils résiduels (la bourre).

Le tableau suivant indique les prix d'achat (en euros/quintal), le total des coûts de transport et des droits douaniers à l'exportation (en euros/quintal), ainsi que le nombre minimal et maximal de quintaux de bourre à expédier l'an prochain de chacun des ports vers la principale usine, située à Paris, où sera effectué le mélange homogène des bourres. Pour ce processus de mélange, qui est long et fort délicat, Hatitudes débourse 950 euros/quintal. Une partie du mélange sera traitée sur place, tandis que l'autre partie sera expédiée à New York par avion au coût de 75 euros/quintal pour la suite du traitement.

	Casablanca	Dawson	Guayaquil	Auckland
Prix d'achat	1 600	2 000	5 600	1 800
Transp. + douane	100	180	160	180
Min	30	45	30	55
Max	35	50	40	65

Note. Prix et coûts sont en euros par quintal; Min et Max, en quintaux; 1 quintal équivaut à 100 kg.

Les quantités minimales et maximales de poils de chaque type découlent des proportions secrètes, mais assez lâches, que Hatitudes désire respecter dans la préparation du feutre. Enfin, sauf en Équateur, où elle s'approvisionne en poil de lama, l'offre est supérieure à sa demande.

Dans l'usine de Paris, comme dans celle de New York, les chapeliers de la société bâtissent des cloches de feutre, puis les roulent et les frottent sur des tables chauffantes où les poils commencent à s'agglomérer dans un premier feutrage. Les cloches sont ensuite foulées par des passages renouvelés entre des rouleaux arrosés d'eau bouillante acidulée où elles terminent leur feutrage et acquièrent leur imperméabilité. Ces opérations reviennent à 20 euros/cloche à Paris et à 25 euros/cloche à New York. Après séchage, ces cloches, d'un poids de 200 g chacune, sont expédiées dans 5 ateliers-entrepôts pour y subir les dernières opérations préalables à leur mise en marché. À Paris, la capacité de traitement ne dépasse pas 40 000 cloches alors qu'à New York on peut traiter 45 000 cloches.

Trois des ateliers-entrepôts sont en Europe, à Londres, Milan et Reims, et les deux autres aux États-Unis, à Boston et Houston. Les coûts de transport des cloches de feutre des usines aux ateliers-entrepôts sont indiqués dans le tableau suivant. Hatitudes prévoit que la demande se situera dans une fourchette de 10 000 à 15 000 chapeaux dans chacun des 3 ateliers-entrepôts européens, et dans une fourchette de 16 000 à 24 000 chapeaux dans chacun des 2 ateliers-entrepôts américains. Tant en Europe qu'aux États-Unis, les valeurs maximales prévues pour les ventes sont inférieures à la capacité de traitement des ateliers-entrepôts correspondants.

COÛTS DE TRANSPORT (en euros/cloche)

	Londres	Milan	Reims	Boston	Houston
Paris	2	4	2	-	-
New York	-	-	-	2	3

Voici un résumé du traitement qui se déroule dans les ateliers-entrepôts. Des chimistes obtiennent par dosage de colorants les nuances à la mode pour les diffuser dans toute l'épaisseur du feutre. Certains feutres sont poncés au papier de verre pour obtenir du feutre ras. Pour d'autres, on tire le poil à l'aide d'une peau rugueuse de requin avant de le tondre : on obtient ainsi des feutres taupés. Les cônes de feutre sont ensuite ramollis dans une « marmite », puis formés à la main sur des moules de bois choisis selon la mode du moment et de l'endroit et selon les tours de tête de la clientèle. Enfin, on ajoute les bourdaloues, les cuirs coupe-sueur et les bordures.

On demande d'organiser le flot de la bourre de façon à en tirer, au cours de l'année, les revenus les plus élevés possible, tout en s'assurant que le nombre de chapeaux produits par chaque atelier-entrepôt soit situé dans la fourchette des ventes prévues pour cet endroit. Hatitudes vend sa production à de nombreux détaillants qui versent pour un chapeau en moyenne 65 euros aux États-Unis et 60 euros en Europe. Ajoutons que Hatitudes doit payer 20 euros/quintal pour importer la bourre à Paris.

6. Les plaques tournantes

Ni le fax, ni Internet, ni la livraison postale de première classe n'ont réussi à supplanter les entreprises qui recrutent des courriers-cyclistes pour l'acheminement personnalisé de documents dont la transmission est urgente selon les critères du milieu des affaires ou de l'administration publique.

Grégoire, un ancien courrier-cycliste kamikaze pour qui tous les tronçons des voies montréalaises étaient des sens uniques dont la direction s'avérait toujours... la sienne, est maintenant à la tête d'un regroupement de courriers-cyclistes qui propose des tarifs «imbattables» à sa clientèle, grâce au déploiement astucieux des cyclistes sur le terrain et à l'acheminement du courrier interzone en passant par des plaques tournantes P1 et P2 où le courrier est consolidé.

Grégoire a divisé le centre-ville en 6 zones : A, B, C, D, E et F. Il a établi un centre de tri dans chacune de ces zones. Le courrier dont l'envoyeur et le destinataire appartiennent à une même zone est acheminé directement par le service intrazone, sans passer par le centre de zone. Tout courrier interzone est amené d'abord au centre de tri de la zone de cueillette, puis transite par l'une ou l'autre des plaques tournantes, avant de repartir vers le centre de tri de la zone du destinataire. Grégoire a emprunté le concept de plaque tournante aux grandes sociétés de courrier international : DHL, FedEx, US Parcel...

Ces plaques tournantes se justifient économiquement : un premier tri du courrier par zone effectué dans une plaque tournante permet de l'acheminer, une fois consolidé, sous une même enveloppe en empruntant la route la plus courte entre la plaque tournante et chaque centre de zone.

Pour comprendre le rôle d'une plaque tournante, considérons deux centres de tri, X et Y, que l'on veut relier. On peut évidemment emprunter le chemin le plus court entre X et Y. Mais, on peut également aller de X à un point P (plaque tournante), puis de P à Y. Ainsi, tout déplacement entre deux centres de tri se remplace par deux déplacements consécutifs entre une plaque tournante P et un centre. On peut donc remplacer d'innombrables déplacements directs entre les centres de tri par un nombre relativement petit de déplacements, chacun ayant une plaque tournante comme point de transbordement et offrant de ce fait une possibilité de consolidation des objets à transporter (ou de regroupement des passagers dans le cas du transport en commun).

Pour décider de l'affectation du courrier interzone à l'une ou l'autre des 2 plaques tournantes, Grégoire utilise le critère consistant à minimiser la distance totale des déplacements interzones prévus au cours de l'heure à venir, tout en tenant compte des demandes d'intervention déjà acceptées ou en cours d'exécution. Mais le poids du courrier à transiter entre une zone et une plaque tournante n'excède jamais la capacité d'un cycliste.

Voici la localisation selon des coordonnées cartésiennes (exprimées en hm) de chaque centre de zone et des deux plaques tournantes.

A	B	C	D	E	F	P1	P2
(3; 6)	(6; 22)	(64; 10)	(42; 33)	(46; 8)	(7; 0)	(0; 0)	(40; 24)

Grégoire assimile le territoire urbain à un quadrillé de pâtés rectangulaires séparés par des rues. Il adopte donc la géométrie dite de Manhattan pour calculer les distances. Par exemple, la distance d(C; P2) entre les points C et P2 est de 38 hm :

$$d(C; P2) = |64 - 40| + |10 - 24| = 38.$$

Ce procédé permet de dresser le tableau des distances (en hm) entre centres de zone et plaques tournantes. (On suppose ici qu'il n'y a pas de sens uniques à respecter; dans le cas contraire, la distance de C à P2 pourrait différer de celle de P2 à C.)

	A	B	C	D	E	F
P1	9	28	74	75	54	7
P2	55	36	38	11	22	57

Question 1: Déterminer quelle ou quelles plaques tournantes devront assurer l'acheminement en vrac entre un centre de zone et chacun des autres (un transbordement obligatoire prenant place en P1 ou en P2) pour que la longueur totale des déplacements (en hm) à bicyclette soit minimale ?

Question 2: Grégoire revit maintenant sous l'avatar d'un camionneur qui veut transporter, entre les mêmes points A, B, C, D, E et F considérés à la question précédente, les quantités reportées au tableau suivant (la donnée à l'intersection de la ligne *I* et de la colonne *J* indique le nombre de charges complètes d'un camion à transporter de *I* vers *J*).

De / Vers	A	B	C	D	E	F
A	-	10	8	6	5	7
B	12	-	6	4	9	6
C	7	9	-	8	6	9
D	13	12	11	-	16	14
E	8	6	9	11	-	7
F	12	5	6	8	9	-

Il faut de plus peser en P1 ou en P2 chaque charge en cours d'acheminement et Grégoire désire que le nombre total de charges pesées en P1 ne diffère pas trop de celui en P2. Plus précisément, il tient à ce qu'entre 125 et 135 des 249 charges à transporter soient pesées en P1.

Quelles sont les charges à peser en chacune des plaques tournantes P1 et P2 de façon à minimiser la distance totale parcourue en charge par les camions qui seront utilisés pour ces charrois ?

* **Question 3**: Grégoire a constaté qu'un certain nombre de charges entre I et J passaient par P1 alors que d'autres passaient par P2. Pour éviter les confusions de juridiction qu'engendrent ces situations, il a été décidé d'affecter tout le trafic entre I et J à une même plaque tournante, qu'il s'agisse du trafic de I à J ou du trafic de J à I.

Construire un modèle linéaire pour déterminer une telle affectation qui minimiserait le coût total de déplacement des charges, sachant que le nombre de charges à transporter de I vers J est donné par le tableau de la question 2 et que le nombre de charges à peser en P1 doit appartenir à la fourchette 125-135.

7. L'importation de grenadilles

Depuis de nombreuses années, Gilles de Paris importe en saison des grenadilles malgaches, dont la récolte se fait de novembre à mars. Il s'agit d'un fruit fragile, mieux connu en Amérique du Nord sous le nom de fruit de la passion, car les organes sexuels des fleurs rappellent le marteau et les clous qui ont servi à la crucifixion du Christ. Une fois cueillies, les grenadilles ont une vie commerciale fort courte, ce qui force Gilles à confier les grenadilles au transport aérien. Toutefois la société Air Madagascar, qui garantit un vol de combi par jour entre l'aéroport d'Ivato et Orly, n'accepte le fret agricole que comme complément de charge. C'est ainsi que Gilles n'apprend que le lundi la quantité maximale de grenadilles dont la société peut garantir l'acheminement chaque jour de la semaine à venir, ainsi que le coût de transport en vigueur selon le jour.

Le tableau suivant donne les quantités maximales (en quintaux) et le coût livré Rungis (en euros/quintal) pour chaque jour de la semaine qui débute, le jour 1 correspondant au lundi.

Jour	1	2	3	4	5	6	7
Max	125	200	400	700	400	525	300
Coût	17	11	8	14	18	7	20

Gilles vend ses grenadilles aux grossistes de Rungis au prix de 55 euros/quintal. Il ne transige qu'avec les grossistes qui lui passent commande au moins une semaine à l'avance. S'il ne peut remplir au jour convenu une commande acceptée, il se garde l'option de le faire le jour suivant ou deux jours plus tard. Dans le premier cas, il consent une remise de 3 euros/quintal et dans le second, une remise de 5 euros/quintal. Gilles peut aussi garder sous réfrigération des grenadilles au coût quotidien de 1 euro/quintal. La chambre froide est suffisamment grande pour contenir tous les fruits en surplus un jour donné.

Voici les commandes fermes (en quintaux) qu'il a acceptées pour la semaine prochaine.

Jour	1	2	3	4	5	6	7
Commandes	300	250	350	400	200	400	500

Comment Gilles de Paris doit-il gérer le flot de grenadilles de la semaine prochaine pour maximiser son revenu net ?

8. Un réseau abstrait

Soit P le modèle linéaire associé au réseau ci-dessous.

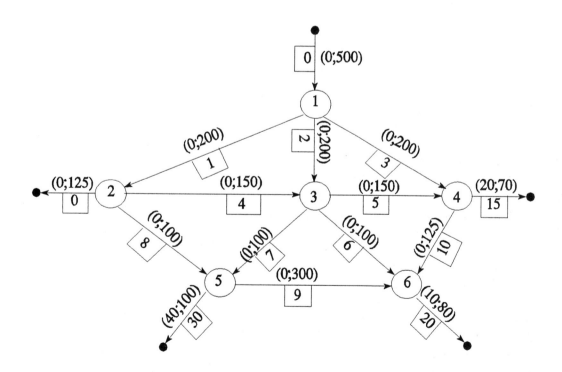

Question 1: Quels sont les sommets émetteurs du réseau ? Quels en sont ses sommets récepteurs ?

Question 2: Écrire la fonction-objectif de P.

Question 3: Écrire les contraintes de P associées aux sommets 1, 3 et 5.

Question 4: Au minimum, combien d'unités de flot circuleront **au total** sur les arcs $1 \rightarrow 2$, $1 \rightarrow 3$ et $1 \rightarrow 4$?

Question 5: Comment pourrait-on, en modifiant le réseau, limiter à un maximum de 50 unités la quantité de flot qui transite par le sommet 3 ? Expliquer brièvement.

9. Le voyagiste et les forfaits dans les Rocheuses

Un voyagiste a négocié auprès de transporteurs et d'hôteliers des excursions-séjours qu'il offrira, à la dernière minute, au public montréalais et torontois appâté par les réductions de prix qu'il propose régulièrement à sa clientèle. Le tableau suivant donne les coûts pour le transport aérien et terrestre à partir de Dorval (Montréal) et de Pearson (Toronto) vers chacun des quatre sites des Rocheuses canadiennes qui lui ont proposé des forfaits hébergement et ski.

COÛT (en $) D'UN BILLET POUR LE TRANSPORT ALLER-RETOUR

Départ	Site A	Site B	Site C	Site D
de Montréal	400	430	440	455
de Toronto	350	380	395	395

Les quatre hôteliers qui ont proposé les forfaits s'attendent à recevoir un nombre de clients qui corresponde à un nombre-cible. Une pénalité sera imposée au voyagiste pour chaque personne en deçà de la cible; de même, le voyagiste encourra une pénalité − plus faible − pour chaque personne au-delà de la cible. Enfin, chaque hôtelier requiert que le nombre de clients que lui proposera le voyagiste soit compris dans la fourchette

[cible − 10 ; cible + 20] .

Voici, pour chaque site, le nombre-cible, le coût par personne du forfait et les pénalités prévues.

Site	Nombre-cible	Coût (en $) d'un forfait	Pénalité (en $) par client en trop	en moins
A	60	335	20	45
B	55	330	35	40
C	30	325	25	30
D	20	330	15	20

Si, par exemple, le voyagiste proposait 75 personnes pour le site A, le coût total des forfaits serait de

(75 × 335) + (15 × 20) = 25 425 dollars. Et s'il proposait 50 personnes pour le même site, le coût total des forfaits s'élèverait à (50 × 335) + (10 × 45) = 17 200 dollars.

Un bon battage publicitaire a suffi pour rameuter 90 Montréalais et 70 Torontois. Le voyagiste cherche comment répartir cette clientèle entre les quatre sites. Il désire minimiser le coût total des déplacements et des forfaits et tient à offrir une excursion-séjour à chacun de ses 160 clients.

Question 1: Écrire comme un modèle de réseau le problème du voyagiste s'il ne tenait pas compte des pénalités.

Question 2: Indiquer comment modifier le réseau de la question 1 pour tenir compte des pénalités.

10. Réparation des quais d'un entrepôt

Un transporteur doit réparer au moins une fois tous les 5 ans les 3 quais de son entrepôt, camionneurs et aléas climatiques les soumettant à rude épreuve. Les réparations sont effectuées l'été, durant les vacances annuelles, afin de ne pas perturber les opérations. Le transporteur cherche à planifier les réparations des 5 prochaines années, sachant bien que plus elles seront tardives, plus elles seront coûteuses. Le tableau suivant donne les coûts des réparations (en 000 $) d'un quai selon l'année où elles seront entreprises et selon l'année des dernières réparations. La dernière ligne donne la provision (en 000 $) imputée à un quai dont la dernière réparation remonte à plus d'un an : le transporteur considère en effet qu'il devra dans un tel cas débourser davantage lors de la prochaine période quinquennale, et il désire en tenir compte dans le présent exercice de planification.

Année des dernières réparations	Année des prochaines réparations				
	1	2	3	4	5
0	20	26	33	57	75
1		21	29	35	61
2			23	32	39
3				27	38
4					31
Provision	48	30	11	8	0

Les 3 quais ont été construits l'été dernier et l'on considérera que, lors de la première réparation, l'« année des dernières réparations » sera l'an 0.

Question 1: Quand le transporteur doit-il réparer ses quais pour minimiser le total des coûts engagés et des provisions associés à la prochaine période quinquennale ?

Question 2: Si le transporteur ne pouvait réparer plus de 1 quai par année, quel programme de réparation devrait-il adopter pour minimiser le total des coûts engagés et des provisions associés à la prochaine période quinquennale ?

11. Les monteurs de ligne

Hydro-Québec modernisera au cours de la saison estivale une partie de son réseau d'alimentation dans la région du lac Wassanipi. Cette région est difficile d'accès en raison de sa situation nordique et du faible entretien de la route qui y mène.

Il y aura 4 monteurs sur le site en début d'avril. En début octobre, il devra y en avoir 4 également. Voici combien de monteurs il conviendrait de maintenir sur place durant chacun des mois de la période d'avril à septembre.

Mois	Avril	Mai	Juin	Juillet	Août	Sept.
Nb de monteurs requis	6	7	4	7	4	2

Amener un nouveau monteur sur le site coûte 500 $; débaucher un monteur revient à 800 $. Quand un monteur travaille sur le site au début d'un mois, il y travaille au moins jusqu'à la fin de ce mois. Les nouveaux monteurs recrutés commencent en début de mois. Disposer de monteurs en sus du nombre requis revient à 1 000 $ par mois et par monteur. Ne pas disposer du nombre requis de monteurs entraîne des frais de 2 000 $ par mois et par monteur en deçà du nombre requis, car il faut alors recourir aux heures supplémentaires.

Une entente conclue avec le syndicat des monteurs empêche à la fois d'amener plus de 3 nouveaux monteurs sur le site au début d'un mois et de débaucher en fin de mois plus de 2 des monteurs qui y travaillent.

Question 1 : Comment planifier embauches et débauches pour minimiser les coûts reliés à la présence de monteurs pour la période d'avril à septembre ?

Question 2 : Modifier le réseau pour tenir compte de la contrainte additionnelle suivante: Hydro-Québec veut avoir chaque mois au maximum 1 personne en sus ou en deçà du nombre requis pendant ce mois.

12. Les arbres de Noël

PGL s'est porté acquéreur au mois d'octobre 1998 d'une plantation d'arbres de Noël dont toute la surface était recouverte de sapins. En avril précédent, le vendeur s'était procuré, chez un pépiniériste, 9 000 jeunes pousses de sapin Tannenbaum de 5 ans pour remplacer les 9 000 arbres de différents âges abattus en novembre 1997.

La saison de croissance des sapins va de mai à octobre. Jusqu'à 5 ans, une pousse de Tannenbaum ne requiert que le faible espace au sol offert en pépinière. Elle profite toutefois suffisamment au cours de sa sixième saison de croissance pour devenir un arbre de Noël commercialisable. L'âge d'un sapin correspond à son nombre de saisons de croissance.

Au moment où PGL a acheté la plantation, on y comptait, en plus des jeunes pousses, 6 000 sapins de 7 ans, 3 000 sapins de 8 ans qui atteignent dès cet âge leur pleine valeur commerciale, 1 000 sapins de 9 ans et 500 sapins de 10 ans.

Chaque printemps, PGL pourra planter autant de pousses de 5 ans qu'il aura abattu de sapins en novembre précédent. Le coût actualisé de l'achat d'une pousse de 5 ans chez le pépiniériste et de sa plantation le printemps prochain s'élèvera à 4,50 $. La valeur nominale de ce coût ne devrait pas changer au cours des prochaines années : actualisé au taux de 10 %, le coût serait donc de 4,09 $ au printemps 2000, et de 3,72 $ au printemps 2001.

Le terrain de la plantation appartient à un constructeur dont PGL, au moment de l'achat de la plantation, connaissait l'intention de le consacrer, au printemps 2002, à l'agrandissement du parking du centre commercial adjacent qu'il est en train de rénover.

PGL cherche évidemment à planifier récoltes et plantations pour maximiser les revenus actualisés qu'il retirera de la plantation. Voici les prix (actualisés au taux de 10 %) prévus pour un arbre de Noël pendant la période évoquée.

PRIX ACTUALISÉ (EN $) D'UN ARBRE EN NOVEMBRE DE L'AN ...

Âge	1998	1999	2000	2001
8 ans et +	15	13,64	12,40	11,27
7 ans	12	10,91	9,92	9,02
6 ans	8	7,27	6,61	6,01

Comment PGL devrait-il gérer la plantation pour en tirer le maximum de revenus actualisés avant de remettre le terrain au constructeur, sachant qu'il ne pourra pas commercialiser plus de 15 000 sapins par année ?

13. Livraison sans anticipation ni retard

Une firme de transport routier, qui accepte la livraison de chargements en vrac entre des villes A, B et C, cherche à planifier les opérations des prochaines semaines. Le tableau suivant décrit les 10 mandats reçus en date d'aujourd'hui, chacun représentant la charge complète de 1 camion. Dans chaque cas, la firme devra respecter strictement les dates de disponibilité et de livraison indiquées au tableau (la date 0 correspond à aujourd'hui).

Mandat	0	1	2	3	4	5	6	7	8	9
Origine	A	B	C	B	C	A	C	B	A	C
Destination	B	C	A	A	B	C	B	C	B	A
Date de disp.	8	5	6	7	4	14	0	11	5	3
Date de livr.	11	9	8	10	8	16	4	15	8	5

Le tableau suivant donne les durées de transit (en jours) entre ces villes pour un camion chargé (section de gauche) et lège (section de droite). Il faut en effet compter 1 jour pour le chargement et le déchargement. La journée supplémentaire pour le transit d'un camion chargé entre les villes B et C s'explique par un détour obligatoire pour éviter d'emprunter un pont à tonnage restreint sur la route la plus courte entre ces deux villes.

Ville	Camion chargé			Camion lège		
	A	B	C	A	B	C
A	-	3	2	-	2	1
B	3	-	4	2	-	2
C	2	4	-	1	2	-

La firme, qui fait appel à des camionneurs indépendants pour effectuer les livraisons, s'interroge sur le nombre minimal de camionneurs à affecter à ces 10 mandats.

14. La Sonel

La Société Nationale d'Électricité, appelée familièrement La Sonel, impartit l'entretien de son réseau de distribution dans deux régions excentriques à des entreprises du secteur privé qui mettent à sa disposition, pour des périodes d'une année, des équipes composées chacune de 8 personnes. La Sonel a procédé récemment à un appel d'offres où les entreprises étaient appelées à indiquer les forfaits annuels attendus pour la mise à disposition de 1 équipe pour une période de 1 an dans l'une ou l'autre des deux régions.

Le tableau ci-dessous donne la liste des entreprises qui ont répondu à l'appel d'offres, le nombre d'équipes dont chacune dispose et le forfait annuel (en 000 $ par équipe) demandé dans chaque région.

Entreprise	A	B	C	D	E	F	G	H	I	J
Nombre	20	18	10	6	12	14	17	19	12	11
Forfait 1	240	280	300	340	240	280	260	300	280	260
Forfait 2	260	260	320	300	240	260	300	280	340	240

Question 1: La Sonel, qui requiert 37 équipes dans la région 1 et 43 dans la région 2, cherche à déterminer combien d'équipes retenir des diverses entreprises dans chaque région. Construire un modèle de réseau qui représente cette situation.

Question 2: La Sonel a vécu récemment quelques expériences malheureuses, des équipes inexpérimentées s'avérant incapables d'exécuter correctement certaines tâches difficiles. La Sonel souhaite dorénavant s'assurer, dans chacune des deux régions, les services d'au moins 1 équipe à l'emploi d'une des entreprises possédant une longue expérience des réseaux électriques, soit les entreprises A, B, C ou D. Modifier le réseau obtenu à la question précédente pour tenir compte de cette contrainte additionnelle.

* **Question 3**: Pour maintenir au fil des ans une saine concurrence, La Sonel se préoccupe de faire appel à un nombre minimal d'entreprises différentes. Dans la région 1, elle fera affaire cette année avec au moins 5 entreprises; ce nombre minimal sera de 6 dans la région 2. Elle désire toujours embaucher dans chaque région au moins 1 équipe à l'emploi de l'une des 4 entreprises qui ont une longue expérience des réseaux électriques. Modifier le réseau obtenu à la question 1 pour représenter cette situation.

15. Problèmes de transport

Pour chacun des 5 problèmes de transport suivants,

- trouver une solution de base initiale à l'aide de la ou des méthodes heuristiques indiquées;

- trouver une solution optimale et son coût;

- donner une seconde solution optimale, s'il en existe.

La partie centrale de chaque tableau ci-dessous donne les coûts unitaires de transport entre les usines et les entrepôts; dans les marges on retrouve la capacité des usines et la demande de chaque entrepôt.

Question 1: Trouver une solution de base initiale à l'aide de chacune des méthodes heuristiques suivantes : méthodes du coin nord-ouest, des coûts minimaux et des pénalités.

Usine	Entrepôt				Capacité
	1	2	3	4	
1	2	4	9	6	40
2	3	3	2	5	20
3	1	3	4	8	70
Demande	55	25	45	5	130

Question 2: Trouver une solution de base initiale à l'aide de la méthode des coûts minimaux.

Usine	Entrepôt				Capacité
	1	2	3	4	
1	2	3	6	5	30
2	3	4	4	7	25
3	7	3	2	3	45
4	6	4	9	8	75
Demande	30	60	45	40	175

Question 3: Trouver une solution de base initiale à l'aide de la méthode des coûts minimaux.

Usine	Entrepôt					Capacité
	1	2	3	4	5	
1	3	5	5	6	5	50
2	6	5	9	3	9	67
3	4	2	5	8	2	33
Demande	85	13	22	14	16	150

Question 4: Trouver une solution de base initiale à l'aide de la méthode du coin nord-ouest.

Usine	Entrepôt				Capacité
	1	2	3	4	
1	3	4	3	1	53
2	6	6	4	2	42
3	2	1	6	4	27
4	5	8	8	6	33
Demande	10	80	60	50	

Question 5: Trouver une solution de base initiale à l'aide de la méthode des coûts minimaux.

Usine	Entrepôt			Capacité
	1	2	3	
1	6	4	8	100
2	8	9	3	75
3	1	2	8	20
Demande	20	65	40	

16. Problèmes de transport et maximisation

Le tableau ci-dessous donne, dans sa partie centrale, les marges unitaires lorsque le produit est fabriqué à l'usine i, transporté au point de vente j pour y être vendu; dans les marges, on trouve la capacité des usines et la demande de chaque entrepôt.

On cherche un plan de fabrication et de transport qui maximise le profit total. Trouver une solution de base initiale en adaptant la méthode des coûts minimaux; puis, trouver une solution optimale et le profit total associé; enfin, donner une seconde solution optimale, s'il en existe.

Usine	Point de vente				Capacité
	1	2	3	4	
1	3	12	11	17	45
2	7	2	14	16	108
3	10	8	11	22	33
Demande	66	31	17	72	186

8. La gestion de projets - Énoncés

1. Réseau-1

Soit un projet comportant 10 tâches dont les relations d'antériorité et les durées sont données par le tableau suivant.

Tâche	Prédécesseur(s) immédiat(s)	Durée (en semaines)	Tâche	Prédécesseur(s) immédiat(s)	Durée (en semaines)
A	-	3	F	C, D	5
B	-	5	G	D, E	3
C	A, B	3	H	F	4
D	B	1	I	C, D	7
E	C	4	J	G, H, I	6

Question 1: Tracer un réseau qui représente ce projet.

Question 2: Calculer la durée minimale de ce projet.

Question 3: Calculer les marges des différentes tâches. Déterminer le ou les chemins critiques.

2. Réseau-2

Répondre aux trois questions du problème précédent, mais en considérant cette fois le projet qui est décrit au tableau suivant.

Tâche	Prédécesseur(s) immédiat(s)	Durée (en jours)	Tâche	Prédécesseur(s) immédiat(s)	Durée (en jours)
A	-	8	H	C	7
B	A	2	I	D	8
C	A	6	J	G, H, I	10
D	A	6	K	C	7
E	B	7			
F	B	4	L	K	6
G	E, F	4	M	J, L	5

3. Réseau-3

Répondre aux trois questions du problème 1, mais en considérant cette fois le projet qui est décrit au tableau suivant.

Tâche	Prédécesseur(s) immédiat(s)	Durée (en jours)	Tâche	Prédécesseur(s) immédiat(s)	Durée (en jours)
A	-	7	J	C	8
B	A	2	K	H, J	6
C	B	5	L	K	11
D	C	6	M	F, G	9
E	C	7	N	G	12
F	D, E	4	O	G, I	11
G	E	4	P	M, N, O	5
H	C	5	Q	L, M, N, O	6
I	H	9			

4. CPM

Considérons un projet dont les tâches satisfont aux relations de prédécesseurs indiquées au tableau suivant.

Tâche	P. I.	Durée	Tâche	P. I.	Durée
A	-	2	L	D, E	5
B	A	3	M	L, K	8
E	-	6	G	D, E	8
K	-	5	F	D, E	7
D	A	4	H	B, F	6

Question 1: Déterminer la durée minimale du projet.

Question 2: Établir le ou les chemins critiques.

Question 3: On se propose d'investir pour accélérer les tâches B et K d'une période chacune. Commenter.

Question 4: On se propose d'accélérer la durée de la tâche H. Commenter.

Question 5: On se propose de déplacer du personnel de G vers les tâches H et M, rallongeant ainsi la durée de G de 2 périodes pour accélérer H et M de 1 période chacune. Commenter.

5. CPM et conditions logiques

Considérons un projet dont les tâches satisfont aux relations de prédécesseurs indiquées au tableau suivant.

Tâche	P. I.	Durée	Tâche	P. I.	Durée
A	-	5	F	E, I	5
B	-	7	G	D, E, H	12
C	-	8			
D	A, B	11	H	A	13
E	B, C	10	I	C	5

Question 1: Tracer un réseau qui représente ce projet et déterminer la durée minimale du projet.

Question 2: Calculer les marges des différentes tâches.

Question 3: Déterminer tous les chemins critiques du projet.

Question 4: Certaines tâches pourraient être accélérées. Le tableau suivant donne les durées accélérées, ainsi que les coûts d'accélération. Construire un modèle linéaire dont la solution optimale indiquerait comment compléter le projet en 27 périodes au moindre coût.

Tâche	Durée normale	Durée accélérée	Coût par période	Tâche	Durée normale	Durée accélérée	Coût par période
A	5	5	-	F	5	4	12
B	7	5	17	G	12	10	27
C	8	5	15				
D	11	8	12	H	13	9	23
E	10	8	16	I	5	4	9

Indiquer comment modifier le modèle de la question précédente pour traduire, tour à tour et indépendamment, chacune des conditions suivantes. (On introduira les variables binaires pertinentes. On présumera que, pour toute tâche t, la variable Acc_t, qui indique de combien de périodes est réduite t, est entière.)

Question 5: L'accélération des tâches B et C se fait en formant des équipes supplémentaires. Comme on puisera dans le même bassin d'employés, on ne pourra accélérer B si C est accélérée.

Question 6: Si C ou D sont accélérées, alors B ne pourra être accélérée.

Question 7: La tâche H, si elle est accélérée, devra durer entre 9 et 11 périodes.

Question 8: On pourrait compresser davantage la durée de G : il serait, en effet, possible de la réduire de 10 à 7 périodes à un coût forfaitaire de 85.

6.   PERT-1

Considérons à nouveau le projet analysé au problème 2, mais supposons cette fois que les durées des différentes tâches soient incertaines et que les valeurs optimistes (*opt*), les plus probables (*m*) et pessimistes (*pess*) soient celles données au tableau suivant.

Tâche	P.I.	Durée (en jours)			Tâche	P.I.	Durée (en jours)		
		opt	*m*	*pess*			*opt*	*m*	*pess*
A	-	5	8	11	H	C	4	7	11
B	A	2	2	3	I	D	6	8	10
C	A	4	6	8	J	G, H, I	6	10	21
D	A	3	6	8					
E	B	6	7	8	K	C	6	7	8
F	B	3	4	6	L	K	4	6	8
G	E, F	3	4	5	M	J, L	4	5	9

Question 1: Calculer la durée espérée de chaque tâche.

Question 2: Calculer la durée espérée minimale du projet.

Question 3: Calculer la marge de chaque tâche. Déterminer le ou les chemins critiques.

7.   PERT-2

Soit un projet dont les relations d'antériorité et les durées sont données par le tableau suivant.

Tâche	P.I.	Durée (en périodes)			Tâche	P.I.	Durée (en périodes)		
		opt	*m*	*pess*			*opt*	*m*	*pess*
A	-	4	5	6	G	E	3	4	5
B	A	2	2	3	H	E	2	3	4
C	A	3	3	3	I	F, G	2	3	5
D	A	4	5	8	J	F, G, H	3	6	10
E	B, C	3	4	5	K	I	2	2	3
F	C, D	3	5	7	L	J, K	5	8	13

Question 1: Calculer, pour chaque tâche t, la valeur espérée μ_t et l'écart-type σ_t de la variable D_t, « durée de t ».

Question 2: Tracer un réseau qui représente ce projet et calculer la durée espérée minimale du projet.

Question 3: Déterminer l'unique chemin critique. Calculer la valeur espérée et l'écart-type de la variable D représentant la longueur de ce chemin.

Question 4: Calculer la probabilité pour que la durée totale du projet excède 33 périodes.

Question 5: Calculer la probabilité pour que le projet soit parachevé en 29 périodes ou moins.

Question 6: Calculer la probabilité pour que le projet exige entre 29 et 33 périodes.

8.   PERT-3

Soit un projet dont les relations d'antériorité et les durées sont données par le tableau suivant.

Tâche	P.I.	Durée (en périodes)			Tâche	P.I.	Durée (en périodes)		
		opt	*m*	*pess*			*opt*	*m*	*pess*
A	-	2	3	5	E	F, H	6	7	9
B	A	3	4	6	F	G	7	8	11
C	B, H	4	5	7	G	-	8	9	12
D	H	13	14	15	H	-	9	11	12

Question 1: Calculer, pour chaque tâche t, la valeur espérée μ_t et l'écart-type σ_t de la variable D_t, « durée de t ».

Question 2: Tracer un réseau qui représente ce projet et calculer la durée espérée minimale du projet.

Question 3: Déterminer tous les chemins critiques. Pour chacun, calculer la valeur espérée μ_i et l'écart-type σ_i de la variable D_i, « longueur du chemin critique numéro i »; calculer également la probabilité pour que D_i soit supérieur ou égal à 26 périodes.

*   **Question 4**: Que peut-on dire de la probabilité pour que le projet soit parachevé en 26 périodes ou plus ?

9.   Planification familiale en Tataouine

Ce projet a pour but de maîtriser la croissance démographique dans la région de Tataouine en Tunisie. En effet, l'analyse des indicateurs démographiques des différents gouvernorats montre que le gouvernorat de Tataouine présente les plus hauts taux de fécondité, de natalité et d'accroissement naturel de tout le pays. Une analyse plus approfondie a relevé que l'insuffisance des services de planification familiale ainsi que la faible utilisation des méthodes contraceptives sont à l'origine de cette haute fécondité.

L'objectif du projet est de réduire l'Indice synthétique de fécondité de 5,5 à 4,8. La mise en place de toutes les ressources humaines et matérielles ainsi que l'élaboration des supports de communication se fera pendant le 1er semestre du projet. Le démarrage effectif des activités de Planification familiale et d'information, éducation, communication aura lieu à partir du 2e semestre. La supervision débutera dès le démarrage des activités du terrain jusqu'à la fin du projet selon un calendrier préétabli. Les ressources humaines et matérielles nécessaires pour mener à bien le projet sont les suivantes :

- Une équipe de 6 personnes sera constituée pour la gestion du projet; elle sera formée de fonctionnaires de l'ONFP à un niveau central. La direction du projet sera au sein de la direction de la santé familiale.

- Le projet aura recours à des personnes ressources pour les activités de formation, la production des supports de sensibilisation et l'évaluation du projet.

- Des infirmières, des éducatrices, des sages-femmes de supervision et des chauffeurs sont nécessaires pour les activités de terrain.

- Des véhicules, du matériel médical et d'éducation, des contraceptifs et du matériel de formation sont les principales ressources matérielles du projet.

Le projet comprend 13 macro-tâches notées A, B, C, ..., M. La 1re, le démarrage du projet, consiste à constituer l'équipe du projet, à établir des contacts avec les partenaires potentiels et à mettre en place un système d'information de gestion dans l'analyse du projet. Les autres seront décomposées en tâches, qui sont décrites dans le tableau de la page suivante, avec leurs prédécesseurs immédiats et leur durée (en jours).

Construire un réseau pour représenter ce projet. Déterminer la durée minimale du projet, ainsi que tous les chemins critiques. Calculer les marges des différentes tâches.

Code	Description	P.I.	Durée
A	**A Démarrer le projet**	-	15
	B Recruter le personnel :		
B1	Établir les critères de sélection	A	2
B2	Préparer et faire paraître les annonces	B1	2
B3	Traiter les dossiers	B2	10
B4	Embaucher	B3	10
	C Former les infirmières :		
C1	1re session de formation : organiser la session	B4	3
C2	1re session de formation : dispenser la formation théorique	C1	20
C3	1re session de formation : dispenser le stage pratique	C2	40
C4	1re session de formation : évaluer les connaissances acquises	C3, I4	1
C5	2e session de formation : organiser la session de formation	C4, D3, H2	3
C6	2e session de formation : dispenser la formation théorique	C5	20
C7	2e session de formation : dispenser le stage pratique	C6	40
C8	2e session de formation : évaluer les connaissances acquises	C7	1
	D Équiper les centres en véhicules et en matériel :		
D1	Déterminer les types et quantités	A	5
D2	Commander et réceptionner	D1	80
D3	Distribuer l'équipement	D2	10
	E Approvisionner les nouveaux points de services en contraceptifs :		
E1	Établir les besoins	A	1
E2	Acheter les contraceptifs	E1	80
E3	Distribuer les contraceptifs	E2	606
	F Démarrer les activités de planification familiale :		
F1	Organiser l'itinéraire des équipes mobiles	E2	1
F2	Dispenser les services de planification familiale	F1	600
	G Superviser les activités de planification familiale :		
G1	Affecter une sage-femme de supervision supplémentaire	C4, D3, H2	1
G2	Planifier la supervision	G1	1
G3	Superviser	G2	595
	H Former les éducateurs et les éducatrices :		
H1	Organiser la session de formation	C1	3
H2	Dispenser la formation	H1	20
	I Fournir le matériel éducatif nécessaire au personnel :		
I1	Identifier les besoins	C1	1
I2	Sélectionner et imprimer les supports	I1	5
I3	Acheter télés, magnétos, trousses	I2	10
I4	Distribuer le matériel	I3	5
	J Diffuser les programmes de radio et les spots publicitaires :		
J1	Développer le contenu des programmes et des spots	I4	10
J2	Produire les programmes et les spots	J1	20
J3	Diffuser	J2	620
J4	Évaluer la réception	C8, J3, K3	5
	K Diffuser un sketch radiophonique pour les hommes :		
K1	Écrire le synopsis du sketch	B4	5
K2	Conclure un contrat de sous-traitance avec un réalisateur	K1	20
K3	Diffuser le sketch	K2	620
K4	Évaluer la réception	C8, J3, K3	5
	L Faire des visites à domicile et des réunions de groupe pour les femmes :		
L1	Planifier les visites et les réunions de groupe	H2	2
L2	Faire les visites à domicile	L1	600
L3	Tenir les réunions de groupe	L1	600
	M Faire des rencontres individuelles et de groupe pour les hommes :		
M1	Informer les leaders d'opinion dans chaque village pour les impliquer	H2	5
M2	Identifier et impliquer des partenaires clés pour les rencontres	H2	10
M3	Faire les rencontres avec les hommes	M2, M1	600

2. La modélisation - Solutions

1. La planification de la production dans une manufacture

Définition des variables de décision :

$$x_j = \text{nombre d'unités de } Pj \text{ fabriquées durant la période de planification}$$

où $j = 1, 2, 3$. Le problème se traduit par le modèle linéaire consistant à maximiser

$$z = 10\, x_1 + 6\, x_2 + 4\, x_3$$

sous les contraintes technologiques suivantes :

SERV TECH $\qquad x_1 + x_2 + x_3 \leq 100$

PERSONNEL $\qquad 10\, x_1 + 4\, x_2 + 5\, x_3 \leq 600$

SERV ADM $\qquad 2\, x_1 + 2\, x_2 + 6\, x_3 \leq 300$

Ce modèle admet une seule solution optimale :

$$x_1 = 33{,}333 \qquad x_2 = 66{,}667 \qquad x_3 = 0$$

$$z = 733{,}33 \ \text{(dollars)}$$

2. La firme Corie

Définition des variables de décision :

$$x_J = \text{nombre de pièces de type } J \text{ usinées hebdomadairement,}$$

où $J = C, D, E, F$. L'objectif s'écrit :

$$\text{Max} \ \ z = 8\, x_C + 7\, x_D + 6\, x_E + 6{,}5\, x_F \,.$$

Les contraintes, outre les contraintes de non-négativité et d'intégrité, sont :

ATELIER A1 $\qquad 0{,}5\, x_C + x_D + x_E + 0{,}5\, x_F \leq 1\,800$

ATELIER A2 $\qquad 2\, x_C + x_D + x_E + x_F \leq 2\,800$

ATELIER A3 $\qquad 0{,}5\, x_C + 0{,}5\, x_D + x_E + x_F \leq 1\,960$

ATELIER A4 $\qquad 3\, x_C + x_D + 2\, x_E + 3\, x_F \leq 5\,600$

MIN C $\qquad x_C \geq 100$

MIN D $\qquad x_D \geq 600$

MIN E $\qquad x_E \geq 500$

MIN F $\qquad x_F \geq 400$

Note. Les contraintes de non-négativité sont redondantes ici car chaque variable de décision x_j est bornée inférieurement en vertu de l'inéquation «MIN J».

L'unique solution optimale de ce modèle est :

$$x_C = 345 \qquad x_D = 645 \qquad x_E = 500 \qquad x_F = 965.$$

Ce plan de production assure un profit de 16 547,50 dollars par semaine.

3. L'usine d'automobiles

Définition des variables de décision :

$$x_j = \text{nombre de voitures du modèle } j \text{ produites mensuellement,}$$

où $j = 1(\text{berline}), 2(\text{sport})$. L'objectif s'écrit :

$$\text{Max } z = 2\,241\,x_1 + 3\,323\,x_2 .$$

Les contraintes, outre les contraintes de non-négativité et d'intégrité, sont :

ATELIER 1 $\quad 3,5\,x_1 + 4\,x_2 \leq 1\,500$

ATELIER 2 $\quad 2\,x_1 + 3\,x_2 \leq 2\,000$

MIN BERLI $\quad x_1 \geq 120$

Note. L'unique plan optimal propose de produire 120 berlines et 270 voitures sport mensuellement. L'usine en retirerait un profit mensuel de 1 166 130 $.

4. L'usine Joubec de Trois-Rivières

Définition des variables de décision :

$$x_J = \text{nombre de jouets de type } J \text{ produits le mois prochain,}$$

où $J = \text{T(tricycle), C(camion), P(poupée)}$. L'objectif s'écrit :

$$\text{Min } z = 15\,x_T + 5\,x_C + 4\,x_P .$$

Les contraintes, outre les contraintes de non-négativité et d'intégrité, sont :

POINT MORT $\quad 4\,x_T + 1,5\,x_C + x_P \geq 41\,000$

MIN TRICYC $\quad x_T \geq 1\,300$

MIN CAMION $\quad x_C \geq 1\,250$

MIN POUPÉE $\quad x_P \geq 4\,000$

Note. L'unique plan optimal propose de produire le mois prochain 1 300 tricycles, 21 200 camions et 4 000 poupées. Les coûts de production de l'usine de Trois-Rivières s'élèveraient alors à 141 500 $.

5. Les cidres

Définition des variables de décision :

x_S = nombre de bouteilles de Sukoe produites annuellement

x_P = nombre de bouteilles de Polisukoe produites annuellement

y_S = montant (en $) investi annuellement en publicité pour le Sukoe

y_P = montant (en $) investi annuellement en publicité pour le Polisukoe.

L'objectif s'écrit :

$$\text{Max} \quad z = 5\,x_S + 7{,}25\,x_P - y_S - y_P \,.$$

Les contraintes, outre les contraintes de non-négativité et d'intégrité, sont :

PROPMIN S	$0{,}75\,x_S - 0{,}25\,x_P \geq 0$
PROPMAX S	$0{,}25\,x_S - 0{,}75\,x_P \leq 0$
DEMANDE S	$x_S - y_S \leq 20\,000$
DEMANDE P	$x_P - y_P \leq 15\,000$
BUDGET	$5\,x_S + 4\,x_P + y_S + y_P \leq 295\,000$

Le plan optimal consiste à produire 15 500 bouteilles de Sukoe et 46 500 bouteilles de Polisukoe et à investir 31 500 $ en publicité pour le Polisukoe. La contribution totale au profit que Cidrosec retirerait de la vente de ses cidres s'élèverait à 383 125 $.

6. Piles

Question 1: Définition des variables de décision :

x_1 = nombre de milliers de piles PS1 à fabriquer le mois prochain

x_2 = nombre de milliers de piles PS2 à fabriquer le mois prochain

x_C = nombre de milliers de piles PC à fabriquer le mois prochain.

La fonction-objectif z représentera le profit (en milliers de dollars) découlant d'un plan de production. Les coefficients de z doivent tenir compte des pertes provoquées par les piles mises au rebut. Le coefficient de la variable x_1, par exemple, se calcule ainsi :

$$(0{,}25 \times 0{,}97) - (0{,}10 \times 0{,}03) = 0{,}2395 \,.$$

Le premier terme de cette expression représente le profit apporté par les piles PS1 qui ont réussi le test de qualité; le second, la perte attribuable aux piles mises au rebut. L'objectif s'écrit :

$$\text{Max} \quad z = 0{,}2395\,x_1 + 0{,}1967\,x_2 + 0{,}2126\,x_C \,.$$

Les contraintes, outre les contraintes de non-négativité, sont :

ASSEMBLAGE	$30\,x_1 + 25\,x_2 + 24\,x_C \leq 36\,000$

TEST $3\,x_1 + 4,5\,x_2 + 4\,x_C \leq 4\,680$

ISOLATION $14,55\,x_1 + 21,78\,x_2 + 20,58\,x_C \leq 27\,000$

Une solution optimale donne :

$\qquad x_1 = 660 \qquad\qquad x_C = 675 \qquad\qquad z = 301,575 \ (000\ \$).$

Cette solution recommande de fabriquer 660 000 piles sèches de type 1 et 675 000 piles à combustible; le profit retiré par l'entreprise pour cette production s'établira à 301 575 $.

Question 2: Les variables de décision sont les mêmes. Les coefficients de la fonction-objectif doivent tenir compte cette fois des économies de main-d'oeuvre résultant de l'élimination des tests. Par exemple, le coefficient de x_1 se calcule ainsi :

$$0,25 + (9 \times 3\ /\ 3600) = 0,2575.$$

Le nouveau modèle s'écrit :

$\qquad$ Max $z = 0,2575\,x_1 + 0,21125\,x_2 + 0,23\,x_C$

$\qquad$ sous les contraintes de non-négativité et sous les contraintes suivantes :

$\qquad$ ASSEMBLAGE $\qquad 30\,x_1 + 25\,x_2 + 24\,x_C \leq 36\,000$

$\qquad$ ISOLATION $\qquad 15\,x_1 + 22\,x_2 + 21\,x_C \leq 27\,000$

Voici un nouveau plan optimal de production :

$\qquad x_1 = 400 \qquad\qquad x_C = 1000 \qquad\qquad z = 333 \ (000\ \$).$

Dans le contexte d'un investissement en qualité totale, on fabriquerait les deux mêmes piles que sans cet investissement, mais en des quantités différentes. Le profit optimal augmenterait de 31 425 $.

7. Fusion de deux sociétés

Définition des variables de décision :

$\qquad x_j = $ nombre de personnes-heures consacrées chez X à la fabrication du produit Pj

$\qquad y_j = $ nombre de personnes-heures consacrées chez Y à la fabrication du produit Pj.

L'objectif est de minimiser les coûts de main-d'oeuvre :

$$\text{Min } z = 10\,x_1 + 11\,x_2 + 12\,y_1 + 9\,y_2 \,.$$

Les contraintes, outre les contraintes de non-négativité, sont :

SOCIÉTÉ X $\qquad x_1 + x_2 \leq 30\,000$

SOCIÉTÉ Y $\qquad y_1 + y_2 \leq 18\,000$

PRODUIT P1 $\qquad 4\,x_1 + 3\,y_1 = 121\ 500$

PRODUIT P2 $\qquad 4\,x_2 + 6\,y_2 = 102\ 000$

Une solution optimale donne :

$$x_1 = 30\ 000 \qquad y_1 = 500 \qquad y_2 = 17\ 000 \qquad\qquad z = 459\ 000 \ \ \text{(dollars).}$$

8. Skidoo

Définition des variables de décision :

x_{ij} = nombre de motoneiges louées au début du mois i jusqu'au début du mois j.

L'objectif du pourvoyeur est de minimiser le coût total z de location, où

$$z = 1150x_{12} + 1650x_{13} + 2050x_{14} + 2350x_{15} + 2600x_{16} + 1150x_{23} + 1650x_{24} + \cdots + 1650x_{46} + 1150x_{56}$$

Les contraintes, outre les contraintes de non-négativité et d'intégrité, sont :

MOIS 1 $\qquad x_{12} + x_{13} + x_{14} + x_{15} + x_{16} \geq 50$

MOIS 2 $\qquad x_{13} + x_{14} + x_{15} + x_{16} + x_{23} + x_{24} + x_{25} + x_{26} \geq 60$

MOIS 3 $\qquad x_{14} + x_{15} + x_{16} + x_{24} + x_{25} + x_{26} + x_{34} + x_{35} + x_{36} \geq 40$

MOIS 4 $\qquad x_{15} + x_{16} + x_{25} + x_{26} + x_{35} + x_{36} + x_{45} + x_{46} \geq 85$

MOIS 5 $\qquad x_{16} + x_{26} + x_{36} + x_{46} + x_{56} \geq 25$

Une solution optimale donne :

$$x_{15} = x_{16} = x_{45} = 25 \qquad\qquad x_{25} = 10 \qquad\qquad z = 173\ 000 \ \text{(dollars).}$$

9. Politique d'achats d'ARMA

Définition des variables de décision :

x_{janv} $\quad = \quad$ nombre de pièces achetées début janvier

x_{avril} $\quad = \quad$ nombre de pièces achetées début avril.

La fonction-objectif z est la somme des coûts d'achat et des coûts d'entreposage pendant chacun des deux trimestres :

$$z \ = \ Achat \ + \ Entr\text{-}1 \ + \ Entr\text{-}2 \ ,$$

où

$$Achat \; = \; 5\,x_{\text{janv}} \, + \, 6\,x_{\text{avril}}$$

$$Entr\text{-}1 \; = \; 0,50\,[\; x_{\text{janv}} + (x_{\text{janv}} - 1200) + (x_{\text{janv}} - 1200 - 1500)\;]$$

$$Entr\text{-}2 \; = \; 0,60\,[\; (x_{\text{janv}} + x_{\text{avril}} - 4500) + (x_{\text{janv}} + x_{\text{avril}} - 6500) + (x_{\text{janv}} + x_{\text{avril}} - 9500)\;]$$

Si l'on ne tient pas compte des constantes, l'objectif se ramène à

$$\text{Min} \;\; z = 8,30\,x_{\text{janv}} + 7,80\,x_{\text{avril}} \,.$$

Les contraintes, outre les contraintes de non-négativité et d'intégrité, sont :

$$x_{\text{janv}} \;\geq\; 4\,500$$

$$x_{\text{janv}} + x_{\text{avril}} \;=\; 11\,600$$

Une solution optimale donne :

$$x_{\text{janv}} = 4\,500 \qquad\qquad x_{\text{avril}} = 7\,100 \qquad\qquad\qquad z = 92\,730 \,.$$

10. Embauche de personnel chez Vallée

Définition des variables de décision :

x_j = nombre d'employés embauchés au début du mois j

y_j = nombre de mois-personnes fournis par les employés chevronnés pendant le mois j sous la forme d'heures supplémentaires.

Le modèle s'écrit :

$$\text{Min} \;\; z = 375\,x_1 + 375\,x_2 + 375\,x_3 + 2100\,y_1 + 2100\,y_2 + 2100\,y_3$$

sous les contraintes :

MOIS 1	$0,18\,x_1 + y_1 = 20$	
MOIS 2	$0,4\,x_1 + 0,18\,x_2 + y_2 = 45$	
MOIS 3	$0,36\,x_1 + 0,4\,x_2 + 0,18\,x_3 + y_3 = 60$	
MAX EMB j	$x_j \leq 35$	$j = 1, 2, 3$
MAX SUPP j	$y_j \leq 40$	$j = 1, 2, 3$

où les variables de décision sont non négatives et les variables x_j sont entières. Une solution optimale donne :

$$x_1 = x_2 = x_3 = 35 \qquad y_1 = 13,7 \qquad y_2 = 24,7 \qquad y_3 = 27,1 \qquad\qquad z = 176\,925 \,.$$

Note. Indiquons comment a été obtenue l'équation « MOIS 1 ». Le 1er mois, les besoins en personnel de Vallée, qui s'élèvent à 200 mois-personnes, seront comblés en partie par les anciens employés et en partie par les nouveaux qui seront embauchés au début du mois. Les 180 anciens employés fourniront $(180 + y_1)$ mois-personnes; des x_1 nouveaux employés, $0,9\, x_1$ resteront suffisamment longtemps pour compter dans la force de travail et ils fourniront l'équivalent de $(0,2 \times 0,9\, x_1)$ mois-personnes. Par conséquent,

$$200 = (180 + y_1) + (0,2 \times 0,9\, x_1)$$

ce qui se réécrit

$$0,18\, x_1 + y_1 = 20 .$$

11. Kennebec

Définition des variables de décision :

x_{Ij} = nombre d'hectares du champ de superficie $(10 \times j)$ ha dont la récolte est attribuée au planteur I.

L'objectif s'écrit :

$$\text{Max } z = 3000\, x_{A4} + 2320\, x_{A5} + 3250\, x_{A8} + 2420\, x_{B5} + \cdots + 2300\, x_{D5} + 2800\, x_{D8}$$

Les contraintes technologiques sont :

CHAMP 40	$x_{A4} + x_{C4} + x_{D4} \leq 40$	
CHAMP 50	$x_{A5} + x_{B5} + x_{D5} \leq 50$	
CHAMP 80	$x_{A8} + x_{B8} + x_{C8} + x_{D8} \leq 80$	

MAX A4	$x_{A4} \leq 20$
MAX C4	$x_{C4} \leq 20$
MAX D4	$x_{D4} \leq 20$
MAX A5	$x_{A5} \leq 25$
MAX B5	$x_{B5} \leq 25$
MAX D5	$x_{D5} \leq 25$
MAX A8	$x_{A8} \leq 40$
MAX B8	$x_{B8} \leq 40$
MAX C8	$x_{C8} \leq 40$
MAX D8	$x_{D8} \leq 40$

Une solution optimale donne :

$$x_{A4} = 20 \qquad x_{A5} = 25 \qquad x_{A8} = 40$$
$$x_{B5} = 25 \qquad x_{B8} = 40$$
$$x_{C4} = 20$$

$$z = 490\ 700 \ \ \text{(dollars)}$$

12. Les mélanges de SOS

Définition des variables de décision :

y_I = nombre de litres du liquide de base I achetés

x_{Ij} = nombre de litres du liquide de base I dans le mélange Mj

x_{IV} = nombre de litres du liquide I vendus hors mélange

x_j = nombre de litres du mélange Mj fabriqués et vendus.

Le modèle s'écrit :

$$\text{Max} \quad z = Ventes - Achats$$

où

$$Ventes = 2{,}5\, x_1 + 3{,}25\, x_2 + 3{,}85\, x_3 + 2{,}65\, x_4 + 1{,}75\, x_{AV} + 2{,}25\, x_{BV} + 3{,}3\, x_{CV}$$

$$Achats = 1{,}5\, y_A + 2\, y_B + 3{,}25\, y_C$$

sous les contraintes de non-négativité et les contraintes technologiques suivantes :

- Pour chaque liquide, la quantité vendue ou utilisée ne peut dépasser la quantité disponible :

$$y_A = x_{AV} + x_{A1} + x_{A2} + x_{A4} \quad \text{et} \quad y_A \leq 350$$

$$y_B = x_{BV} + x_{B1} + x_{B2} + x_{B3} + x_{B4} \quad \text{et} \quad y_B \leq 425$$

$$y_C = x_{CV} + x_{C1} + x_{C2} + x_{C3} + x_{C4} \quad \text{et} \quad y_C \leq 375$$

- Pour chaque mélange, la quantité vendue est égale à la quantité fabriquée :

$$x_1 = x_{A1} + x_{B1} + x_{C1}$$

$$x_2 = x_{A2} + x_{B2} + x_{C2}$$

$$x_3 = x_{B3} + x_{C3}$$

$$x_4 = x_{A4} + x_{B4} + x_{C4}$$

- Conditions imposées dans la composition des mélanges :

$$x_{A1} \geq 0{,}30\, x_1 \quad \text{et} \quad x_{B1} = 0{,}25\, x_1 \quad \text{et} \quad x_{C1} \geq 0{,}20\, x_1$$

$$x_{A2} \leq 0{,}50\, x_2 \quad \text{et} \quad x_{B2} \geq 0{,}32\, x_2 \quad \text{et} \quad x_{C2} \leq 0{,}36\, x_2$$

$$x_{B3} \leq 0{,}40\, x_3 \quad \text{et} \quad x_{C3} \geq 0{,}25\, x_3$$

$$x_{A4} = 0{,}40\, x_4 \quad \text{et} \quad x_{B4} \geq 0{,}10\, x_4 \quad \text{et} \quad x_{C4} \geq 0{,}30\, x_4$$

- Contrainte sur la production de M2 :

$$- 0{,}4\, x_1 + 0{,}6\, x_2 - 0{,}4\, x_3 - 0{,}4\, x_4 \geq 0$$

Une solution optimale donne :

$$x_2 = 700 \qquad x_{A2} = 350 \qquad x_{B2} = 350$$

$$x_3 = 450 \qquad x_{B3} = 75 \qquad x_{C3} = 375$$

$$y_A = 350 \qquad y_B = 425 \qquad y_C = 375$$

$$z = 1\,413{,}75 \quad \text{(dollars)}$$

Note - Autre modèle sans variables d'étape. Il est possible de construire un modèle qui ne fait intervenir que les variables de décision x_{Ij}, où I = A, B, C et j = 1, 2, 3, 4, V. Ce modèle est de plus petite taille, mais est plus complexe à interpréter. Il s'agit de maximiser z, où

$$z = 0{,}25\,x_{AV} + x_{A1} + 1{,}75\,x_{A2} + 1{,}15\,x_{A4} + 0{,}25\,x_{BV} + 0{,}5\,x_{B1} + \cdots - 0{,}75\,x_{C1} + 0{,}60\,x_{C3} - 0{,}60\,x_{C4}$$

sous les contraintes technologiques suivantes :

DISP A	$x_{AV} + x_{A1} + x_{A2} + x_{A4} \leq 350$
DISP B	$x_{BV} + x_{B1} + x_{B2} + x_{B3} + x_{B4} \leq 425$
DISP C	$x_{CV} + x_{C1} + x_{C2} + x_{C3} + x_{C4} \leq 375$
PROP A-M1	$0{,}7\,x_{A1} - 0{,}3\,x_{B1} - 0{,}3\,x_{C1} \geq 0$
PROP B-M1	$-0{,}25\,x_{A1} + 0{,}75\,x_{B1} - 0{,}25\,x_{C1} = 0$
PROP C-M1	$-0{,}2\,x_{A1} - 0{,}2\,x_{B1} + 0{,}8\,x_{C1} \geq 0$
PROP A-M2	$0{,}5\,x_{A2} - 0{,}5\,x_{B2} - 0{,}5\,x_{C2} \leq 0$
PROP B-M2	$-0{,}32\,x_{A2} + 0{,}68\,x_{B2} - 0{,}32\,x_{C2} \geq 0$
PROP C-M2	$-0{,}36\,x_{A2} - 0{,}36\,x_{B2} + 0{,}64\,x_{C2} \leq 0$
PROP B-M3	$0{,}6\,x_{B3} - 0{,}4\,x_{C3} \leq 0$
PROP C-M3	$-0{,}25\,x_{B3} + 0{,}75\,x_{C3} \geq 0$
PROP A-M4	$0{,}6\,x_{A4} - 0{,}4\,x_{B4} - 0{,}4\,x_{C4} = 0$
PROP B-M4	$-0{,}1\,x_{A4} + 0{,}9\,x_{B4} - 0{,}1\,x_{C4} \geq 0$
PROP C-M4	$-0{,}3\,x_{A4} - 0{,}3\,x_{B4} + 0{,}7\,x_{C4} \geq 0$
MÉLANGE M2	$0{,}6(x_{A2} + x_{B2} + x_{C2}) - 0{,}4(x_{A1} + x_{B1} + x_{C1} + x_{B3} + x_{C3} + x_{A4} + x_{B4} + x_{C4}) \geq 0$

13. Les engrais et le maraîcher

Question 1: $z = 0{,}0725\,x_1 + 0{,}0725\,x_2 + \cdots + 0{,}0725\,x_6 + 0{,}075\,y_1 + 0{,}06\,y_2 + \cdots + 0{,}0775\,y_6$

Question 2: Voici les contraintes « DÉFN XT » et « MAXIMUM » :

DÉFN XT	$x_T = x_1 + x_2 + x_3 + x_4 + x_5 + x_6$
MAXIMUM	$x_T \leq 25\,000$

Question 3: La teneur en azote du mélange doit se situer entre 30% et 35%. Le poids de l'azote dans le mélange doit donc ne pas être inférieur à 30% ni être supérieur à 35% du poids total du mélange :

MIN AZOTE	$0{,}30\,x_T \leq 0{,}09\,x_1 + 0{,}1\,x_2 + 0{,}27\,x_3 + 0{,}39\,x_4 + 0{,}38\,x_5$
MAX AZOTE	$0{,}35\,x_T \geq 0{,}09\,x_1 + 0{,}1\,x_2 + 0{,}27\,x_3 + 0{,}39\,x_4 + 0{,}38\,x_5$

Question 4: Les 7 500 kg d'engrais 1 disponibles seront soit utilisés dans le mélange, soit bradés directement :

DISP 1	$x_1 + y_1 = 7\,500$

Note. Voici le modèle linéaire utilisé par la coopérative :

$$\text{Max} \quad z = 0{,}0725\, x_1 + 0{,}0725\, x_2 + \cdots + 0{,}0725\, x_6 + 0{,}075\, y_1 + 0{,}06\, y_2 + \cdots + 0{,}0775\, y_6$$

sous les contraintes technologiques :

DÉFN XT	$x_1 + x_2 + x_3 + x_4 + x_5 + x_6 - x_T = 0$

MIN AZOTE	$0{,}09\, x_1 + 0{,}10\, x_2 + 0{,}27\, x_3 + 0{,}39\, x_4 + 0{,}38\, x_5 - 0{,}30\, x_T \geq 0$
MAX AZOTE	$0{,}09\, x_1 + 0{,}10\, x_2 + 0{,}27\, x_3 + 0{,}39\, x_4 + 0{,}38\, x_5 - 0{,}35\, x_T \leq 0$
MIN CHAUX	$0{,}02\, x_1 + 0{,}06\, x_2 + 0{,}12\, x_3 + 0{,}24\, x_4 + 0{,}17\, x_5 + 0{,}40\, x_6 - 0{,}18\, x_T \geq 0$
MAX CHAUX	$0{,}02\, x_1 + 0{,}06\, x_2 + 0{,}12\, x_3 + 0{,}24\, x_4 + 0{,}17\, x_5 + 0{,}40\, x_6 - 0{,}22\, x_T \leq 0$
MIN PHOSPH	$0{,}27\, x_1 + 0{,}37\, x_2 + 0{,}40\, x_3 + 0{,}12\, x_4 + 0{,}28\, x_5 - 0{,}25\, x_T \geq 0$
MAX PHOSPH	$0{,}27\, x_1 + 0{,}37\, x_2 + 0{,}40\, x_3 + 0{,}12\, x_4 + 0{,}28\, x_5 - 0{,}30\, x_T \leq 0$
MIN CALCIT	$0{,}16\, x_1 + 0{,}15\, x_2 + 0{,}11\, x_3 + 0{,}25\, x_4 + 0{,}05\, x_5 - 0{,}10\, x_T \geq 0$
MAX CALCIT	$0{,}16\, x_1 + 0{,}15\, x_2 + 0{,}11\, x_3 + 0{,}25\, x_4 + 0{,}05\, x_5 - 0{,}16\, x_T \leq 0$

DISP 1	$x_1 + y_1 = 7\ 500$
DISP 2	$x_2 + y_2 = 6\ 000$
DISP 3	$x_3 + y_3 = 3\ 000$
DISP 4	$x_4 + y_4 = 12\ 000$
DISP 5	$x_5 + y_5 = 10\ 000$
DISP 6	$x_6 + y_6 = 11\ 000$

MAXIMUM	$x_T \leq 25\ 000$

Le tableau suivant décrit une solution optimale, qui assure à la coopérative un revenu de 3 640,83 $.

i	1	2	3	4	5	6	T
x_i	–	3 735,8	3 000	5 996,4	10 000	1 675,05	24 407,26
y_i	7 500	2 264,2	–	6 003,6	–	9 324,95	

14. La Société civile du vignoble de Château Bacchus

L'objectif consiste à maximiser les revenus nets z que la Société retirera de la récolte décrite au tableau 3 de l'énoncé :

$$\text{Max} \quad z = 100\, x_{AV} + 40\, x_{BV} + 85\, x_{CV} + 35\, x_{DV} + 193\, x_{EV} + 88\, x_{FV}$$

Ici, par revenus nets, on entend les revenus de vente, desquels sont déduits les frais de fabrication des coffrets. Les contraintes technologiques se regroupent en 5 catégories.

- Pour chacun des 9 vins énumérés au tableau 3 de l'énoncé, la Société ne peut utiliser plus que la quantité disponible.

DISP 1	$x_{1A} + x_{1B} \leq 1110$
DISP 2	$x_{2B} \leq 3450$
DISP 3	$x_{3A} + x_{3B} \leq 375$
DISP 4	$x_{4B} \leq 1780$

DISP 5 $x_{5A} + x_{5B} \leq 220$

DISP 6 $x_{6C} + x_{6D} \leq 585$

DISP 7 $x_{7D} \leq 1540$

DISP 8 $x_{8C} + x_{8D} \leq 410$

DISP 9 $x_{9D} \leq 640$

- La quantité y_J de vin J produite (où $J = $ A, B, C, D) correspond à la quantité totale vendue à la bouteille ou en coffret.

DÉFN YA $y_A = x_{1A} + x_{3A} + x_{5A}$

DÉFN YB $y_B = x_{1B} + x_{3B} + x_{5B} + x_{2B} + x_{4B}$

DÉFN YC $y_C = x_{6C} + x_{8C}$

DÉFN YD $y_D = x_{6D} + x_{8D} + x_{7D} + x_{9D}$

UTIL A $400\,y_A = 3\,x_{AV} + 3\,x_{AE}$

UTIL B $400\,y_B = 3\,x_{BV} + 3\,x_{BF}$

UTIL C $400\,y_C = 3\,x_{CV} + 3\,x_{CE}$

UTIL D $400\,y_D = 3\,x_{DV} + 3\,x_{DF}$

- Il faut tenir compte, dans l'assemblage des vins, des proportions minimales et maximales données au tableau 2 de l'énoncé.

MÉL CABS-A $0{,}65\,y_A \leq x_{1A} \leq 0{,}70\,y_A$

MÉL MERL-A $0{,}20\,y_A \leq x_{3A} \leq 0{,}35\,y_A$

MAX CABF-A $x_{5A} \leq 0{,}10\,y_A$

MÉL CABS-B $0{,}65\,y_B \leq x_{1B} + x_{2B} \leq 0{,}70\,y_B$

MÉL MERL-B $0{,}20\,y_B \leq x_{3B} + x_{4B} \leq 0{,}35\,y_B$

MAX CABF-B $x_{5B} \leq 0{,}10\,y_B$

MÉL SÉMI-C $0{,}60\,y_C \leq x_{6C} \leq 0{,}65\,y_C$

MÉL SAUV-C $0{,}35\,y_C \leq x_{8C} \leq 0{,}40\,y_C$

MÉL SÉMI-D $0{,}60\,y_D \leq x_{6D} + x_{7D} \leq 0{,}65\,y_D$

MÉL SAUV-D $0{,}35\,y_D \leq x_{8D} + x_{9D} \leq 0{,}40\,y_D$

- Dans un coffret, il y a 1 bouteille de blanc et 1 bouteille de rouge.

DÉFN XEV $x_{EV} = 0{,}5\,x_{AE} + 0{,}5\,x_{CE}$

DÉFN XFV $x_{FV} = 0{,}5\,x_{BF} + 0{,}5\,x_{DF}$

COFFRET E $x_{AE} = x_{CE}$

COFFRET F $x_{BF} = x_{DF}$

- Le nombre d'unités vendues de chaque produit doit respecter les engagements et les demandes maximales données dans l'énoncé.

DEMANDE A $160\,000 \leq x_{AV} \leq 250\,000$

DEMANDE B $425\,000 \leq x_{BV} \leq 650\,000$

DEMANDE C $70\,000 \leq x_{CV} \leq 200\,000$

DEMANDE D $270\,000 \leq x_{DV} \leq 600\,000$

DEMANDE E $0 \leq x_{EV} \leq 3\,000$

DEMANDE F $0 \leq x_{FV} \leq 8\,000$

Les deux tableaux ci-dessous décrivent une solution optimale, qui assure à la Société des revenus nets de 68 448 000 FF.   Le premier décrit de quelle façon assembler les 9 vins servant de matières premières.

Type	Cépage	Château Bacchus	Le Petit Bacchus	Total
Rouge	1	1 110	0	1 110
	2	–	3 450	3 450
	3	375	0	375
	4	–	1 430	1 430
	5	165	55	220
Total (en hl)		1 650	4 935	6 585
Total (en bout.)		220 000	658 000	878 000
Blanc	6	585	0	585
	7	–	1 365	1 365
	8	315	95	410
	9	–	640	640
Total (en hl)		900	2 100	3 000
Total (en bout.)		120 000	280 000	400 000

Le second tableau indique combien d'unités de chaque produit seront vendues. Noter que, pour $J = $ A, B, C, D, la quantité de vin J produite, qui est donnée dans le premier tableau en hectolitres et en bouteilles, correspond bien au nombre total de bouteilles vendues : par exemple, on mettra sur le marché 220 000 bouteilles de Château Bacchus, dont 217 000 seront vendues à la bouteille et 3 000 seront vendues en coffrets.

	Château Bacchus	Le Petit Bacchus
Rouge	217 000	650 000
Blanc	117 000	272 000
Coffret	3 000	8 000

15. Fourniture de vêtements militaires

Question 1: $z = 20\,x_1 + 16\,x_2 + 12\,x_3 + 16\,x_4 - 0,4\,y_1 - 0,5\,y_2 - 0,6\,y_3 - 0,8\,y_4$

Question 2:   DÉFN Y2 $y_2 = 2\,x_1 + 4\,x_2 + 2\,x_3 + 2\,x_4$

Question 3:   BUDGET $0,4\,y_1 + 0,5\,y_2 + 0,6\,y_3 + 0,8\,y_4 \leq 500\,000$

Question 4:   Nous donnons un exemple de chaque catégorie, qui correspond l'un à l'atelier A1, l'autre au produit P1 :

3ᵉ catégorie :   MIN A1 $y_1 \geq 150\,000$

4ᵉ catégorie :   MIN P1 $x_1 \geq 4\,300$

Question 5:   BONNETS $x_4 \geq x_1 + x_2 + x_3$

Note. Voici le modèle construit par l'analyste :

Max $z = 20\,x_1 + 16\,x_2 + 12\,x_3 + 16\,x_4 - 0,4\,y_1 - 0,5\,y_2 - 0,6\,y_3 - 0,8\,y_4$

sous les contraintes technologiques suivantes :

DÉFN Y1 $2\,x_1 + 8\,x_2 + 4\,x_3 + 8\,x_4 - y_1 = 0$
DÉFN Y2 $2\,x_1 + 4\,x_2 + 2\,x_3 + 2\,x_4 - y_2 = 0$
DÉFN Y3 $4\,x_1 + 6\,x_2 + 6\,x_3 + 6\,x_4 - y_3 = 0$
DÉFN Y4 $4\,x_1 + 10\,x_2 + 4\,x_3 + 4\,x_4 - y_4 = 0$

BUDGET $0,4\,y_1 + 0,5\,y_2 + 0,6\,y_3 + 0,8\,y_4 \leq 500\,000$

MIN A1 $y_1 \geq 150\,000$
MAX A1 $y_1 \leq 210\,000$
MAX A2 $y_2 \leq 90\,000$
MIN A3 $y_3 \geq 150\,000$
MAX A3 $y_3 \leq 210\,000$
MIN A4 $y_4 \geq 150\,000$
MAX A4 $y_4 \leq 210\,000$

MIN P1 $x_1 \geq 4\,300$
MIN P2 $x_2 \geq 5\,000$
MIN P3 $x_3 \geq 3\,500$
MIN P4 $x_4 \geq 12\,800$

BONNETS $-x_1 - x_2 - x_3 + x_4 \geq 0$

L'unique solution optimale, qui assurerait à l'intermédiaire un profit de 202 480 $, est décrite au tableau suivant.

h	1	2	3	4
x_h	8 800	5 000	3 500	17 300
y_h	210 000	79 200	190 000	168 400

16. Appel d'offres pour l'achat d'articles

Question 1:   Min $z = 2 x_{A1} + 2,1 x_{A2} + 1,9 x_{A3} + \cdots + 8,3 x_{H5} + 8,3 x_{H7} + 8,3 x_{H8}$

Cette fonction-objectif est exprimée en centaines de dollars.

Question 2: $1000 \leq 2 x_{A1} + 7 x_{C1} + 10 x_{D1} + 3 x_{E1} + 4 x_{F1} + 2 x_{G1} + 8 x_{H1} \leq 3500$

Question 3:   ARTICLE A $x_{A1} + x_{A2} + x_{A3} + x_{A4} + x_{A5} + x_{A6} + x_{A8} \geq 411$

Question 4: $20 \leq x_{H1} \leq 50$

Note. Le coût d'achat minimal pour l'ensemble des articles est de 1 726 965 \$. Le modèle admet plusieurs solutions optimales. Le tableau suivant en décrit une : les entrées de la section centrale indiquent combien de centaines d'unités de chaque article seront commandées à chaque firme; la dernière ligne donne le chiffre d'affaire global de chaque firme, chiffre d'affaires arrondi à 1000 \$ près et exprimé en milliers de dollars.

Article	F1	F2	F3	F4	F5	F6	F7	F8	Total
A	25	20	50	70	171	25	-	50	411
B	-	25	80	25	100	-	12	25	267
C	120	139	-	90	25	10	30	25	439
D	112	75	20	20	66	20	-	-	313
E	150	-	30	93	70	70	20	30	463
F	110	57	20	-	20	100	210	60	577
G	100	-	20	30	37	25	275	-	487
H	50	50	61	152	30	-	25	25	393
Total (en 000\$)	350	267	168	280	261	101	194	106	1727

17. Zoo

Définition des variables de décision :

x_J = nombre de kilogrammes du produit J utilisés dans les 100 kg du mélange.

Le modèle s'écrit :

$$\text{Min } z = 16 x_A + 14 x_B + 16 x_C + 12 x_D + 13 x_E$$

sous les contraintes de non-négativité et les contraintes technologiques suivantes :

PLANCTON $0,5 x_A + 0,45 x_B + 0,31 x_C + 0,25 x_D + 0,1 x_E \geq 30$

NEUTR MIN $0,1 x_A + 0,15 x_B + 0,27 x_C + 0,3 x_D + 0,25 x_E \geq 10$

NEUTR MAX $0,1 x_A + 0,15 x_B + 0,27 x_C + 0,3 x_D + 0,25 x_E \leq 20$

PH MIN $0,15 x_A + 0,2 x_B + 0,06 x_C + 0,05 x_D + 0,38 x_E \geq 10$

PH MAX $0,15 x_A + 0,2 x_B + 0,06 x_C + 0,05 x_D + 0,38 x_E \leq 20$

SELS	$0,25\, x_A + 0,2\, x_B + 0,36\, x_C + 0,4\, x_D + 0,27\, x_E \geq 30$
TOTAL	$x_A + x_B + x_C + x_D + x_E = 100$
DISP A	$x_A \leq 100$
DISP B	$x_B \leq 50$
DISP C	$x_C \leq 60$
DISP D	$x_D \leq 30$
DISP E	$x_E \leq 10$

Une solution optimale donne :

$$x_A = 34 \qquad x_B = 16 \qquad x_C = 10 \qquad x_D = 30 \qquad x_E = 10 \qquad\qquad z = 1\,418$$

18. Quarts de jour et quarts de nuit

Définition des variables de décision :

x_{iJ} = nombre de quarts de jour de l'atelier i utilisés

x_{iN} = nombre de quarts de nuit de l'atelier i utilisés

y_j = nombre d'unités du produit Pj fabriquées et vendues.

L'objectif s'écrit :

$$\text{Max} \quad z = -\,100\, x_{1J} - 300\, x_{1N} - 500\, x_{2J} - \cdots - 1000\, x_{4N} + 5\, y_1 + 2,5\, y_2 + 1,25\, y_3 .$$

Comme « tout quart de travail commencé entraîne d'emblée le débours du total des frais d'exploitation de cet atelier pour ce quart de travail », les variables x_{iJ} et x_{iN} doivent prendre des valeurs entières et sont donc soumises à des contraintes d'intégrité. Les contraintes technologiques sont :

DEM P1	$10\,000 \leq y_1 \leq 20\,000$
DEM P2	$20\,000 \leq y_2 \leq 35\,000$
DEM P3	$10\,000 \leq y_3 \leq 30\,000$

ATELIER 1	$-\,40\, x_{1J} - 40\, x_{1N} + 0,02\, y_1 + 0,03\, y_2 + 0,025\, y_3 \leq 0$
ATELIER 2	$-\,250\, x_{2J} - 250\, x_{2N} + 0,3\, y_1 + 0,075\, y_2 + 0,05\, y_3 \leq 0$
ATELIER 3	$-\,200\, x_{3J} - 200\, x_{3N} + 0,16\, y_1 + 0,02\, y_2 + 0,025\, y_3 \leq 0$
ATELIER 4	$-\,75\, x_{4J} - 75\, x_{4N} + 0,012\, y_1 + 0,04\, y_2 + 0,03\, y_3 \leq 0$

DISP AiJ	$x_{iJ} \leq 20$	$i = 1, 2, 3, 4$
DISP AiN	$x_{iN} \leq 20$	$i = 1, 2, 3, 4$

Une solution optimale donne :

$$x_{1J} = 20 \qquad x_{2J} = 20 \qquad x_{3J} = 20 \qquad x_{4J} = 20$$

$$x_{1N} = 20 \qquad x_{2N} = 16 \qquad x_{3N} = 1 \qquad x_{4N} = 4$$

$$y_1 = 20\,000 \qquad y_2 = 31\,500 \qquad y_3 = 10\,000$$

$$z = 135\,150 \quad \text{(dollars)}$$

19. L'élagage des manguiers

Définition des variables de décision :

x_G = nombre de mètres cubes de grosses mangues vendues isolément

x_P = nombre de mètres cubes de petites mangues vendues isolément

x_L = nombre de lots vendus (lots de 2 m^3 de petites mangues et de 1 m^3 de grosses mangues)

y_E = nombre d'ares de manguiers élagués

y_N = nombre d'ares de manguiers non élagués, seulement émondés.

L'objectif consiste à maximiser le revenu total z que le producteur retire de la vente des mangues :

$$z = 12\,600\,x_G + 9\,000\,x_P + 31\,200\,x_L .$$

Les contraintes technologiques sont :

DIM VERGER $y_E + y_N \leq 500$

DISP ÉLAGA $5\,y_E + y_N \leq 1\,800$

DISP RÉCOL $y_E + 1{,}5\,y_N \leq 600$

RÉCOLTE GM $-0{,}4\,y_N + x_G + x_L = 0$

RÉCOLTE PM $-0{,}6\,y_E + x_P + 2\,x_L = 0$

La variable x_L est limitée aux valeurs entières non négatives et est donc soumise à une contrainte d'intégrité. Une solution optimale donne :

$$x_G = 0 \qquad x_P = 55 \qquad x_L = 70$$

$$y_E = 325 \qquad y_N = 175$$

$$z = 2\,679\,000 \quad \text{(FCFA)}$$

20. Politique de rotation des ingénieurs à l'île d'Anticosti

Les variables de décision représentent combien d'ingénieurs seront en poste, ajoutés, ramenés ou manquants le mois j :

x_{pj} : en poste dans l'île d'Anticosti au cours du mois j

x_{aj} : ajoutés à l'équipe en place au début du mois j

x_{rj} : ramenés à Montréal au début du mois j

x_{mj} : manquants au cours du mois j par rapport au nombre requis ce mois-là.

L'objectif consiste à minimiser les coûts totaux z :

$$z = 5\,000\ Nb\text{-}P + 2\,000\ Nb\text{-}A + 3\,200\ Nb\text{-}R + 6\,000\ Nb\text{-}M$$

où

$$Nb\text{-}P = x_{p1} + x_{p2} + x_{p3} + x_{p4} + x_{p5} + x_{p6}$$
$$Nb\text{-}A = x_{a1} + x_{a2} + x_{a3} + x_{a4} + x_{a5} + x_{a6}$$
$$Nb\text{-}R = x_{r2} + x_{r3} + x_{r4} + x_{r5} + x_{r6} + x_{r7}$$
$$Nb\text{-}M = x_{m1} + x_{m2} + x_{m3} + x_{m4} + x_{m5} + x_{m6}$$

Toutes les variables sont entières et non négatives. Les contraintes technologiques se regroupent en 6 catégories.

- L'équation « DÉFN XPj » détermine le nombre d'ingénieurs en poste le mois j :

DÉFN XP1 $\quad x_{p1} = x_{a1}$

DÉFN XP2 $\quad x_{p2} = x_{a2} - x_{r2} + x_{p1}$

DÉFN XP3 $\quad x_{p3} = x_{a3} - x_{r3} + x_{p2}$

DÉFN XP4 $\quad x_{p4} = x_{a4} - x_{r4} + x_{p3}$

DÉFN XP5 $\quad x_{p5} = x_{a5} - x_{r5} + x_{p4}$

DÉFN XP6 $\quad x_{p6} = x_{a6} - x_{r6} + x_{p5}$

- L'inéquation « MOIS j » garantit que les besoins du mois j en ingénieurs seront comblés :

MOIS 1 $\quad x_{p1} + x_{m1} \geq 3$

MOIS 2 $\quad x_{p2} + x_{m2} \geq 5$

MOIS 3 $\quad x_{p3} + x_{m3} \geq 8$

MOIS 4 $\quad x_{p4} + x_{m4} \geq 7$

MOIS 5 $\quad x_{p5} + x_{m5} \geq 9$

MOIS 6 $\quad x_{p6} + x_{m6} \geq 3$

- L'inéquation « MAX Aj » limite à 3 le nombre d'ingénieurs ajoutés au début du mois j :

MAX Aj $\quad x_{aj} \leq 3 \hfill j = 1, 2, 3, 4, 5, 6$

- L'inéquation « MAX Rj » garantit que pas plus du tiers des ingénieurs présents sur le site seront ramenés à Montréal au début du mois j :

MAX R2 $\quad 3\,x_{r2} \leq x_{p1}$

MAX R3 $\quad 3\,x_{r3} \leq x_{p2}$

MAX R4 $3\,x_{r4} \leq x_{p3}$

MAX R5 $3\,x_{r5} \leq x_{p4}$

MAX R6 $3\,x_{r6} \leq x_{p5}$

- L'équation « DÉFN XR7 » traduit l'engagement de SMD de ramener à Montréal au début de novembre tous les ingénieurs encore présents dans l'île :

DÉFN XR7 $x_{r7} = x_{p6}$

- L'inéquation « MAX Mj » limite le nombre d'heures supplémentaires durant le mois j :

MAX Mj $x_{mj} \leq 0{,}3\,x_{pj}$ $j = 1, 2, 3, 4, 5, 6$

Le tableau ci-dessous décrit une politique optimale de rotation des ingénieurs, dont le coût est de 224 400 \$. Cinq ingénieurs seront ramenés à la fin de la saison, début novembre.

Nb d'ingénieurs	Mois					
	1	2	3	4	5	6
ajoutés	3	2	2	0	0	0
ramenés	-	0	0	0	0	2
en poste	3	5	7	7	7	5
manquants	0	0	1	0	2	0

21. L'assemblage de gadgets électroniques chez Balan

Définition des variables de décision :

x_j = nombre de minutes travaillées au cours d'un quart de travail par l'ouvrier j

y_1 = nombre de chronomètres assemblés au cours d'un quart de travail

y_2 = nombre de calculatrices assemblées au cours d'un quart de travail.

L'objectif consiste à maximiser le profit z par quart de travail :

$$z = 2\,y_1 + 2{,}50\,y_2 \;.$$

Les variables x_j sont entières et non négatives. Les contraintes technologiques se regroupent en 3 catégories.

- L'équation « DÉFN XPj » détermine le temps de travail de l'ouvrier j par quart :

DÉFN X1 $x_1 = 3{,}5\,y_1 + 3\,y_2$

DÉFN X2 $x_2 = 3\,y_1 + 3{,}25\,y_2$

DÉFN X3 $x_3 = 3\,y_1 + 3{,}5\,y_2$

DÉFN X4 $x_4 = 3\,y_1 + 4\,y_2$

- L'inéquation « DISP Oj » limite à $8 \times 60 = 480$ minutes la durée du quart de l'ouvrier j :

  DISP Oj $x_j \le 480$ $j = 1, 2, 3, 4$

- Les contraintes « ÉCART $j-h$ », où $j \ne h$, garantissent que l'écart entre les temps de travail de deux ouvriers ne dépasse jamais 45 minutes :

  ÉCART $j-h$ $x_j - x_h \le 45$ $j = 1, 2, 3, 4$ et $h = 1, 2, 3, 4$ et $j \ne h$

Une solution optimale recommande d'assembler 96 chronomètres et 48 calculatrices par jour. Les ouvriers 1, 2, 3 et 4 travaillent alors 480, 444, 456 et 480 minutes respectivement. Ce plan assure à Balan un profit quotidien de 312 $.

22. Construction d'un horaire pour la livraison de colis

Définition des variables de décision :

  x_{ij} = nombre de livreurs convoqués pour travailler du début de l'heure i jusqu'à la fin de l'heure j

où $i = 1, 2, \ldots, 7$ et $j = 2, 3, \ldots, 8$ et $j - i \ge 1$.

Le coefficient c_{ij} de la variable x_{ij} dans la fonction-objectif s'obtient comme suit.

- Si $j - i + 1 \ge 6$, alors c_{ij} représente la somme des frais d'administration de 5 $ et du salaire de l'employé :

$$c_{ij} = 5 + 10(j - i + 1)\,.$$

- Si $j - i + 1 < 6$, alors l'employé reçoit la prime de 12 $ et c_{ij} est :

$$c_{ij} = 5 + 10(j - i + 1) + 12.$$

La fonction-objectif z, que l'on cherche à minimiser, s'écrit donc :

$$z = 37\,x_{12} + 47\,x_{13} + 57\,x_{14} + \cdots + 85\,x_{18} + 37\,x_{23} + \cdots + 47\,x_{68} + 37\,x_{78}.$$

Les variables de décision x_{ij} sont non négatives et entières. Le modèle comporte 8 contraintes technologiques, nommées « PÉRIODE k », où $k = 1, 2, \ldots, 8$, qui garantissent que les livreurs seront toujours en nombre suffisant pour livrer les colis. Plus précisément, la contrainte « PÉRIODE k » exige que le rendement total des livreurs travaillant durant la $k^{\text{ième}}$ heure de la journée ne soit pas inférieur au poids total des colis attendus pendant cette période. Le rendement d'un livreur durant la $k^{\text{ième}}$ heure est estimé comme suit.

- On considère qu'un livreur convoqué pour moins de 6 heures a un rendement de 40 kg pendant chacune des heures de son quart de travail. On posera donc égal à 40 le coefficient de x_{ij} dans « PÉRIODE k » quand $i \le k$ et $j \ge k$ et $j - i < 5$.

- Par ailleurs, les livreurs qui travaillent 6 heures ou plus bénéficient d'une heure de pause, que l'on présumera répartie uniformément durant leur temps de travail. Par conséquent, le coefficient de x_{ij} dans « PÉRIODE k » sera posé :

égal à $40 \times 5 / 6 = 33{,}333$ quand $i \leq k$ et $j \geq k$ et $j - i = 5$

égal à $40 \times 6 / 7 = 34{,}286$ quand $i \leq k$ et $j \geq k$ et $j - i = 6$

égal à $40 \times 7 / 8 = 35$ quand $i \leq k$ et $j \geq k$ et $j - i = 7$.

Par exemple, la contrainte « PÉRIODE 2 » s'écrit ainsi :

$$40 \, (x_{12} + x_{13} + x_{14} + x_{15} + x_{23} + x_{24} + x_{25} + x_{26}) + 33{,}333 \, (x_{16} + x_{27}) + 34{,}286 \, (x_{17} + x_{28}) + 35 \, x_{18} \geq 250$$

Une solution optimale donne :

$$x_{15} = 1 \qquad x_{18} = 8 \qquad x_{34} = 2$$

$$x_{48} = 2 \qquad x_{58} = 1 \qquad x_{78} = 5$$

$$z = 1\,197 \quad \text{(dollars)}$$

23. Choix parmi les commandes reçues

Le modèle contient des variables de décision binaires v_j définies de la façon suivante :

$$v_j = 1 \quad \text{si la commande numéro } j \text{ est retenue.}$$

Le modèle s'écrit :

Max $z = 100 \, v_1 + 400 \, v_2 + 200 \, v_3 + \cdots + 500 \, v_8$

sous les contraintes :

ATELIER 1 $6 \, v_1 + 2 \, v_2 + 3 \, v_3 + \cdots + 1 \, v_8 \leq 24$

ATELIER 2 $2 \, v_1 + 8 \, v_2 + 2 \, v_3 + \cdots + 7 \, v_8 \leq 30$

                 $v_j = 0, 1$ $j = 1, 2, ..., 8$

Note. L'entreprise s'assure d'une contribution maximale de 2 600 $ en acceptant les commandes portant les numéros 2, 4, 5, 6 et 8.

24. Une chaîne de petites quincailleries franchisées

Le modèle contient des variables de décision binaires v_j définies de la façon suivante :

$$v_j = 1 \quad \text{si une quincaillerie s'établit sur le site } j.$$

Le modèle s'écrit :

Min $z = 235 \, v_1 + 345 \, v_2 + 425 \, v_3 + 300 \, v_4 + 325 \, v_5 + 450 \, v_6$

sous les contraintes :

QUARTIER A	$v_1 + v_4 \geq 1$
QUARTIER B	$v_1 + v_2 + v_5 \geq 1$
QUARTIER C	$v_1 + v_3 + v_4 \geq 1$
QUARTIER D	$v_2 + v_4 + v_6 \geq 1$
QUARTIER E	$v_3 + v_5 \geq 1$
QUARTIER F	$v_4 + v_6 \geq 1$
QUARTIER G	$v_1 + v_2 + v_5 \geq 1$
QUARTIER H	$v_2 + v_6 \geq 1$

$$v_j = 0, 1 \qquad\qquad j = 1, 2, ..., 6$$

La chaîne devrait établir des quincailleries sur les sites 2, 4 et 5. Le coût minimal d'implantation est de 970 milliers de dollars.

25. La Course au trésor

Le modèle contient des variables de décision binaires v_P définies de la façon suivante :

$$v_P = 1 \quad \text{si le produit } P \text{ est choisi pendant le sprint.}$$

Modèle 1: <u>Monsieur Félix et Madame font sprint à part</u>. Le modèle s'écrit :

$$\text{Max } z = 2 \, (22 \, v_A + 35 \, v_B + 30 \, v_C + 75 \, v_D + \cdots + 25 \, v_M + 40 \, v_N)$$

sous les contraintes :

$$10 \, v_A + 15 \, v_B + 17 \, v_C + \cdots + 12 \, v_M + 16 \, v_N \leq 112$$
$$v_P = 0, 1 \qquad\qquad P = A, B, ..., N$$

Une solution optimale donne :

$$v_A = v_B = v_F = v_I = v_L = v_N = 1 \quad \text{et} \quad z = 494 \quad \text{(dollars)}$$

Modèle 2: <u>Monsieur Félix et Madame font sprint en commun</u>. Le modèle s'écrit :

$$\text{Max } z = 22 \, v_A + 35 \, v_B + 30 \, v_C + 75 \, v_D + \cdots + 25 \, v_M + 40 \, v_N$$

sous les contraintes :

$$10 \, v_A + 15 \, v_B + 17 \, v_C + \cdots + 12 \, v_M + 16 \, v_N \leq 224$$
$$v_P = 0, 1 \qquad\qquad P = A, B, ..., N$$

Une solution optimale donne cette fois :

$$v_A = v_B = v_C = v_D = v_E = v_F = v_I = v_L = v_M = v_N = 1 \quad \text{et} \quad z = 457 \quad \text{(dollars)}$$

Le couple Félix aurait donc intérêt à faire sprint à part.

26. Transport routier au Sahel

Le modèle contient des variables de décision binaires v_{ij} définies de la façon suivante :

$$v_{ij} = 1 \quad \text{si le camion } i \text{ transporte le conteneur } j.$$

Le modèle s'écrit :

Max $z = 5(v_{11} + v_{21} + v_{31} + v_{41}) + 2(v_{12} + v_{22} + v_{32} + v_{42}) + \cdots + 3(v_{17} + v_{27} + v_{37} + v_{47})$

sous les contraintes :

CAMION 1	$3\,v_{11} + 4\,v_{12} + 2\,v_{13} + v_{14} + 2\,v_{15} + 3\,v_{16} + 4\,v_{17} \leq 2$	
CAMION 2	$3\,v_{21} + 4\,v_{22} + 2\,v_{23} + v_{24} + 2\,v_{25} + 3\,v_{26} + 4\,v_{27} \leq 3$	
CAMION 3	$3\,v_{31} + 4\,v_{32} + 2\,v_{33} + v_{34} + 2\,v_{35} + 3\,v_{36} + 4\,v_{37} \leq 6$	
CAMION 4	$3\,v_{41} + 4\,v_{42} + 2\,v_{43} + v_{44} + 2\,v_{45} + 3\,v_{46} + 4\,v_{47} \leq 7$	

CONTENEUR j $\qquad v_{1j} + v_{2j} + v_{3j} + v_{4j} \leq 1$ $\hfill$ tout j

$\qquad\qquad\qquad v_{ij} = 0, 1$ $\hfill$ tout $(i; j)$

Une solution optimale donne :

$$v_{15} = v_{23} = v_{24} = v_{31} = v_{36} = v_{47} = 1$$
$$z = 30$$

Note. Lorsque le poids d'un conteneur j excède le tonnage maximal du camion i, la variable v_{ij} est nulle pour toute solution admissible. C'est le cas, par exemple, de v_{11}, v_{12}, v_{16}, ... On pourrait donc alléger le modèle en omettant ces variables « inutiles ».

27. Pentathlon

Le modèle contient des variables de décision binaires v_{IJ} définies de la façon suivante :

$$v_{IJ} = 1 \quad \text{si André choisit d'accomplir l'épreuve } I \text{ au niveau } J,$$

où $I = $ A, B, C, D, E et où $J = $ S, C, E, A. Le modèle s'écrit :

Min $z = 65\,v_{AS} + 72\,v_{AC} + 75\,v_{AE} + 78\,v_{AA} + 100\,v_{BS} + \cdots + 48\,v_{EE} + 49\,v_{EA}$

sous les contraintes :

ÉPREUVE I $\quad v_{IS} + v_{IC} + v_{IE} + v_{AI} = 1$ $\hfill I = $ A, B, C, D, E

BUDGET $\quad 20\,v_{AS} + 15\,v_{AC} + 10\,v_{AE} + 8\,v_{AA} + 30\,v_{BS} + \cdots + 35\,v_{EE} + 30\,v_{EA} \leq 100$

$\qquad\qquad v_{IJ} = 0, 1$ $\hfill$ tout $(I; J)$

André peut terminer les 5 épreuves en 383 minutes, s'il accomplit les épreuves A, D et E au niveau adepte, l'épreuve B au niveau champion et l'épreuve C au niveau surhomme.

28. Un petit laboratoire technique

Définition des variables de décision :

$v_i = 1$ si le mandat Mi est réalisé

$w_J = 1$ si la tâche J est menée à bien.

L'objectif s'écrit :

$$\text{Max} \quad z = Rev\text{-}M - Coût\text{-}T$$

où

$$Rev\text{-}M = 80\,v_1 + 70\,v_2 + 80\,v_3 + 80\,v_4 + 140\,v_5 + 70\,v_6 + 90\,v_7 + 100\,v_8$$

$$Coût\text{-}T = 50\,w_A + 80\,w_B + 240\,w_C + 110\,w_D + 40\,w_E + 90\,w_F .$$

Le modèle comporte 21 contraintes technologiques, toutes de la forme « $v_i \le w_J$ », où J représente l'une des tâches communes faisant partie du mandat Mi. Par exemple, la variable v_7 apparaît dans deux de ces inéquations :

$$v_7 \le w_A$$
$$v_7 \le w_E$$

Le propriétaire du laboratoire peut réaliser des bénéfices nets maximaux de 110 000 $, en appliquant l'une ou l'autre des stratégies suivantes :

- il accepte les mandats 5, 6, 7 et 8, ce qui l'oblige à réaliser les tâches communes A, D, E et F;

- ou bien, en plus de ces quatre mandats, il accepte le mandat 1, ce qui l'oblige à ajouter la tâche B à la liste des tâches communes à accomplir.

On observera, en effet, que la tâche B coûte 80 000 $ et que sa réalisation permet au propriétaire d'accepter le mandat M1, qui lui rapporte un bénéfice net de 80 000 $.

29. Appels d'offres pour des projets de grande envergure

Définition des variables de décision :

$v_{Lj} = 1$ si les services de l'entreprise L sont retenus pour le projet j.

L'objectif s'écrit :

$$\text{Min} \quad z = 50\,v_{A1} + 40\,v_{B1} + 55\,v_{C1} + \cdots + 330\,v_{J8} .$$

Les contraintes technologiques se regroupent en 3 catégories.

- Les contraintes « PROJET j », où $j = 1, 2, \ldots, 8$, indiquent que le projet numéro j sera accordé à une et une seule entreprise :

PROJET j $\qquad v_{Aj} + v_{Bj} + v_{Cj} + v_{Dj} + v_{Ej} + v_{Fj} + v_{Gj} + v_{Hj} + v_{Ij} + v_{Jj} = 1.$

- Les contraintes « ENTREPR L », où L = A, B, ..., J, indiquent que l'entreprise L ne se verra pas attribuer plus de 2 projets :

ENTREPR L $v_{L1} + v_{L2} + v_{L3} + v_{L4} + v_{L5} + v_{L6} + v_{L7} + v_{L8} \leq 2$.

- Les contraintes « REGLS 1 » et « REGLS 2 », décrivent les deux règles secrètes :

REGLS 1 $\sum_{L=G}^{J} \sum_{j=1}^{6} v_{Lj} \leq 3$

REGLS 2 $v_{A4} + v_{B4} + v_{C4} + v_{D4} + v_{A8} + v_{B8} + v_{C8} + v_{D8} \geq 1$.

Une solution optimale est décrite dans le tableau ci-dessous. Le coût total des 8 projets, si le gouvernement suivait les prescriptions de cette solution pour accorder les contrats, serait de 104 300 000 dollars.

Projet	1	2	3	4	5	6	7	8
Entreprise	J	C	A	C	I	A	H	J

30. Un réseau de concessionnaires d'automobiles

Définition des variables de décision :

$v_j = 1$ si la population de la ville j est desservie par un concessionnaire

$w_{ij} = 1$ si la population de la ville j est desservie par le concessionnaire établi en i

où j = 1, 2, ..., 8. Comme l'importateur désire que les consommateurs soient desservis par un concessionnaire situé à 20 km ou moins de la ville où ils résident, on introduit une variable w_{ij} seulement lorsque la distance entre les villes i et j est de 20 km ou moins. Les variables de ce type dans le modèle seront donc :

$$w_{11}, w_{12}, w_{14}, w_{15}, w_{21}, w_{22}, w_{23}, ..., w_{85}, w_{86}, w_{87}, w_{88}.$$

L'objectif consiste à maximiser le nombre total z de consommateurs (en milliers) desservis par les divers concessionnaires, où

$$z = 80\,v_1 + 40\,v_2 + \cdots + 65\,v_8.$$

Les contraintes technologiques se regroupent en 3 catégories.

- L'équation « DÉFN Vj » indique que la ville j, si elle est desservie, le sera par un seul concessionnaire, lequel sera nécessairement implanté dans l'une des villes situées à 20 km ou moins de j.

DÉFN V1 $v_1 = w_{11} + w_{21} + w_{41} + w_{51}$

DÉFN V2 $v_2 = w_{12} + w_{22} + w_{32} + w_{42} + w_{72}$

DÉFN V3 $v_3 = w_{23} + w_{33} + w_{43} + w_{73}$

DÉFN V4 $\qquad v_4 = w_{14} + w_{24} + w_{34} + w_{44} + w_{54} + w_{64}$

DÉFN V5 $\qquad v_5 = w_{15} + w_{45} + w_{55} + w_{65} + w_{85}$

DÉFN V6 $\qquad v_6 = w_{46} + w_{56} + w_{66} + w_{76} + w_{86}$

DÉFN V7 $\qquad v_7 = w_{27} + w_{37} + w_{67} + w_{77} + w_{87}$

DÉFN V8 $\qquad v_8 = w_{58} + w_{68} + w_{78} + w_{88}$

- L'inéquation « BASSIN i » traduit le fait que l'importateur limite le bassin de population du territoire qui serait accordé à un concessionnaire situé en i. Indiquons comment construire la première : si une concession est implantée dans la ville i, son territoire comprendra nécessairement cette ville et, par conséquent, $w_{11} = 1$; de plus, la population totale des villes desservies par ce concessionnaire ne devra pas excéder 4 fois la population de i. La contrainte « BASSIN 1 » s'énonce donc ainsi :

$$80\, w_{11} + 40\, w_{12} + 50\, w_{14} + 20\, w_{15} \le 320\, w_{11}$$

ce qui se réécrit :

BASSIN 1 $\qquad - 240\, w_{11} + 40\, w_{12} + 50\, w_{14} + 20\, w_{15} \le 0$

Les autres contraintes de cette catégorie s'obtiennent de façon similaire :

BASSIN 2 $\qquad 80\, w_{21} - 120\, w_{22} + 60\, w_{23} + 50\, w_{24} + 45\, w_{27} \le 0$

BASSIN 3 $\qquad 40\, w_{32} - 180\, w_{33} + 50\, w_{34} + 45\, w_{37} \le 0$

BASSIN 4 $\qquad 80\, w_{41} + 40\, w_{42} + 60\, w_{43} - 150\, w_{44} + 20\, w_{45} + 30\, w_{46} \le 0$

BASSIN 5 $\qquad 80\, w_{51} + 50\, w_{54} - 60\, w_{55} + 30\, w_{56} + 65\, w_{58} \le 0$

BASSIN 6 $\qquad 50\, w_{64} + 20\, w_{65} - 90\, w_{66} + 45\, w_{67} + 65\, w_{68} \le 0$

BASSIN 7 $\qquad 40\, w_{72} + 60\, w_{73} + 30\, w_{76} - 135\, w_{77} + 65\, w_{78} \le 0$

BASSIN 8 $\qquad 20\, w_{85} + 30\, w_{86} + 45\, w_{87} - 195\, w_{88} \le 0$

- La dernière catégorie comprend une seule équation « NB CONCESS », qui fixe le nombre de concessionnaires. L'ordre d'implantation des concessionnaires sera déterminé en posant le membre droit c égal successivement à 1, puis à 2, puis à 3, ...

NB CONCESS $\qquad w_{11} + w_{22} + w_{33} + w_{44} + w_{55} + w_{66} + w_{77} + w_{88} = c$

L'importateur devrait implanter la 1re concession dans la ville 4 et lui attribuer un territoire regroupant 200 000 habitants, le maximum permis par la règle limitant la population du territoire desservi à 4 fois celle de la ville où est située la concession. Il y a plus d'une façon de définir le territoire de cette 1re concession : il pourrait, par exemple, être formé des villes 1, 2, 4 et 6. La 2e concession devrait être située dans la ville 7 et desservir les villes 3, 7 et 8. Enfin, la ville 5 devrait accueillir la 3e et dernière concession. Les 8 villes de la région seront alors toutes desservies par un concessionnaire situé à 20 km ou moins.

Note 1. L'énoncé indique que le territoire accordé à un concessionnaire comprend nécessairement la ville où il est implanté. Cette condition est garantie implicitement par les contraintes « BASSIN i ». Considérons à titre d'exemple le cas où $i = 8$ et procédons par contradiction : si $w_{88} = 0$, alors $w_{85} = w_{86} = w_{87} = 0$ en vertu de « BASSIN 8 »...

Note 2. Il serait peut-être pertinent de remanier les territoires la 3e année, sinon le concessionnaire de la ville 5 se retrouvera avec un bassin de population nettement inférieur à ceux de ses deux collègues. Noter que, selon la procédure décrite ci-dessus, les territoires sont redéfinis chaque fois qu'est changée la valeur du paramètre c. Il est possible cependant de forcer le modèle à laisser intacts les territoires accordés précédemment : il suffit, par exemple, d'éliminer certaines variables et contraintes, puis de fixer à 1 les valeurs de certaines w_{ij}. Supposons, pour illustrer notre propos, que, au moment de déterminer où situer la 2e concession, l'importateur veuille s'assurer que les décisions associées à la première ne soient pas remises en cause. Supposons, plus précisément, qu'il désire que la 1re concession soit maintenue dans la ville 4 et que son territoire continue d'être formé des villes 1, 2, 4 et 6. Il s'agirait, avant de poser $c = 2$, de modifier ainsi le modèle : d'abord, sont éliminées toutes les variables w_{ij} dont l'un ou l'autre des indices appartiennent à l'ensemble {1, 2, 4, 6}, sauf w_{41}, w_{42}, w_{44} et w_{46} qui sont conservées; les inéquations « BASSIN i », où $i = 1, 2, 4, 6$, sont enlevées; enfin, des contraintes « CHOIX 1j », où $j = 1, 2, 4, 6$, sont ajoutées, qui traduisent mathématiquement les choix effectués la première année :

$$w_{4j} = 1 \qquad\qquad j = 1, 2, 4, 6.$$

Remarquer que, dans toute solution admissible du modèle modifié, les variables v_j, où $j = 1, 2, 4, 6$, prendront la valeur 1 : en effet, la contrainte « DÉFN Vj », se réduit, après les changements apportés, à « $v_j = w_{4j}$ »; or, « CHOIX 1j » fixe à 1 la valeur de w_{4j}.

Note 3. La procédure séquentielle décrite à la note précédente ne produit pas nécessairement un optimum global. Par exemple, le territoire de la 1re concession pourrait être formé des villes 2, 3, 4, 5 et 6, dont la population totale est de 200 000 habitants. Si l'on cherche à implanter une 2e concession sans toucher à ce territoire et que l'on applique la procédure de la note 2, une solution optimale résultante est : $w_{44} = w_{77} = 1$ et $z = 310$, ce qui est inférieur à la valeur maximale 370 obtenue quand on pose $c = 2$ et que l'on utilise le modèle non modifié.

31. La livraison de colis volumineux

Question 1: Le modèle contient des variables de décision binaires w_{ij} et v_i définies de la façon suivante :

$v_i = 1$ si le véhicule V$_i$ est utilisé

$w_{ij} = 1$ si le véhicule V$_i$ livre le colis C$_j$.

Le modèle s'écrit :

Min $z = 130\,v_1 + 150\,v_2 + 140\,v_3$

sous les contraintes :

VÉHICULE 1	$300\,w_{11} + 250\,w_{12} + 175\,w_{13} + 225\,w_{14} + 150\,w_{15} \leq 600\,v_1$	
VÉHICULE 2	$300\,w_{21} + 250\,w_{22} + 175\,w_{23} + 225\,w_{24} + 150\,w_{25} \leq 750\,v_2$	
VÉHICULE 3	$300\,w_{31} + 250\,w_{32} + 175\,w_{33} + 225\,w_{34} + 150\,w_{35} \leq 500\,v_3$	

COLIS j $\qquad\qquad w_{1j} + w_{2j} + w_{3j} = 1 \qquad\qquad\qquad\qquad j = 1, 2, 3, 4, 5$

$\qquad\qquad\qquad v_i = 0,\,1$ et $w_{ij} = 0,\,1 \qquad\qquad\qquad$ tout i et tout j

Les coûts d'utilisation minimaux s'élèvent à 280 $. Il existe plusieurs solutions optimales : l'une d'elles recommande de confier les colis 3 et 4 au véhicule 1, les colis 1, 2 et 5 au véhicule 2 et de ne pas recourir au véhicule 3.

Question 2: On ajoute au modèle précédent les contraintes suivantes :

$$w_{i3} + w_{i4} \leq 1 \qquad\qquad i = 1, 2, 3$$

Les coûts d'utilisation minimaux restent à 280 $. Mais on appliquera une autre solution optimale : le véhicule 1 livrera les colis 2 et 4; le véhicule 2, les colis 1, 3 et 5; le véhicule 3 ne sera pas utilisé.

32. Projets de confection

Définition des variables de décision :

x_j = nombre d'articles, décrits sous la rubrique du projet j, confectionnés par le tailleur

$v_j = 1$ si le projet j est mené à bien.

Le modèle s'écrit :

Max $z = 65 x_1 + 20 x_2 + 10 x_3 + 30 x_4$

sous les contraintes :

DOUBLURE	$5 x_1 + 1{,}5 x_2 + 2 x_4 \leq 1\,000$
VELOURS	$10 x_1 + 2 x_2 + 1{,}5 x_3 + 2{,}1 x_4 \leq 2\,000$
TEMPS	$20 x_1 + 5 x_2 + 4 x_3 + 12 x_4 \leq 1\,000$
COMPLET	$x_2 - x_3 \leq 0$
NB PROJETS	$v_1 + v_2 + v_3 + v_4 \leq 3$

$$10 v_j \leq x_j \leq 300 v_j \qquad\qquad j = 1, 2, 3, 4$$

$$x_j \geq 0 \text{ et entier}; \quad v_j = 0, 1 \qquad\qquad j = 1, 2, 3, 4$$

Une solution optimale donne :

$$v_2 = 1 \qquad x_2 = 111$$
$$v_3 = 1 \qquad x_3 = 111$$

$$z = 3\,330 \quad \text{(dollars)}$$

Note 1. Dans les contraintes « $10 v_j \leq x_j \leq 300 v_j$ », le coefficient 300 joue le rôle d'une constante positive M suffisamment élevée pour servir de borne supérieure aux valeurs plausibles des variables x_j.

Note 2. Si le tailleur exigeait de mener à bien exactement 3 projets, la 5e contrainte « NB PROJETS » s'écrirait avec un symbole d'égalité et le profit optimal baisserait à 3 310 dollars. Voici, en effet, une solution optimale du modèle modifié :

$$v_1 = 1 \quad x_1 = 10 \qquad v_2 = 1 \quad x_2 = 88 \qquad v_3 = 1 \quad x_3 = 90 \qquad z = 3\,310 \text{ (dollars)}$$

33. Les coûts de mise en route des aléseuses

Définition des variables de décision :

x_J = nombre de pièces alésées grâce à l'aléseuse J

$v_J = 1$ si l'aléseuse J est mise en train.

Le modèle s'écrit :

Min $z = 1000 v_A + 500 v_B + \cdots + 300 v_E + 2 x_A + 4 x_B + \cdots + 5{,}5 x_E$

sous les contraintes :

TOTAL $\qquad x_A + x_B + x_C + x_D + x_E = 1\ 500$

ALÉSEUSE A $\qquad x_A \leq 600\ v_A$

ALÉSEUSE B $\qquad x_B \leq 400\ v_B$

ALÉSEUSE C $\qquad x_C \leq 500\ v_C$

ALÉSEUSE D $\qquad x_D \leq 500\ v_D$

ALÉSEUSE E $\qquad x_E \leq 400\ v_E$

$\qquad x_J \geq 0$ et entier; $\quad v_J = 0, 1$ $\qquad\qquad J = $ A, B, C, D, E

Une solution optimale donne :

$$v_A = 1 \qquad x_A = 600$$
$$v_B = 1 \qquad x_B = 400$$
$$v_C = 0 \qquad x_C = 0$$
$$v_D = 1 \qquad x_D = 500$$
$$v_E = 0 \qquad x_E = 0$$

$$z = 6\ 150 \quad \text{(dollars)}$$

34. CIMEX : L'implantation d'une usine

Définition des variables de décision :

x_{IJ} = nombre d'unités de produit obtenues par de la main-d'oeuvre de type I dans la ville J

$v_J = 1$ si CIMEX implante son usine en J

où $I = $ T, M et $J = $ A, B. Le modèle s'écrit :

Min $z = 10\ x_{TA} + 11\ x_{MA} + 11{,}5\ x_{TB} + 10{,}5\ x_{MB}$

sous les contraintes :

DISPTECH A $\qquad x_{TA} \leq 15$

DISPTECH B $\qquad x_{TB} \leq 15$

PRODUCTION $\qquad x_{TA} + x_{MA} + x_{TB} + x_{MB} = 40$

IMPLANT A $\qquad x_{TA} + x_{MA} \leq 40\ v_A$

IMPLANT B $\qquad x_{TB} + x_{MB} \leq 40\ v_B$

CHOIX $\qquad v_A + v_B = 1$

$\qquad x_{IJ} \geq 0 ;\ v_J = 0,\ 1$ $\qquad\qquad I = $ T, M et $J = $ A, B

Une solution optimale donne :

$$v_B = 1 \qquad x_{MB} = 40 \qquad z = 420.$$

C'est dire que CIMEX s'implantera dans la ville B et n'utilisera que des manoeuvres.

Note. Les coefficients de la fonction-objectif z se calculent ainsi :

$$c_{TA} = 5 + 5 = 10 \qquad\qquad c_{MA} = (2 \times 3) + 5 = 11$$
$$c_{TB} = 9 + 2,5 = 11,5 \qquad\qquad c_{MB} = (2 \times 4) + 2,5 = 10,5$$

35. Rachat de l'usine d'un concurrent

Question 1: Définition des variables de décision :

x_{CJ} = nombre de cuisinières fabriquées dans l'usine J

x_{RJ} = nombre de réfrigérateurs fabriqués dans l'usine J

x_{LJ} = nombre de laveuses fabriquées dans l'usine J

y_J = nombre d'heures de fonctionnement de l'usine J.

Le modèle s'écrit :

Min $z = 350\, y_A + 300\, y_B$

sous les contraintes :

COMMANDE C	$x_{CA} + x_{CB}$	$\geq$	1 000
COMMANDE R	$x_{RA} + x_{RB}$	$\geq$	500
COMMANDE L	$x_{LA} + x_{LB}$	$\geq$	1 200

DÉFN YA $\qquad y_A = 2\, x_{CA} + 4\, x_{RA} + 3\, x_{LA}$

DÉFN YB $\qquad y_B = 4\, x_{CB} + 3\, x_{RB} + 2\, x_{LB}$

DISP A $\qquad y_A \leq 1\,900$

DISP B $\qquad y_B \leq 4\,200$

$$x_{CJ}, x_{RJ}, x_{LJ} \geq 0 \text{ et entiers} \; ; \; y_J \geq 0 \qquad\qquad J = A, B$$

Une solution optimale donne :

$$x_{CA} = 950 \qquad y_A = 1\,900$$
$$x_{CB} = 50 \qquad x_{RB} = 500 \qquad x_{LB} = 1\,200 \qquad y_B = 4\,100$$
$$z = 1\,895\,000 \text{ (dollars)}$$

Question 2: Une façon élégante de répondre à la question posée est d'ajouter au modèle précédent les variables et contraintes suivantes. On définit d'abord 6 nouvelles variables binaires :

$$v_{IJ} = 1 \quad \text{si on produit des appareils de type } I \text{ dans l'usine } J$$

où I = C, R, L et J = A, B. Voici les contraintes à adjoindre au modèle utilisé en réponse à la question 1 :

CHOIX C $v_{CA} + v_{CB} = 1$

CHOIX R $v_{RA} + v_{RB} = 1$

CHOIX L $v_{LA} + v_{LB} = 1$

$$x_{CJ} \geq 1000\, v_{CJ} \qquad\qquad\qquad\qquad J = \text{A, B}$$

$$x_{RJ} \geq 500\, v_{RJ} \qquad\qquad\qquad\qquad J = \text{A, B}$$

$$x_{LJ} \geq 1200\, v_{LJ} \qquad\qquad\qquad\qquad J = \text{A, B}$$

$$v_{IJ} = 0,\, 1 \qquad\qquad\qquad\qquad I = \text{C, R, L et } J = \text{A, B}$$

Ce modèle n'admet aucune solution admissible. Il s'avère donc impossible d'utiliser une seule usine pour chacun des produits.

Question 3: On ajoute au modèle utilisé en réponse à la question 2 les deux variables de décision suivantes :

s_J = nombre d'heures supplémentaires de production ajoutées à la capacité de l'usine J.

On modifie comme suit la fonction-objectif et les contraintes « DISP J » :

La fonction-objectif devient : $z = 350\, y_A + 300\, y_B + 100\, s_A + 100\, s_B$

« DISP A » devient : $y_A \leq 1\,900 + s_A$

« DISP B » devient : $y_B \leq 4\,200 + s_B$.

Une solution optimale donne :

$$v_{CA} = 1 \quad x_{CA} = 1\,000 \qquad y_A = 2\,000 \qquad s_A = 100$$

$$v_{RB} = 1 \qquad x_{RB} = 500 \qquad v_{LB} = 1 \qquad x_{LB} = 1\,200 \qquad y_B = 3\,900$$

$$z = 1\,880\,000 \quad \text{(dollars)}$$

36. La Maisonnée

Question 1: Définition des variables de décision :

x_J = nombre de maisons du modèle J fabriquées

p_J = nombre de maisons du modèle J en pénurie

y = nombre d'ouvriers au service de La Maisonnée au cours de l'an prochain

y_D = nombre d'ouvriers à débaucher au début de l'an prochain

y_E = nombre d'ouvriers à embaucher au début de l'an prochain

s = nombre d'heures supplémentaires à répartir entre les ouvriers au cours de l'an prochain.

On introduit également une constante C pour tenir compte des coûts incompressibles de publicité, de vente et d'entretien de l'usine.

L'objectif s'écrit :

$$\text{Max} \quad z = \textit{Ventes} - \textit{Coût-F} - \textit{Coût-P} - \textit{Coût-T} - C$$

où

$$\textit{Ventes} = 52\ 300\ x_A + 77\ 180\ x_B + 92\ 295\ x_C$$

$$\textit{Coût-F} = 20\ 000\ x_A + 40\ 000\ x_B + 30\ 000\ x_C$$

$$\textit{Coût-P} = 2\ 000\ (\ p_A + p_B + p_C\ )$$

$$\textit{Coût-T} = 51\ 450\ y + 5\ 000\ y_D + 1\ 500\ y_E + 53\ s$$

Les contraintes technologiques sont :

DISP TEMPS	$490\ x_A + 588\ x_B + 637\ x_C \leq 1470\ y + s$
DEMANDE A	$x_A + p_A = 38$
DEMANDE B	$x_B + p_B = 28$
DEMANDE C	$x_C + p_C = 31$
MAX SUPPL	$s \leq 100\ y$
DÉFN Y	$y = 40 - y_D + y_E$
DÉFN C	$C = 175\ 000$

Toutes les variables sont non négatives et entières, à l'exception de s qui n'est pas requise d'être entière.

Une solution optimale donne :

$$x_A = 38 \qquad x_B = 28 \qquad x_C = 31 \qquad p_A = p_B = p_C = 0$$

$$y = 37 \qquad y_D = 3 \qquad y_E = 0 \qquad s = 441$$

$$z = 2\ 082\ 562 \quad \text{(dollars)}$$

Question 2: On ajoute une variable entière x_D et une variable binaire v_D. La nouvelle fonction-objectif s'obtient en ajoutant le terme « $+\ 108\ 500\ x_D$ » aux ventes, ainsi que le terme « $+\ 35\ 000\ x_D$ » aux coûts de fabrication. Les contraintes technologiques sont celles de la question 1, à deux exceptions près :

- Le membre gauche de l'inéquation « DISP TEMPS » comprend un terme additionnel :

DISP TEMPS $490\ x_A + 588\ x_B + 637\ x_C + 900\ x_D \leq 1470\ y + s$.

- On ajoute l'inéquation double suivante pour lier les variables x_D et v_D :

$$5\ v_D \leq x_D \leq 20\ v_D$$

Une solution optimale donne :

$$x_A = 38 \qquad x_B = 28 \qquad x_C = 31 \qquad p_A = p_B = p_C = 0$$

$$v_D = 1 \qquad x_D = 20$$

$$y = 49 \qquad y_D = 0 \qquad y_E = 9 \qquad s = 801$$

$$z = 2\,917\,582 \quad \text{(dollars)}$$

37. Le problème de localisation de Solex

Question 1: La fonction-objectif z, qui est exprimée en milliers de dollars, représente le total des coûts d'implantation, des coûts variables de fabrication et des coûts de transport :

$$z = Co\hat{u}t\text{-}Im + Co\hat{u}t\text{-}FT$$

où

$$Co\hat{u}t\text{-}Im = 400\,v_1 + 200\,v_2 + 250\,v_3 + 300\,v_4$$

$$Co\hat{u}t\text{-}FT = 2\,x_{11} + 3\,x_{12} + 1\,x_{13} + \cdots + 2\,x_{45} + 3\,x_{46}.$$

Question 2: $\quad 100\,v_1 \leq x_{11} + x_{12} + \cdots + x_{16} \leq 220\,v_1$

Question 3: $\quad x_{11} + x_{21} + x_{31} + x_{41} = 40$

Question 4: $\quad w_{1j} + w_{2j} + w_{3j} + w_{4j} \geq 2 \qquad\qquad\qquad\qquad j = 1, 2, 3, 4, 5, 6$

Question 5: $\quad 10\,w_{ij} \leq x_{ij} \leq 80\,w_{ij} \qquad\qquad\qquad i = 1, 2, 3, 4 \text{ et } j = 1, 2, 3, 4, 5, 6$

$\qquad\qquad\quad w_{i1} + w_{i2} + w_{i3} + w_{i4} + w_{i5} + w_{i6} \leq 6\,v_i \qquad\qquad\qquad i = 1, 2, 3, 4$

Note 1. Chaque contrainte du dernier groupe est équivalente à l'ensemble des 6 inéquations « $w_{ij} \leq v_i$ », où $j = 1, 2, 3, 4, 5, 6$. Les inéquations doubles du 5e groupe garantissent que chaque marché se procurera au moins 10 tonnes de moulée auprès de chacune des usines par lesquelles il sera approvisionné, que les variables w_{ij} et x_{ij} seront toutes deux nulles ou toutes deux non nulles.

Note 2. Une solution optimale recommande d'implanter les usines 2 et 4, et d'approvisionner tous les marchés à partir de ces deux usines. Le total des coûts d'implantation, des coûts variables de fabrication et des coûts de transport s'élève alors à 1 220 000 $. Le tableau suivant décrit le plan de transport associé : il indique les valeurs des variables x_{ij} ($i = 2, 4$ et $j = 1, 2, 3, 4, 5, 6$), c'est-à-dire le nombre de milliers de tonnes qui seront expédiées des usines installées à chacun des marchés.

Usine	Marché						Total
	1	2	3	4	5	6	
2	16,7	40	15	50	23,3	10	155
4	23,3	10	10	10	56,7	30	140
Total	40	50	25	60	80	40	295

38. Le marchand de primeurs

Question 1: Le coefficient c_{xj} de x_j est le prix de vente d'un lot du produit j (soit le prix de vente d'une unité multiplié par le nombre d'unités dans un lot), auquel on soustrait le prix d'achat du lot. En particulier :

$$c_{x2} = (40 \times 2{,}50) - 58 = 42 .$$

Le coefficient c_{sj} de s_j correspond à une perte égale au prix de vente d'une unité du produit j. En particulier :

$$c_{s2} = 2{,}50 .$$

Question 2: Le membre droit de « VENTES 2 » représente la demande pendant la période de 4 jours considérée et est égal à $4 \times 980 = 3\,920$.

Question 3: La demande du produit 2 pendant la période de 4 jours considérée est égale à 3 920 unités, soit 98 lots :

$$98 = 3\,920 / 40 .$$

La demande en ananas pendant la même période correspond à $390 \times 4 / 50 = 31{,}2$ lots. L'acheteur achètera donc un maximum de 32 lots, et la contrainte « ACHATS 1 » prend la forme suivante :

ACHATS 1 $\qquad x_1 \leq 32\,v_1$.

Question 4: Considérons une solution admissible x telle que

$$x_j = 0 \quad \text{et} \quad v_j \neq 0 .$$

On obtient une autre solution admissible x' en annulant v_j et en laissant inchangées les valeurs des autres variables. Or, cette nouvelle solution x' est plus intéressante pour le marchand puisque le coefficient de v_j dans la fonction-objectif est négatif : de fait

$$z' = z + 15 .$$

Par conséquent, x ne peut être optimale, de sorte que, à l'optimum, la variable v_j est nécessairement nulle si x_j l'est.

Note. Voici le détail de la portion *Lots* de la fonction-objectif :

$$\textit{Lots} = 75\,x_1 + 42\,x_2 + 22\,x_3 + 21\,x_4 + 2\,x_5 + 6\,x_6 + 8\,x_7 .$$

Et voici la liste complète des contraintes technologiques du modèle :

FRAIS EXPL $\qquad C = 2\,000$

CHARGE MAX $\qquad 1{,}5\,x_1 + 0{,}24\,x_2 + 0{,}5\,x_3 + \cdots + 0{,}2\,x_7 - 30\,y_C \leq 0$

ACHATS 1 $\qquad x_1 - 32\,v_1 \leq 0$

ACHATS 2 $\qquad x_2 - 98\,v_2 \leq 0$

ACHATS 3 $\qquad x_3 - 72\,v_3 \leq 0$

ACHATS 4 $\qquad x_4 - 88\,v_4 \leq 0$

ACHATS 5 $\qquad x_5 - 168\,v_5 \leq 0$

ACHATS 6 $\qquad x_6 - 76\,v_6 \leq 0$

ACHATS 7 $\qquad x_7 - 85\,v_7 \leq 0$

VENTES 1	$50\,x_1 + p_1 - s_1 =$	1 560
VENTES 2	$40\,x_2 + p_2 - s_2 =$	3 920
VENTES 3	$275\,x_3 + p_3 - s_3 =$	19 680
VENTES 4	$30\,x_4 + p_4 - s_4 =$	2 640
VENTES 5	$50\,x_5 + p_5 - s_5 =$	8 400
VENTES 6	$40\,x_6 + p_6 - s_6 =$	3 040
VENTES 7	$25\,x_7 + p_7 - s_7 =$	2 120

Le tableau ci-dessous décrit une solution optimale, qui exige 10 charges et rapporte au marchand un bénéfice net de 5 148,75 \$.

Produit	1	2	3	4	5	6	7
v_j	1	1	1	1	1	1	1
x_j	31	98	72	88	168	76	85
p_j	10	-	-	-	-	-	-
s_j	-	-	120	-	-	-	5

39. Les modèles réduits de Mercedès

Définition des variables de décision :

$v_{Ij} = 1$ si la chaîne I est mise en route au cours de la semaine j

$x_{Ij} =$ nombre de mini-Mercedès montées sur la chaîne I au cours de la semaine j

$y_j =$ nombre de mini-Mercedès en entrepôt au cours de la semaine j

où $I = $ A, B et $j = 1, 2, 3, 4$. On introduit également des variables y_5 et y_6 pour tenir compte du délai entre la fabrication et la livraison :

$y_5 =$ nombre de mini-Mercedès en entrepôt au cours de la semaine 5

$y_6 =$ nombre de mini-Mercedès en entrepôt au début de la semaine 6.

L'objectif consiste à minimiser le total z des coûts de production, des coûts d'entreposage et du manque à gagner lié aux véhicules qui seront soldés en Californie :

$$z = Coût\text{-}F + Coût\text{-}V + Coût\text{-}E + Coût\text{-}I \,,$$

où

$$Coût\text{-}F = 1\,800\,(v_{A1} + v_{A2} + v_{A3} + v_{A4}) + 4\,000\,(v_{B1} + v_{B2} + v_{B3} + v_{B4})$$

$$Coût\text{-}V = 800\,(x_{A1} + x_{A2} + x_{A3} + x_{A4}) + 825\,(x_{B1} + x_{B2} + x_{B3} + x_{B4})$$

$$Coût\text{-}E = 30\,(y_1 + y_2 + y_3 + y_4 + y_5)$$

$$Coût\text{-}I = 260\,y_6 \,.$$

Les variables x_{Ij} et y_j sont entières et non négatives; les variables v_{Ij} sont restreintes aux valeurs 0 et 1. Les contraintes technologiques se regroupent en 3 catégories.

- L'équation « DÉFN Yj » détermine combien de mini-Mercedès resteront en entrepôt au cours de la semaine j :

DÉFN Y1 $\qquad y_1 = 7$

DÉFN Y2 $\qquad y_2 = x_{A1} + x_{B1} + y_1 - 6$

DÉFN Y3 $\qquad y_3 = x_{A2} + x_{B2} + y_2 - 40$

DÉFN Y4 $\qquad y_4 = x_{A3} + x_{B3} + y_3 - 18$

DÉFN Y5 $\qquad y_5 = x_{A4} + x_{B4} + y_4 - 31$

DÉFN Y6 $\qquad y_6 = y_5 - 5$

- La production de la semaine j est disponible pour livraison seulement au début de la semaine $j + 2$: par conséquent, les véhicules montés durant la semaine j doivent rester entreposés pendant la semaine $j + 1$:

DÉLAI j $\qquad y_{j+1} \geq x_{Aj} + x_{Bj}$ $\qquad\qquad\qquad\qquad j = 1, 2, 3, 4$

- La 3e catégorie est formée de 8 groupes de 2 inéquations, nommées « MIN XIj » et « MAX XIj », où $I = A, B$ et $j = 1, 2, 3, 4$. Les contraintes « MIN XAj » et « MAX XAj » forcent le lot qui éventuellement sera produit sur la chaîne A au cours de la semaine j à respecter la fourchette de 12 à 16 véhicules indiquée dans l'énoncé :

$$12\, v_{Aj} \leq x_{Aj} \leq 16\, v_{Aj} \qquad\qquad\qquad\qquad j = 1, 2, 3, 4$$

Le groupe « MIN XBj » et « MAX XBj » force de même un éventuel lot sur la chaîne B à respecter les bornes minimale et maximale données dans l'énoncé :

$$22\, v_{Bj} \leq x_{Bj} \leq 28\, v_{Bj} \qquad\qquad\qquad\qquad j = 1, 2, 3, 4$$

Le tableau ci-dessous décrit un plan optimal, dont le coût est de 92 215 \$. Aucune mini-Mercedès ne sera soldée en Californie.

Semaine j	1	2	3	4	5	6
v_{Aj}	1	1	1	0	-	-
x_{Aj}	16	16	14	-	-	-
v_{Bj}	1	0	1	0	-	-
x_{Bj}	25	-	22	-	-	-
y_j	7	42	18	36	5	0

40. La production de l'Agent X chez Blanchex

Définition des variables de décision :

v_j = 1 si une rafale est lancée le mois j

x_j =   nombre de tonnes produites au cours du mois j

y_j =   nombre de tonnes importées de la filiale norvégienne au cours du mois j

s_j =   nombre de tonnes en stock à la fin du mois j.

L'objectif consiste à minimiser le total z des coûts de production, d'entreposage et de pénurie, où

$$z \;=\; 17\,000 \, \Sigma v_j \;+\; 120 \, \Sigma x_j \;+\; 300 \, \Sigma y_j \;+\; 200 \, \Sigma s_j \;.$$

Les contraintes technologiques se regroupent en 2 catégories.

-   L'équation « DÉFN Sj » détermine la quantité s_j d'Agent X en stock à la fin du mois j. Le calcul des valeurs des variables s_j est détaillé dans le tableau ci-dessous.

Mois	En stock au début du mois	Fabriqué ou importé de Norvège	Vendu au cours du mois	En stock à la fin du mois
1	0	$x_1 + y_1$	100	$s_1 = x_1 + y_1 - 100$
2	s_1	$x_2 + y_2$	140	$s_2 = s_1 + x_2 + y_2 - 140$
3	s_2	$x_3 + y_3$	150	$s_3 = s_2 + x_3 + y_3 - 150$
4	s_3	$x_4 + y_4$	50	$s_4 = s_3 + x_4 + y_4 - 50$

DÉFN S1 $x_1 + y_1 - s_1 = 100$

DÉFN S2 $x_2 + y_2 + s_1 - s_2 = 140$

DÉFN S3 $x_3 + y_3 + s_2 - s_3 = 150$

DÉFN S4 $x_4 + y_4 + s_3 - s_4 = 50$

-   La seconde catégorie est formée de 4 groupes de deux inéquations, nommées « MIN RAFj » et « MAX RAFj », où j = 1, 2, 3, 4. Le groupe associé à la semaine j force la rafale du mois j, si elle est lancée, à respecter la fourchette de 225 à 300 tonnes indiquée dans l'énoncé :

$$225 \, v_j \;\leq\; x_j \;\leq\; 300 \, v_j$$

Une solution optimale, dont le coût est de 125 500 \$, recommande de lancer une rafale de taille minimale le mois 2 et d'importer de Norvège pour répondre à la demande :

$v_2 = 1$ $x_2 = 225$

$y_1 = 100$ $y_3 = 65$ $y_4 = 50$

$s_2 = 85$

3. La résolution graphique - Solutions

1. Un polygone à 6 sommets

Question 1: La région admissible de ce modèle est le polygone OABCDE de la figure de gauche ci-dessous.

Question 2: Le tableau suivant donne la liste des sommets, ainsi que la valeur de z en chacun d'eux. La fonction-objectif z atteint son maximum en C = (9; 5).

Sommet	(0; 0)	(0; 6)	(4; 8)	(9; 5)	(12; 2)	(12; 0)
Valeur de z	0	30	56	61	58	48

Question 3: Voir le graphique de gauche ci-dessous.

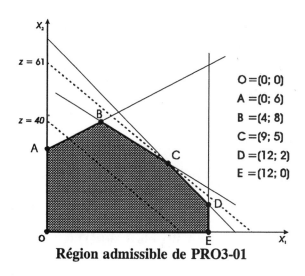

O = (0; 0)
A = (0; 6)
B = (4; 8)
C = (9; 5)
D = (12; 2)
E = (12; 0)

Région admissible de PRO3-01

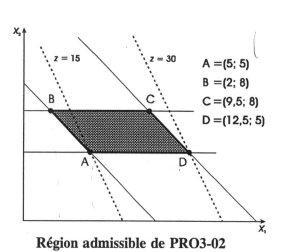

A = (5; 5)
B = (2; 8)
C = (9,5; 8)
D = (12,5; 5)

Région admissible de PRO3-02

2. Un parallélogramme

Question 1: La région admissible est le polygone ABCD de la figure de droite ci-dessus.

Question 2: Le tableau suivant donne la liste des sommets, ainsi que la valeur de z en chacun d'eux. La fonction-objectif z atteint son maximum en D = (12,5; 5).

Sommet	(5; 5)	(2; 8)	(9,5; 8)	(12,5; 5)
Valeur de z	15	12	27	30

Question 3: Voir le graphique de droite ci-dessus.

3.   Les cartes de souhait de Biancia

Question 1: La région admissible de ce modèle linéaire est le polygone OABC de la figure de gauche ci-dessous.

Note. Les axes x'_A et x'_B de la figure PRO3-03 sont en milliers de cartes : $x_A = 1000\ x'_A$ et $x_B = 1000\ x'_B$.

Question 2: L'objectif consiste à maximiser le profit z réalisé par Biancia, où

$$z = 0{,}405\ x_A + 0{,}476\ x_B\ ,$$

les coefficients se calculant ainsi :

$$c_A = (0{,}61 \times 75\ \%) - (0{,}21 \times 25\ \%) = 0{,}405$$

$$c_B = (0{,}65 \times 80\ \%) - (0{,}22 \times 20\ \%) = 0{,}476.$$

Question 3: Il suffit d'évaluer z en chacun des sommets. On vérifie facilement que l'unique solution optimale correspond au sommet B et que Biancia peut espérer retirer 9 883 $ des cartes importées :

$$x_A = 15\ 000 \qquad x_B = 8\ 000 \qquad \text{d'où}\ \ z = 9\ 883.$$

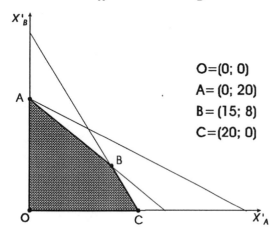

Région admissible de PRO3-03

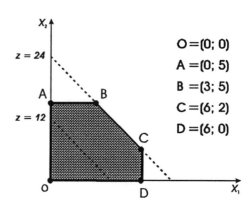

Région admissible de PRO3-04

4.   Solutions optimales multiples

Question 1: La région admissible de ce modèle est le polygone OABCD de la figure de droite ci-dessus.

Question 2: Le tableau suivant donne la liste des sommets, ainsi que la valeur de z en chacun d'eux. La fonction-objectif z atteint son maximum aux sommets B = (3; 5) et C = (6; 2).

Sommet	(0; 0)	(0; 5)	(3; 5)	(6; 2)	(6; 0)
Valeur de z	0	15	24	24	18

Question 3: Tout point du segment [B; C] est une solution optimale du modèle linéaire considéré. Un tel point P s'écrit sous la forme :

$$P = \lambda B + (1 - \lambda) C \quad \text{où } 0 \le \lambda \le 1.$$

En posant λ successivement égal à 0, à 0,5, à 0,9 et enfin à 1, on obtient les points optimaux C, (4,5; 3,5), (3,3; 4,7) et B.

5. Une solution optimale dégénérée

<u>Question 1</u>: La région admissible de ce modèle est le polygone ABCD de la figure de gauche ci-dessous.

<u>Question 2</u>: Le tableau suivant donne la liste des sommets, ainsi que la valeur de z en chacun d'eux. Le sommet B $= (1,33; 2)$ est l'unique optimum de ce modèle linéaire.

Sommet	(2; 0)	(1,33; 2)	(4; 3)	(7; 1)
Valeur de z	-12	0	-12	-38

<u>Question 3</u>: Les 3e, 4e et 5e contraintes technologiques sont inactives à l'optimum. Les deux contraintes de non-négativité sont également inactives à l'optimum.

Note. Lorsque le nombre e de contraintes satisfaites comme équations en un sommet dépasse le nombre n de variables de décision, on dit que le **sommet** est **dégénéré**. Ici, B est dégénéré, car $e = 3$ et $n = 2$. De même, A est dégénéré, car e y est égal à 4 : les 3e, 4e et 6e contraintes technologiques, ainsi que la contrainte de non-négativité de x_2, sont satisfaites comme équations en A.

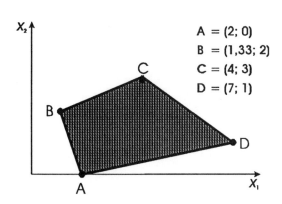

A = (2; 0)
B = (1,33; 2)
C = (4; 3)
D = (7; 1)

Région admissible de PRO3-05

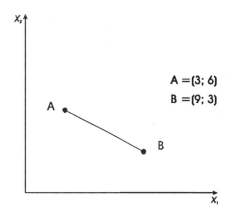

A = (3; 6)
B = (9; 3)

Région admissible de PRO3-06

6. Un segment de droite

<u>Question 1</u>: La région admissible de ce modèle linéaire est le segment de droite AB de la figure de droite ci-dessus.

<u>Question 2</u>: Le sommet A est l'unique optimum de ce modèle :

en A, $z = (3 \times 3) - (7 \times 6) = -33$

en B, $z = (3 \times 9) - (7 \times 3) = +6$.

7.   Fabrication de deux produits

Question 1: $z = 32\,x_1 + 20\,x_2$

Question 2:   La région admissible est le polygone OABCD. Le maximum est atteint au sommet B : en ce point,

$$z = (32 \times 45) + (20 \times 60) = 2640 .$$

Le plan optimal de production consiste donc à fabriquer 45 unités de P1 et 60 unités de P2; les ventes du mois s'élèvent alors à 2 640 \$.

Question 3: $2\,x_1 + 1\,x_2 \leq 150$

Le point optimal B satisfait à cette inéquation. Par conséquent, l'ajout de cette contrainte ne modifie pas la solution optimale.

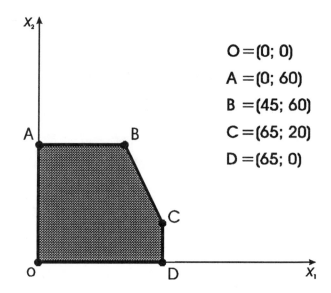

O = (0; 0)
A = (0; 60)
B = (45; 60)
C = (65; 20)
D = (65; 0)

Question 4: On pose

x_s = nombre d'heures supplémentaires le mois prochain dans l'atelier d'assemblage.

Seule la 1re contrainte est modifiée. Elle devient :

$$x_1 + 0,5\,x_2 - x_s \leq 75 .$$

Question 5: On pose, pour $j = 1, 2$,

y_j = montant (en \$) investi en publicité pour le produit Pj.

Seules les contraintes (3) et (4) sont modifiées. Elles deviennent :

$$x_1 - 10\,y_1 \leq 65$$
$$x_2 - 15\,y_2 \leq 60$$

Et on ajoute l'inéquation suivante :

$$y_1 + y_2 \leq 100$$

Question 6: $z' = Ventes - TravHRég - TravHSup - Matériau - Pub$
où

Ventes	=	$32\,x_1 + 20\,x_2$
TravHRég	=	$8(\,x_1 + 0,5\,x_2 + 1,5\,x_1 + 0,8\,x_2\,)$
TravHSup	=	$12\,x_s$
Matériau	=	$3(\,2\,x_1 + x_2\,)$
Pub	=	$y_1 + y_2$

Par conséquent,

$$z' = 6\,x_1 + 6,6\,x_2 - 12\,x_s - y_1 - y_2 .$$

8.   Un polygone irrégulier

Question 1: La région admissible de ce modèle linéaire est le polygone ABCDEF de la figure de gauche ci-dessous.

Question 2: Les sommets où les fonctions z_h atteignent leur maxima sont donnés dans l'avant-dernière ligne du tableau ci-dessous. Tous les points du segment de droite joignant les sommets B et C sont des maxima de z_2.

Sommet	x_1	x_2	z_1	z_2	z_3	z_4	z_5
A	5	2	34	-15	-11	11	39
B	6	8	80	10	-2	2	114
C	9	11	113	10	-5	5	159
D	12	11	125	-5	-14	14	168
E	13	7	101	-30	-25	25	123
F	10	4	68	-30	-22	22	78
Maximum atteint au(x) sommet(s)			D	B, C	B	E	D
Minimum atteint au(x) sommet(s)			A	E, F	E	B	A

Question 3: Les sommets où les fonctions z_h atteignent leur minima sont donnés dans la dernière ligne du tableau. Tous les points du segment de droite joignant les sommets E et F sont des minima de z_2.

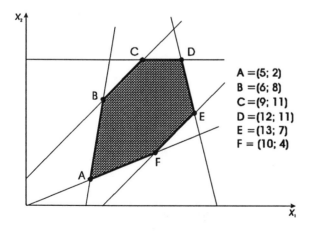

A = (5; 2)
B = (6; 8)
C = (9; 11)
D = (12; 11)
E = (13; 7)
F = (10; 4)

Région admissible de PRO3-08

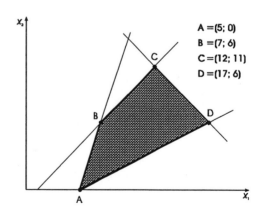

A = (5; 0)
B = (7; 6)
C = (12; 11)
D = (17; 6)

Région admissible de PRO3-09

9.   Fonctions-objectifs comportant un paramètre

Question 1: La région admissible de ce modèle linéaire est le polygone ABCD de la figure de droite donnée au bas de la page précédente.

Question 2: La pente $m = - c_1 / 11$ des courbes de niveau de z doit être (strictement) comprise entre les pentes des segments de droite BC et CD :

$$\text{pente de CD} \quad < \quad \text{pente de } z \quad < \quad \text{pente de BC}$$

$$\frac{6 - 11}{17 - 12} \quad < \quad \frac{- c_1}{11} \quad < \quad \frac{11 - 6}{12 - 7}$$

$$-11 \; < \; - c_1 \; < \; 11$$
$$-11 \; < \; c_1 \; < \; 11$$

Question 3: La pente $m = - 6 / c_2$ des courbes de niveau de z doit être égale à la pente du segment de droite BC :

$$\frac{-6}{c_2} \; = \; \text{pente de BC} \; = \; \frac{11 - 6}{12 - 7} \; = \; 1$$

$$c_2 \; = \; - 6$$

10.   Modification d'un membre droit et solution optimale

Question 1: La région admissible de ce modèle linéaire est le polygone ABC de la figure ci-contre.

Question 2: L'unique solution optimale est alors le sommet B = (3; 2). Et $z = 17$.

Question 3: La région admissible du modèle modifié (P') est le polygone AB'HC. L'unique solution optimale de (P') est le sommet B' = (3,6; 2,4); et $z = 20,4$.

Question 4: L'unique solution optimale de (P) est alors le sommet C = (5; 0). Et $z = 20$.

Question 5: Cette fois encore, la région admissible du modèle modifié (P') est le polygone AB'HC. L'unique solution optimale de (P') est le sommet H = (5; 1); et $z = 23$.

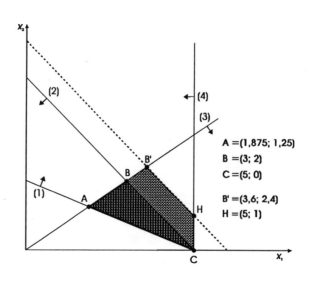

11. Variations d'un membre droit

Question 1: La figure de gauche ci-dessous décrit graphiquement le problème traité ici. La région admissible du modèle linéaire est le polygone OABCDE quand $b_1 = 13$, et OAGDE quand $b_1 = 9$. La solution optimale est atteinte au sommet C dans le premier cas, et au sommet D dans le second.

Les segments de droite parallèles à BC indiquent comment se déplace la frontière de la région admissible lorsque b_1 augmente de 9 à 12 par pas de 1, le segment GD correspondant au cas où $b_1 = 9$.

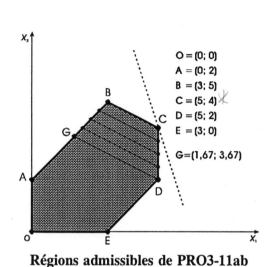

Régions admissibles de PRO3-11ab

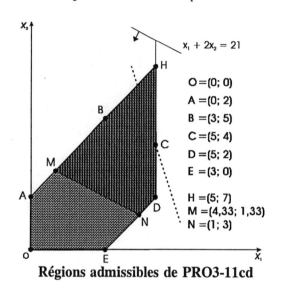

Régions admissibles de PRO3-11cd

Question 2: Lorsque $b_1 = 9$, la valeur optimale est atteinte en D et vaut 17. Quand b_1 augmente par pas de 1, la solution optimale se déplace sur le segment DC : la première coordonnée reste constante à 5, tandis que la seconde coordonnée augmente par pas de 0,5. La valeur optimale de $z = 3x_1 + x_2$ augmente donc de 0,5 à chaque pas.

Question 3: La figure de droite ci-dessus décrit graphiquement le problème traité ici. Lorsque $b_1 = 21$, la région admissible est le polygone OAHDE, où H = (5; 7). Noter que l'inéquation « $x_1 + 2x_2 \leq 21$ » est redondante en présence des trois autres contraintes technologiques et des contraintes de non-négativité; que la région admissible admet alors 5 sommets seulement et n'a plus la même forme qu'à la question 1. Enfin, la valeur optimale est atteinte en H et est égale à 22.

Question 4: La figure de droite ci-dessus décrit graphiquement le problème traité ici. Lorsque $b_1 = 7$, la région admissible est le polygone OAMNE, où M = (1; 3) et N = (4,33; 1,33). Noter que l'inéquation « $x_1 \leq 5$ » est alors redondante; que la région admissible admet 5 sommets seulement et n'a plus la même forme qu'à la question 1. Enfin, la valeur optimale est atteinte en N et est égale à 14,33.

12.   Solutions admissibles et combinaisons convexes

Question 1: La région admissible de ce modèle linéaire est le polygone OABC.

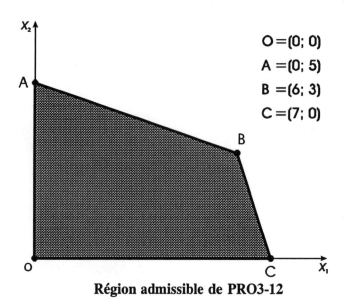

$$O = (0; 0)$$
$$A = (0; 5)$$
$$B = (6; 3)$$
$$C = (7; 0)$$

Région admissible de PRO3-12

Question 2: Le point (2; 3) est admissible car ses coordonnées sont non négatives et satisfont aux contraintes technologiques :

$$x_1 + 3 x_2 = 2 + (3 \times 3) = 11 \leq 15$$
$$3 x_1 + x_2 = (3 \times 2) + 3 = 9 \leq 21$$

Ce point s'exprime de plusieurs façons comme combinaison linéaire convexe des sommets de la region admissible. En voici deux :

$$(2; 3) = \frac{4}{15} O + \frac{6}{15} A + \frac{5}{15} B = \frac{4}{35} O + \frac{21}{35} A + \frac{10}{35} C$$

Question 3: Il existe plusieurs façons d'exprimer chacun des points admissibles mentionnés dans l'énoncé comme combinaison linéaire convexe des sommets. En voici une :

$$(1; 3) = \frac{9}{35} O + \frac{21}{35} A + \frac{5}{35} C$$

$$(6; 1) = \frac{2}{21} O + \frac{7}{21} B + \frac{12}{21} C$$

$$(6; 2) = \frac{1}{21} O + \frac{14}{21} B + \frac{6}{21} C$$

$$(4; 2) = \frac{1}{3} O + \frac{2}{3} B$$

Question 4: Le point (3; 4) appartient au segment de droite AB puisque (3; 4) = 0,5 A + 0,5 B. Il s'agit donc d'un point frontière.

Note. Certains points intérieurs s'expriment comme combinaison linéaire convexe de 2 sommets. C'est le cas, par exemple, du point (4; 2) considéré à la question précédente. De fait, tout point situé sur les segments de droite AC et OB s'écrit comme combinaison des deux sommets extrémités du segment auquel il appartient. Par contre, les autres points intérieurs du polygone OABC ne peuvent s'exprimer comme combinaison linéaire convexe de seulement 2 sommets et exigent au moins 3 sommets dans leurs représentations linéaires convexes.

Question 5: Le point (5; 5) ne satisfait pas à la première contrainte technologique : en effet,

$$5 + (3 \times 5) > 15 .$$

Supposons maintenant que (5; 5) s'exprime comme combinaison linéaire convexe des sommets :

$$\begin{bmatrix} 5 \\ 5 \end{bmatrix} = \lambda_1 \begin{bmatrix} 0 \\ 0 \end{bmatrix} + \lambda_2 \begin{bmatrix} 0 \\ 5 \end{bmatrix} + \lambda_3 \begin{bmatrix} 6 \\ 3 \end{bmatrix} + \lambda_4 \begin{bmatrix} 7 \\ 0 \end{bmatrix}$$

où

$$\lambda_1 + \lambda_2 + \lambda_3 + \lambda_4 = 1 \quad \text{et} \quad (\ 0 \leq \lambda_h \leq 1 \quad \text{pour } h = 1, 2, 3, 4).$$

Alors

$$5 = 6 \lambda_3 + 7 \lambda_4 \quad \text{et} \quad 5 = 5 \lambda_2 + 3 \lambda_3$$

Il en résulte que

$$\lambda_1 + \left[1 - \frac{3}{5} \lambda_3 \right] + \lambda_3 + \left[\frac{5}{7} - \frac{6}{7} \lambda_3 \right] = 1$$

$$- 35 \lambda_1 + 16 \lambda_3 = 25$$

Or cette dernière égalité est impossible :

$$- 35 \lambda_1 + 16 \lambda_3 \leq 16 \lambda_3 \quad \text{car} \quad \lambda_1 \geq 0$$

$$\leq 16 \quad \text{car} \quad \lambda_3 \leq 1$$

Par conséquent, on doit rejeter l'hypothèse selon laquelle le point (5; 5) s'exprimerait comme combinaison linéaire convexe des sommets de la région admissible.

13.   Solutions optimales et combinaisons convexes

Question 1: La région admissible de ce modèle linéaire est le polygone ABCD.

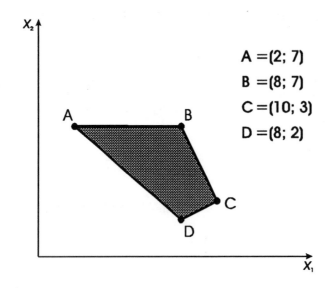

A =(2; 7)

B =(8; 7)

C =(10; 3)

D =(8; 2)

Question 2: Le tableau ci-dessous donne la liste des sommets, ainsi que la valeur de z en chacun d'eux.

Sommet	(2; 7)	(8; 7)	(10; 3)	(8; 2)
Valeur de z	312	492	408	312

La fonction-objectif z atteint sa valeur minimale aux sommets A $= (2; 7)$ et D $= (8; 2)$.

Question 3: Les solutions optimales du modèle (P) sont les points du segment de droite [A; D], c'est-à-dire les points $(x_1; x_2)$ qui s'écrivent sous la forme :

$$(x_1; x_2) = \lambda \, A + (1 - \lambda) \, D \quad \text{où } 0 \le \lambda \le 1.$$

4. L'algorithme du simplexe - Solutions

1. Région admissible et variables d'écart

Question 1: La région admissible du modèle linéaire est le polygone OABCDE de la figure ci-dessous.

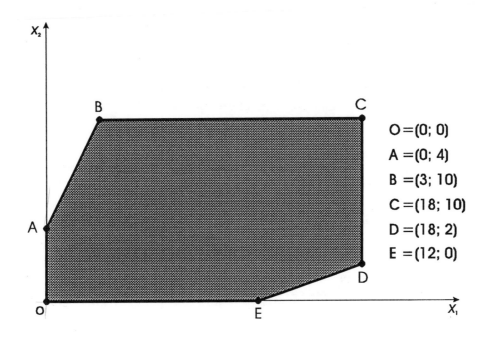

$O = (0; 0)$
$A = (0; 4)$
$B = (3; 10)$
$C = (18; 10)$
$D = (18; 2)$
$E = (12; 0)$

Question 2: Voici le modèle équivalent sous forme (PLS=) :

$$\text{Max} \quad z = -3 x_1 + 7 x_2$$

sous les contraintes :

$$
\begin{aligned}
-2 x_1 + x_2 + e_1 \qquad\qquad\qquad &= 4 \\
x_1 - 3 x_2 \qquad + e_2 \qquad\qquad &= 12 \\
x_2 \qquad\qquad + e_3 \qquad &= 10 \\
x_1 \qquad\qquad\qquad\qquad + e_4 &= 18 \\
x_1, x_2, e_1, e_2, e_3, e_4 &\geq 0
\end{aligned}
$$

Question 3: Le tableau suivant donne les valeurs des variables d'écart en chacun des sommets. La section de droite indique quelles contraintes sont satisfaites comme équations (un numéro renvoie à une contrainte technologique; une variable, à la contrainte de non-négativité correspondante).

Sommet	x_1	x_2	e_1	e_2	e_3	e_4	Contraintes	
O	0	0	4	12	10	18	x_1	x_2
A	0	4	0	24	6	18	x_1	(1)
B	3	10	0	39	0	15	(1)	(3)
C	18	10	30	24	0	0	(3)	(4)
D	18	2	38	0	8	0	(4)	(2)
E	12	0	28	0	10	6	(2)	x_2

Question 4: Le tableau ci-dessous donne les valeurs des variables d'écart en chacun des 4 points considérés. La section de droite indique si le point est admissible ou non; et, dans le cas négatif, les contraintes qui ne sont pas satisfaites sont énumérées.

Point	e_1	e_2	e_3	e_4	Admissible ?
P	12	18	6	12	Oui
Q	− 13	73	− 11	16	Non : (1) et (3)
R	0	34	2	16	Oui
S	38	10	4	− 2	Non : (4)

2. Variables d'écart

Question 1: Voici le modèle équivalent sous forme (PLS=).

$$\text{Max}\quad z = x_1 + 2\,x_2 + 3\,x_3 + 4\,x_4$$

sous les contraintes :

$$
\begin{aligned}
2\,x_1 + 4\,x_2 + 7\,x_3 + 2\,x_4 + e_1 \qquad\qquad\quad &= 60 \\
x_1 + \quad x_2 + 2\,x_3 + 5\,x_4 \qquad + e_2 \qquad\quad &= 40 \\
3\,x_1 + 2\,x_2 + \quad x_3 + 2\,x_4 \qquad\qquad + e_3 &= 50 \\
x_1\,,\,x_2\,,\,x_3\,,\,x_4\,,\,e_1\,,\,e_2\,,\,e_3 \ge 0
\end{aligned}
$$

Question 2: Le tableau suivant donne les valeurs des variables d'écart en chacun des points considérés. La section de droite indique si le point est admissible ou non; et, dans le cas négatif, les contraintes qui ne sont pas satisfaites sont énumérées.

Point	e_1	e_2	e_3	Admissible ?
P	45	31	42	Oui
Q	-16	18	28	Non : (1)
R	-41	0	6	Non : (1)

3. Variables d'écart et d'excédent

Question 1: Voici le système équivalent demandé.

$$\text{Max} \quad z = 6\,x_1 + 4\,x_2 + 2\,x_3$$

sous les contraintes :

$$
\begin{aligned}
6\,x_1 + x_2 + 5\,x_3 + e_1 &= 21 \\
2\,x_1 + 2\,x_2 + 2\,x_3 - e_2 &= 5 \\
3\,x_1 - x_2 + 4\,x_3 - e_3 &= 5 \\
x_1 + 2\,x_2 - 2\,x_3 - e_4 &= 5 \\
x_1 ,\ x_2 ,\ x_3 ,\ e_1 ,\ e_2 ,\ e_3 ,\ e_4 &\geq 0
\end{aligned}
$$

Question 2: Le tableau suivant donne les valeurs des variables d'écart en chacun des points considérés. La section de droite indique si le point est admissible ou non; et, dans le cas négatif, les contraintes qui ne sont pas satisfaites sont énumérées (un numéro renvoie à une contrainte technologique; une variable, à la contrainte de non-négativité correspondante).

Point	e_1	e_2	e_3	e_4	Admissible ?
P	7	7	-1	-1	Non : (3) et (4)
Q	8	1	0	-1	Non : (4)
R	-23	11	23	-9	Non : (1) et (4)
S	0	3	1	6	Non : x_3

4. Ajout de variables et fonction-objectif à minimiser

Question 1: Le modèle équivalent demandé est le même que celui donné en réponse à la question 1 du problème précédent, sauf que l'objectif s'écrit :

$$\text{Min} \quad z = 2\,x_1 + 5\,x_2 + 4\,x_3$$

Question 2: Les valeurs des variables d'écart et d'excédent sont les mêmes que dans la réponse à la question 2 du problème précédent.

5. Pivotages et région admissible

Question 1: Voici le système équivalent demandé.

$$
\begin{aligned}
x_2 + e_1 \qquad\qquad &= 4 \\
x_1 + x_2 \qquad + e_2 \qquad &= 8 \\
x_1 \qquad\qquad + e_3 &= 6
\end{aligned}
$$

où x_1, x_2, e_1, e_2 et e_3 sont des variables non négatives.

Question 2: Le tableau suivant donne les valeurs des variables d'écart en chacun des sommets. La section de droite indique quelles contraintes sont satisfaites comme équations (un numéro renvoie à une contrainte technologique; une variable, à la contrainte de non-négativité correspondante).

Sommet	x_1	x_2	e_1	e_2	e_3	Contraintes	
O	0	0	4	8	6	x_1	x_2
A	0	4	0	4	6	x_1	(1)
B	4	4	0	0	2	(1)	(2)
C	6	2	2	0	0	(2)	(3)
D	6	0	4	2	0	(3)	x_2

Questions 3 à 5: La variable entrante est hors base, et par conséquent nulle, au sommet d'origine. De plus, au sommet d'arrivée, elle fera partie de la base et, à moins que ce sommet ne soit dégénéré, ce qui n'est jamais le cas dans cet exemple, elle prendra une valeur positive au sommet d'arrivée. En résumé, la variable entrante passe de 0 à une valeur positive entre les sommets de départ et d'arrivée. À l'inverse, la variable sortante passe d'une valeur positive à la valeur 0.

Pivotage	Variable entrante	Variable sortante
de O à D	x_1	e_3
de B à C	e_1	e_3
de C à B	e_3	e_1

6. Liste des sommets visités par l'algorithme du simplexe

Question 1: La solution optimale est le sommet B :

$$x_1 = 4 \qquad x_2 = 4 \quad \text{et} \quad z = 36$$

(Pour déterminer cette solution optimale, il suffit d'évaluer la fonction-objectif z en chacun des sommets de la région admissible et de remarquer que la plus grande des valeurs obtenues correspond au sommet B, ou encore de tracer une courbe de niveau et de la déplacer le plus loin possible vers la droite.)

Question 2: Voici le tableau numéro 0 demandé.

Base		3	6	0	0	0	
Coeff.	Var.	x_1	x_2	e_1	e_2	e_3	Valeur
0	e_1	0	1	1	0	0	4
0	e_2	1	1	0	1	0	8
0	e_3	1	0	0	0	1	6
z_j		0	0	0	0	0	
$c_j - z_j$		3	6	0	0	0	0

Question 3: Lors de la 1re itération, x_2 est la variable entrante. La séquence des points visités est donc

$$O - A - B$$

La fonction-objectif z augmente de 24 lors de la 1re itération, et de 12 lors de la 2e et dernière itération.

7. Le tableau initial du simplexe d'un modèle (PLS)

Question 1:   Max $z = 3\,x_1 + 7\,x_4$

sous les contraintes :

$$3\,x_1 - 4\,x_2 + 6\,x_3 + 2\,x_4 + e_1 \qquad\qquad = 18$$
$$x_1 + x_2 + x_3 + 3\,x_4 \qquad + e_2 \qquad\qquad = 21$$
$$x_1 + 3\,x_2 \qquad + 3\,x_4 \qquad\qquad + e_3 \qquad = 15$$
$$4\,x_1 + x_2 - 2\,x_3 + 2\,x_4 \qquad\qquad\qquad + e_4 = 12$$
$$x_1, x_2, x_3, x_4, e_1, e_2, e_3, e_4 \geq 0$$

Question 2: Voici le tableau initial demandé.

Base		3	0	0	7	0	0	0	0	
Coeff.	Var.	x_1	x_2	x_3	x_4	e_1	e_2	e_3	e_4	Valeur
0	e_1	3	- 4	6	2	1	0	0	0	18
0	e_2	1	1	1	3	0	1	0	0	21
0	e_3	1	3	0	3	0	0	1	0	15
0	e_4	4	1	- 2	2	0	0	0	1	12
z_j		0	0	0	0	0	0	0	0	
$c_j - z_j$		3	0	0	7	0	0	0	0	0

8. La première itération du simplexe d'un modèle (PLS)

Question 1: La variable entrante est x_4. La non-négativité des variables de base limite la croissance de x_4 :

$$2\, x_4 + e_1 = 18 \quad \text{et} \quad e_1 \geq 0 \quad : \text{d'où} \quad x_4 \leq 18 \,/\, 2 = 9$$

$$3\, x_4 + e_2 = 21 \quad \text{et} \quad e_2 \geq 0 \quad : \text{d'où} \quad x_4 \leq 21 \,/\, 3 = 7$$

$$3\, x_4 + e_3 = 15 \quad \text{et} \quad e_3 \geq 0 \quad : \text{d'où} \quad x_4 \leq 15 \,/\, 3 = 5$$

$$2\, x_4 + e_4 = 12 \quad \text{et} \quad e_4 \geq 0 \quad : \text{d'où} \quad x_4 \leq 12 \,/\, 2 = 6$$

La valeur limite de x_4 est donc 5. Pour cette valeur, e_3 devient nulle : il s'agit de la variable sortante. Le pivot de cette première itération est le nombre 3 situé à l'intersection de la colonne x_3 et la 3e ligne.

Question 2: Dans la solution de base recherchée, les variables hors base seront x_1, x_2, x_3 et e_3. La variable entrante x_4 sera égale à 5. Les valeurs des autres variables de base se calculent à l'aide des équations considérées dans la réponse à la question 1. En résumé :

$$x_1 = x_2 = x_3 = e_3 = 0$$

$$e_1 = 18 - 2\, x_4 = 18 - (2\times 5) = 8$$

$$e_2 = 21 - 3\, x_4 = 21 - (3\times 5) = 6$$

$$x_4 = 5$$

$$e_4 = 12 - 2\, x_4 = 12 - (2\times 5) = 2$$

De plus,

$$z = 3\, x_1 + 7\, x_4 = (3\times 0) + (7\times 5) = 35$$

9. Calcul des coûts marginaux d'un tableau

Question 1: Le tableau suivant donne les valeurs demandées.

Base	x_1	x_2	x_3	e_1	e_2	e_3	e_4	Valeur
z_j	3	7	2,4	0	0	1,4	0,2	
$c_j - z_j$	0	0	2,6	0	0	- 1,4	- 0,2	49

Illustrons le calcul des valeurs associées à la variable x_3 :

$$z_j \quad = \quad (0 \times 2,7) + (0 \times 0,5) + 3 \times (-1,3) + (7 \times 0,9) \quad = \quad 2,4$$
$$c_j - z_j = 5 - 2,4 = 2,6$$

Question 2:
$$x_3 = e_3 = e_4 = 0$$
$$e_1 = 14$$
$$e_2 = 3$$
$$x_1 = 7$$
$$x_2 = 4$$

Question 3: Le tableau n'est pas optimal parce que l'on cherche ici à maximiser la fonction-objectif et que le coût marginal de la variable hors base x_3 est positif : on améliorera la fonction-objectif z en faisant croître x_3, qui sera la variable entrante. La non-négativité des variables de base limite la croissance de x_3 :

$$e_1 + 2,7\, x_3 = 14 \quad \text{et} \quad e_1 \geq 0 \; : \quad \text{d'où} \quad x_3 \leq 14 \, / \, 2,7 \; = \; 5,185$$
$$e_2 + 0,5\, x_3 = 3 \quad \text{et} \quad e_2 \geq 0 \; : \quad \text{d'où} \quad x_3 \leq 3 \, / \, 0,5 \; = \; 6$$
$$x_1 - 1,3\, x_3 = 7 \quad \text{et} \quad x_1 \geq 0 \; : \quad \text{aucune limite ici}$$
$$x_2 + 0,9\, x_3 = 4 \quad \text{et} \quad x_2 \geq 0 \; : \quad \text{d'où} \quad x_3 \leq 4 \, / \, 0,9 \; = \; 4,444$$

La valeur limite de la variable entrante x_3 est donc 4,444. Pour cette valeur, x_2 devient nulle : il s'agit de la variable sortante. Le pivot de cette itération est le nombre 0,9 situé à l'intersection de la colonne x_3 et de la 4e ligne.

Question 4: Dans la solution de base associée au tableau subséquent, les variables hors base seront e_3, e_4 et x_2. La variable entrante x_3 sera égale à 4,444. Les valeurs des autres variables de base se calculent à l'aide des équations considérées dans la réponse à la question précédente. En résumé :

$$x_2 = e_3 = e_4 = 0$$

$$e_1 = 14 - (2,7 \times 4,444) = 2$$

$$e_2 = 3 - (0,5 \times 4,444) = 0,777$$

$$x_1 = 7 + (1,3 \times 4,444) = 12,778$$

$$x_3 = 4,444$$

Enfin, la fonction-objectif z augmente de $2,6 \times 4,444 = 11,556$.

10.   Variables entrante et sortante

Question 1:   Max $z = x_2 - 0,5\, e_2 - 1,5\, e_4 + 1320$

sous les contraintes :

$$
\begin{array}{rcrcrcrcrcl}
0,4\ x_2 & & & + & e_1 & - & 0,3\ e_2 & & & - & 0,1\ e_4 & = & 144 \\
x_1 & - & 0,2\ x_2 & & & + & 0,4\ e_2 & & & - & 0,2\ e_4 & = & 48 \\
& & 1,6\ x_2 & & & - & 0,7\ e_2 & + & e_3 & + & 0,1\ e_4 & = & 696 \\
& & 0,8\ x_2 & + & x_3 & - & 0,1\ e_2 & & & + & 0,3\ e_4 & = & 168 \\
\end{array}
$$

$$x_1, x_2, x_3, e_1, e_2, e_3, e_4 \geq 0$$

Question 2: $x_2 = e_2 = e_4 = 0$

$$e_1 = 144$$

$$x_1 = 48$$

$$e_3 = 696$$

$$x_3 = 168$$

Question 3:   Le tableau n'est pas optimal parce que l'on cherche ici à maximiser z et que le coût marginal de la variable hors base x_2 est positif : on améliorera la fonction-objectif z en faisant croître x_2, qui sera la variable entrante. La non-négativité des variables de base limite la croissance de x_2 :

$$e_1 + 0,4\, x_2 = 144 \quad \text{et} \quad e_1 \geq 0 \quad : \text{d'où } x_2 \leq 144 / 0,4 = 360$$

$$x_1 - 0,2\, x_2 = 48 \quad \text{et} \quad x_1 \geq 0 \quad : \text{aucune limite ici}$$

$$e_3 + 1,6\, x_2 = 696 \quad \text{et} \quad e_3 \geq 0 \quad : \text{d'où } x_2 \leq 696 / 1,6 = 435$$

$$x_3 + 0,8\, x_2 = 168 \quad \text{et} \quad x_3 \geq 0 \quad : \text{d'où } x_2 \leq 168 / 0,8 = 210$$

La valeur limite de la variable entrante x_2 est donc 210. Pour cette valeur, x_3 devient nulle : il s'agit de la variable sortante. Le pivot de cette itération est le nombre 0,8 situé à l'intersection de la colonne x_2 et de la 4e ligne.

Question 4: Dans la solution de base associée au tableau subséquent, les variables hors base seront e_2, e_4 et x_3. La variable entrante x_2 sera égale à 210. Les valeurs des autres variables de base se calculent à l'aide des équations considérées dans la réponse à la question précédente. En résumé :

$$
\begin{aligned}
x_3 &= e_2 = e_4 = 0 \\
e_1 &= 144 - (0{,}4 \times 210) = 60 \\
x_1 &= 48 + (0{,}2 \times 210) = 90 \\
e_3 &= 696 - (1{,}6 \times 210) = 360 \\
x_2 &= 210
\end{aligned}
$$

Enfin, la fonction-objectif z augmente de $1 \times 210 = 210$.

11.   Une itération du simplexe

Question 1:
$$
\begin{aligned}
x_1 &= x_3 = e_1 = e_2 = 0 \\
x_4 &= 15 \\
x_2 &= 120 \\
e_3 &= 950 \\
z &= 300
\end{aligned}
$$

Question 2: La variable entrante est e_1. La non-négativité des variables de base limite la croissance de e_1 :

$$
\begin{aligned}
x_4 + e_1 &= 15 \quad \text{et } x_4 \geq 0 \;:\; \text{d'où } e_1 \leq 15 \\
x_2 - 6\,e_1 &= 120 \quad \text{et } x_2 \geq 0 \;:\; \text{aucune limite ici} \\
e_3 + 30\,e_1 &= 950 \quad \text{et } e_3 \geq 0 \;:\; \text{d'où } e_1 \leq 950 / 30 = 31{,}667
\end{aligned}
$$

La plus petite limite correspond à x_4, qui est la variable sortante. Après le pivotage, on obtient le tableau suivant.

Base		7	2	12	4	0	0	0	
Coeff.	Var.	x_1	x_2	x_3	x_4	e_1	e_2	e_3	Valeur
0	e_1	- 1	0	2	1	1	0	0	15
2	x_2	- 1	1	12	6	0	1	0	210
0	e_3	42	0	- 42	- 30	0	1	1	500
z_j		- 2	2	24	12	0	2	0	
$c_j - z_j$		9	0	- 12	- 8	0	- 2	0	420

Question 3: La fonction-objectif z augmente de $8 \times 15 = 120$. La solution de base associée au tableau résultant est :

$$x_1 = x_3 = x_4 = e_2 = 0$$
$$e_1 = 15$$
$$x_2 = 210$$
$$e_3 = 500$$

Question 4: Le tableau n'est pas optimal : en effet, on cherche ici à maximiser z et le coût marginal de la variable hors base x_1 est positif.

Note. Pour affirmer que la solution de base associée au tableau résultant n'est pas optimale, il faudrait vérifier que la variable entrante x_1 peut prendre une valeur positive. Ce qui est le cas ici puisque sa valeur limite est $500 / 42 = 11{,}905$.

12.   Résolution d'un modèle (PLS)

Le tableau suivant reproduit la séquence des tableaux du simplexe obtenus lors de la résolution de ce modèle par l'algorithme du simplexe. La fonction-objectif z atteint son maximum $z^* = 14$ quand $x_1 = x_2 = 0$ et $x_3 = 2$. De plus, $(0; 0; 2)$ est l'unique solution optimale.

Tableau. Séquence des tableaux du problème 12, « Résolution d'un modèle (PLS) »

Nº	Coeff.	Base Var.	3 x_1	1 x_2	7 x_3	0 e_1	0 e_2	0 e_3	Valeur	Limite
0	0	e_1	1	1	1	1	0	0	3	3/1
	0	← e_2	2	2	**3**	0	1	0	6	6/3
	0	e_3	1	4	2	0	0	1	8	8/2
		z_j	0	0	0	0	0	0		
		$c_j - z_j$	3	1	7 ↑	0	0	0	0	
1	0	e_1	0,33	0,33	0	1	-0,33	0	1	
	7	x_3	0,67	0,67	1	0	0,33	0	2	
	0	e_3	-0,33	2,67	0	0	-0,67	1	4	
		z_j	4,67	4,67	7	0	2,33	0		
		$c_j - z_j$	-1,67	-3,67	0	0	-2,33	0	14	

13.   Paramètres à déterminer

Question 1: Voici le tableau obtenu en remplaçant les paramètres par leurs valeurs.

Coeff.	Base Var.	6 x_1	2 x_2	7 x_3	0 e_1	0 e_2	0 e_3	Valeur
7	x_3	**0**	2	**1**	0	3	0	7
6	x_1	**1**	0	**0**	3	- 1	0	12
0	e_3	**0**	3	**0**	- 7	- 2	1	5
	z_j	**6**	**14**	**7**	**18**	**15**	0	
	$c_j - z_j$	**0**	**- 12**	**0**	**- 18**	**- 15**	0	**121**

-    Les valeurs de a, b, c, e, h, i, j et m se déduisent immédiatement de la structure des colonnes des variables de base dans un tableau du simplexe.

- Les valeurs de f et p s'obtiennent en appliquant la méthode de calcul des coefficients z_j décrite aux tableaux 4.7 et 4.8 :

$$f = (7 \times 2) + (6 \times 0) + (0 \times 3) = 14$$
$$p = (7 \times 7) + (6 \times 12) + (0 \times 5) = 121$$

- Les valeurs de d, g, k et n se calculent à partir de la formule pour le coût marginal :

$$e = 6 - d : \text{d'où } d = 6 - e = 6 - 0 = 6$$

$$g = 2 - f = 2 - 14 = -12$$

$$m = 7 - k : \text{d'où } k = 7 - m = 7 - 0 = 7$$

$$n = 0 - 15 = -15$$

Question 2: Voici le tableau obtenu en remplaçant les paramètres par leurs valeurs.

Base		4	5	- 2	0	0	0	
Coeff.	Var.	x_1	x_2	x_3	e_1	e_2	e_3	Valeur
5	x_2	0	1	0	- 2	3	4	13
- 2	x_3	0	0	1	1	0	- 1	4
4	x_1	1	0	0	4	- 5	- 3	15
z_j		4	5	- 2	4	- 5	10	
$c_j - z_j$		0	0	0	- 4	5	- 10	**117**

- Les paramètres d, e et f sont nuls car les variables d'écart e_i n'apparaissent pas dans la fonction-objectif.

- Les valeurs de g, h, i, k, m, n, o, p, q, r, s et u se déduisent immédiatement de la structure des colonnes des variables de base dans un tableau du simplexe.

- Les autres paramètres sont calculés ici dans l'ordre

$$b, x, y, a, j, c, t, v, w \text{ et } z$$

en utilisant la méthode de calcul des coûts marginaux décrite en 4.3.10.

$$5 = \text{(coefficient } z_j \text{ de } x_2) = (b \times 1) + (c \times 0) + (a \times 0) = b$$

$$5 = e - x : \text{ d'où } x = e - 5 = 0 - 5 = -5$$

$$y = f - 10 = 0 - 10 = -10$$

$$-5 = x = 3b + 0 - 5a : \text{ d'où } a = 4$$

$$10 = 4b - c - 3a : \text{ d'où } c = -2$$

$$0 = (-2) - t : \text{ d'où } t = -2$$

$$4 = 5 \times (-2) + (-2) \times v + (4 \times 4) : \text{ d'où } v = 1$$

$$w = 0 - 4 = -4$$

$$z = (5 \times 13) + (-2) \times 4 + (4 \times 15) = 117$$

Question 3: Voici le tableau obtenu en remplaçant les paramètres par leurs valeurs.

Base		3	2	2	4	0	0	0	0	
Coeff.	Var.	x_1	x_2	x_3	x_4	e_1	e_2	e_3	e_4	Valeur
0	e_1	0	0	0	0	1	- 0,5	- 0,5	0	5
4	x_4	1	0	0	1	0	0,5	0	0	6
2	x_2	0	1	1	0	0	0	0,5	0	9
0	e_4	1	0	1	0	0	0	0	1	12
$c_j - z_j$		- 1	0	0	0	0	- 2	- 1	0	42

Il suffit, pour déterminer les valeurs des paramètres, d'appliquer la méthode de calcul des coûts marginaux décrite en 4.3.10. On obtient successivement que

$$b = 3 - 4a \qquad c = 2 - 2a \qquad -2 = 0 - 4d \qquad b = 0 - 2d \qquad 42 = 24 + 2e$$

Il en résulte que

$$d = 0,5 \qquad b = -1 \qquad a = 1 \qquad c = 0 \qquad e = 9$$

14.   Conditions sur les paramètres apparaissant dans un tableau optimal

Un certain nombre de paramètres sont déterminés de façon unique par la structure du tableau.

-   Les valeurs de e, f, g, h et m se déduisent immédiatement de la structure des colonnes des variables de base dans un tableau du simplexe.

-   Les paramètres a, b, c, d et n s'obtiennent en utilisant la méthode de calcul des coûts marginaux décrite en 4.3.10.

$$e = 4 - d \text{ : d'où } d = 4 - e = 4 - 0 = 4$$

$$-2 = a - (-1) = a + 1 \text{ : d'où } a = -2 - 1 = -3$$

$$-1 = -16 + 0 + 3b + 0 \text{ : d'où } b = 5$$

$$14 = 4 + 0 + 5n + 0 \text{ : d'où } n = 2$$

$$500 = 80 + 0 + 180 + 40c \text{ : d'où } c = 6$$

Voici le tableau, une fois que ces paramètres ont été remplacés par leurs valeurs.

Base		4	- 3	5	6	0	0	0	0	
Coeff.	Var.	x_1	x_2	x_3	x_4	e_1	e_2	e_3	e_4	Valeur
4	x_1	1	- 4	0	0	2	0	1	0	20
0	e_2	0	2	0	0	i	1	- 1	0	18
5	x_3	0	3	1	0	j	0	2	0	36
6	x_4	0	0	0	1	0	0	0	1	40
z_j		4	- 1	5	6	k	0	14	6	
$c_j - z_j$		0	- 2	0	0	- k	0	- 14	- 6	500

L'optimalité du tableau implique que $-k \leq 0$, c'est-à-dire que

$$k \geq 0 .$$

Enfin, les paramètres i, j et k sont liés par l'équation suivante, qui explicite la façon de calculer le coefficient z_j de la variable e_1 :

$$k = 8 + (0 \times i) + 5j + 0$$

Ainsi, i peut prendre n'importe quelle valeur réelle. Par ailleurs, j est soumis à la contrainte suivante en vertu de la non-négativité de k :

$$8 + 5j \geq 0 , \quad \text{c'est-à-dire } j \geq -1{,}6 .$$

15.   Un modèle (PLC) de maximisation

Question 1:   Max $z = 3x_1 + x_2 + 6x_4$

sous les contraintes :

$$2x_1 + x_2 + 3x_3 + 2x_4 + e_1 \qquad\qquad = 8$$
$$x_1 + 6x_2 + 2x_3 \qquad\qquad = 5$$
$$3x_1 + 4x_2 \qquad + 3x_4 \qquad - e_3 \qquad = 4$$
$$4x_1 + x_2 + 5x_3 + x_4 \qquad\qquad - e_4 = 5$$

$$x_1, x_2, x_3, x_4, e_1, e_3, e_4 \geq 0$$

Question 2:   Max $z = 3x_1 + x_2 + 6x_4$

sous les contraintes :

$$2x_1 + x_2 + 3x_3 + 2x_4 + e_1 \qquad\qquad = 8$$
$$x_1 + 6x_2 + 2x_3 \qquad\qquad + a_2 \qquad = 5$$
$$3x_1 + 4x_2 \qquad + 3x_4 \qquad - e_3 \qquad + a_3 \qquad = 4$$
$$4x_1 + x_2 + 5x_3 + x_4 \qquad\qquad - e_4 \qquad + a_4 = 5$$

$$x_1, x_2, x_3, x_4, e_1, e_3, e_4, a_2, a_3, a_4 \geq 0$$

Question 3: Tableau initial pour la méthode en deux phases.

Base		0	0	0	0	0	0	0	1	1	1	
Coeff.	Var.	x_1	x_2	x_3	x_4	e_1	e_3	e_4	a_2	a_3	a_4	Valeur
0	e_1	2	1	3	2	1	0	0	0	0	0	8
1	a_2	1	6	2	0	0	0	0	1	0	0	5
1	a_3	3	4	0	3	0	- 1	0	0	1	0	4
1	a_4	4	1	5	1	0	0	- 1	0	0	1	5
z_j		8	11	7	4	0	- 1	- 1	1	1	1	
$c_j - z_j$		- 8	- 11	- 7	- 4	0	1	1	0	0	0	14

Question 4: Le tableau initial pour la méthode du grand M est identique au tableau précédent dans sa section centrale. Les différences se situent au niveau de la ligne supérieure donnant les coefficients de la fonction-objectif, ainsi que dans la section du bas.

Base		3	1	0	6	0	0	0	-M	-M	-M	
Coeff.	Var.	x_1	x_2	x_3	x_4	e_1	e_3	e_4	a_2	a_3	a_4	Valeur
0	e_1	2	1	3	2	1	0	0	0	0	0	8
-M	a_2	1	6	2	0	0	0	0	1	0	0	5
-M	a_3	3	4	0	3	0	-1	0	0	1	0	4
-M	a_4	4	1	5	1	0	0	-1	0	0	1	5
z_j		-8M	-11M	-7M	-4M	0	M	M	-M	-M	-M	
$c_j - z_j$		3+8M	1+11M	7M	6+4M	0	-M	-M	0	0	0	-14M

16.   Un modèle (PLC) de minimisation

Question 1: Le modèle est identique à celui donné en réponse à la question 1 du problème précédent, sauf que l'objectif s'écrit :

$$\text{Min } z = 3\,x_1 + x_2 + 6\,x_4$$

Question 2: Le modèle est identique à celui donné en réponse à la question 2 du problème précédent, sauf que l'objectif s'écrit :

$$\text{Min } z = 3\,x_1 + x_2 + 6\,x_4$$

Question 3: Le tableau initial pour la méthode en deux phases est identique à celui donné en réponse à la question 3 du problème précédent.

Question 4: Le tableau initial pour la méthode du grand M est identique à celui donné en réponse à la question 4 du problème précédent, sauf que les signes des coefficients du paramètre M doivent être inversés.

Base		3	1	0	6	0	0	0	M	M	M	
Coeff.	Var.	x_1	x_2	x_3	x_4	e_1	e_3	e_4	a_2	a_3	a_4	Valeur
0	e_1	2	1	3	2	1	0	0	0	0	0	8
M	a_2	1	6	2	0	0	0	0	1	0	0	5
M	a_3	3	4	0	3	0	-1	0	0	1	0	4
M	a_4	4	1	5	1	0	0	-1	0	0	1	5
z_j		8M	11M	7M	4M	0	-M	-M	M	M	M	
$c_j - z_j$		3-8M	1-11M	-7M	6-4M	0	M	M	0	0	0	14M

17. Réécriture de modèles linéaires sous forme canonique

Question 1: Il faut d'abord multiplier les 1re, 3e et 4e contraintes technologiques par -1, pour que leurs membres droits soient non négatifs. Voici le modèle sous forme canonique.

$$\text{Max} \quad z = 6\,x_1 + 11\,x_2 + 7\,x_3$$

sous les contraintes :

$$
\begin{aligned}
3\,x_1 + 7\,x_2 - 4\,x_3 + e_1 &&&&&= 12 \\
5\,x_1 + 2\,x_2 - 4\,x_3 &&- e_2 &+ a_2 &&= 7 \\
-2\,x_1 + 4\,x_2 + 5\,x_3 &&&&+ a_3 &= 8 \\
x_1 - 6\,x_2 + 6\,x_3 &&- e_4 &&+ a_4 &= 5
\end{aligned}
$$

$$x_1, x_2, x_3, e_1, e_2, e_4, a_2, a_3, a_4 \geq 0$$

Question 2: Cette fois également, il faut multiplier préalablement les 1re, 3e et 4e contraintes technologiques par -1. Voici le modèle sous forme canonique.

$$\text{Max} \quad z = 4\,x_1 + 3\,x_2 + 5\,x_3 + x_4$$

sous les contraintes :

$$
\begin{aligned}
-8\,x_1 + 5\,x_2 + 5\,x_3 - 4\,x_4 &&+ a_1 &&= 11 \\
3\,x_1 - x_2 + 7\,x_3 + 2\,x_4 + e_2 &&&&= 9 \\
7\,x_1 - 4\,x_2 - x_3 - x_4 &+ e_3 &&&= 15 \\
-x_1 + x_2 - 3\,x_3 - 7\,x_4 &&- e_4 &+ a_4 &= 4
\end{aligned}
$$

$$x_1, x_2, x_3, x_4, e_2, e_3, e_4, a_1, a_4 \geq 0$$

Question 3: Il faut préalablement multipier les 2e et 4e contraintes technologiques par -1. Voici le modèle sous forme canonique.

$$\text{Min} \quad z = 3 x_1 + 8 x_2 - 2 x_3 + 5 x_4$$

sous les contraintes :

$$
\begin{aligned}
x_1 + 6 x_2 \quad\quad + x_4 + e_1 &= 60 \\
x_1 + 3 x_2 + x_3 - 7 x_4 \quad - e_2 + a_2 &= 63 \\
x_1 + 8 x_2 - 2 x_3 \quad\quad\quad\quad + a_3 &= 8 \\
4 x_2 - x_3 + 9 x_4 \quad\quad\quad\quad\quad + a_4 &= 1 \\
x_1 , x_2 , x_3 , x_4 , e_1 , e_2 , a_2 , a_3 , a_4 &\geq 0
\end{aligned}
$$

18.   Un tableau de la phase I

Question 1: Le tableau suivant donne les valeurs demandées.

Base	x_1	x_2	x_3	e_1	e_2	e_3	a_1	a_3	Valeur
z_j	-26	0	-10	-1	0	7	1	-7	
$c_j - z_j$	26	0	10	1	0	-7	0	8	140

Illustrons le calcul des valeurs associées à la variable a_3 :

$$z_j = 1\times(-7) + 0\times(-1) + (0\times1) = -7$$

$$c_j - z_j = 1 - (-7) = 8$$

Question 2:
$$x_1 = x_3 = e_1 = e_3 = a_3 = 0$$
$$a_1 = 140$$
$$e_2 = 38$$
$$x_2 = 10$$

Cette solution n'est pas admissible, car la variable artificielle a_1 prend une valeur positive, ce qui signifie que la 1re contrainte technologique du modèle (PLC) n'est pas satisfaite par cette solution.

Question 3:   Comme on cherche, lors de la phase I, à minimiser la fonction-objectif z_A, la variable entrante est celle dont le coût marginal est le plus négatif : ici il s'agit de e_3. La non-négativité des variables de base limite la croissance de e_3 :

$$a_1 \; + \; 7\,e_3 \; = \; 140 \quad \text{et} \quad a_1 \geq 0 : \quad \text{d'où } e_3 \leq 140 \,/\, 7 = 20$$

$$e_2 \; + \; e_3 \; = \; 38 \quad \text{et} \quad e_2 \geq 0 : \quad \text{d'où } e_3 \leq 38$$

$$x_2 \; - \; e_3 \; = \; 10 \quad \text{et} \quad x_2 \geq 0 : \quad \text{aucune limite ici}$$

La valeur limite de la variable entrante est donc 20. Pour cette valeur, a_1 devient nulle : il s'agit de la variable sortante.

Dans la solution de base résultant de l'itération, les variables hors base seront x_1, x_3, e_1, a_1 et a_3. La variable entrante e_3 sera égale à 20. Enfin les valeurs des autres variables de base seront calculées à l'aide des équations considérées ci-dessus. On obtiendra :

$$x_1 \; = \; x_3 = e_1 = a_1 = a_3 = 0$$

$$e_3 \; = \; 20$$

$$e_2 \; = \; 38 - e_3 = 18$$

$$x_2 \; = \; 10 + e_3 = 30$$

Cette solution est admissible, car toutes les variables artificielles sont nulles.

19.   Un tableau de la phase II

Question 1:
$$x_1 \; = \; x_3 = x_4 = e_1 = 0$$

$$x_2 \; = \; 18$$

$$e_2 \; = \; 60$$

$$e_3 \; = \; 6$$

$$e_4 \; = \; 54$$

Question 2: Le tableau n'est pas optimal car les coûts marginaux de certaines variables hors base sont positifs. La variable entrante est x_3, dont la croissance sera limitée par la non-négativité des variables de base :

$$x_2 \; + \; 0 \; = \; 18 \qquad\qquad\qquad : \quad \text{aucune limite ici}$$

$$e_2 \; + \; x_3 \; = \; 60 \quad \text{et} \quad e_2 \geq 0 : \quad \text{d'où } x_3 \leq 60$$

$$e_3 \; - \; x_3 \; = \; 6 \quad \text{et} \quad e_3 \geq 0 : \quad \text{aucune limite ici}$$

$$e_4 \; + \; x_3 \; = \; 54 \quad \text{et} \quad e_4 \geq 4 : \quad \text{d'où } x_3 \leq 54$$

La valeur limite de la variable entrante est donc 54. Pour cette valeur, e_4 devient nulle : il s'agit de la variable sortante. Le pivot de cette itération est le nombre 1 situé à l'intersection de la colonne x_3 et de la 4e ligne.

Question 3: Dans la solution de base associée au tableau subséquent, les variables hors base seront x_1, x_4, e_1 et e_4. La variable entrante x_3 sera égale à 54. Les valeurs des autres variables de base se calculent à l'aide des équations considérées dans la réponse à la question précédente. En résumé :

$$x_1 = x_4 = e_1 = e_4 = 0$$
$$x_2 = 18 + 0\, x_3 = 18$$
$$e_2 = 60 - x_3 = 6$$
$$e_3 = 6 + x_3 = 60$$
$$x_3 = 54$$

Enfin, la fonction-objectif z augmente de $11 \times 54 = 594$.

20. Une itération d'un modèle de maximisation (PLC)

Question 1:
$$x_1 = x_3 = e_3 = 0$$
$$x_4 = 21$$
$$e_2 = 6$$
$$x_2 = 12$$
$$e_4 = 30$$
$$z = 189$$

Question 2: La variable entrante est x_3. Le pivot est l'unique nombre positif dans la colonne x_3, c'est-à-dire le nombre 5 à l'intersection de la colonne x_3 et de la 4e ligne. Après le pivotage, on obtient le tableau suivant.

Base		2	7	8	5	0	0	0	
Coeff.	Var.	x_1	x_2	x_3	x_4	e_2	e_3	e_4	Valeur
5	x_4	1	0	0	1	0	0	0	21
0	e_2	2	0	0	0	1	- 0,5	0,2	12
7	x_2	1	1	0	0	0	- 0,5	0	12
8	x_3	- 1	0	1	0	0	0,5	0,2	6
z_j		4	7	8	5	0	0,5	1,6	
$c_j - z_j$		- 2	0	0	0	0	- 0,5	- 1,6	237

Question 3: La fonction-objectif z augmente de $8 \times 6 = 48$. La solution de base associée au tableau de la question 2 est :

$$x_1 = e_3 = e_4 = 0$$
$$x_4 = 21$$
$$e_2 = 12$$
$$x_2 = 12$$
$$x_3 = 6$$

Question 4: Cette dernière solution est optimale car on cherche ici à maximiser z et, dans le tableau de la question 2, les coûts marginaux des variables hors base sont tous négatifs.

21. Une itération d'un modèle de minimisation (PLC)

Question 1:
$$x_2 = e_2 = 0$$
$$e_1 = 60$$
$$x_4 = 12$$
$$x_3 = 12$$
$$x_1 = 24$$
$$z = 168$$

Question 2: La variable entrante est x_2. Le pivot est le nombre 1 situé à l'intersection de la colonne x_2 et de la 2e ligne. Après le pivotage, on obtient le tableau suivant.

Base		0	3	10	4	0	0	
Coeff.	Var.	x_1	x_2	x_3	x_4	e_1	e_2	Valeur
0	e_1	0	0	0	-1	1	1,625	48
3	x_2	0	1	0	1	0	-0,625	12
10	x_3	0	0	1	0	0	0,125	12
0	x_1	1	0	0	0	0	-0,500	24
z_j		0	3	10	3	0	-0,625	
$c_j - z_j$		0	0	0	1	0	0,625	156

Question 3: La fonction-objectif z diminue de $1 \times 12 = 12$. La solution de base associée au tableau de la question 2 est :

$$
\begin{aligned}
x_4 &= e_2 = 0 \\
e_1 &= 48 \\
x_2 &= 12 \\
x_3 &= 12 \\
x_1 &= 24
\end{aligned}
$$

Question 4: Cette dernière solution est optimale car on cherche ici à minimiser z et, dans le tableau de la question 2, les coûts marginaux des variables hors base sont tous positifs.

22. Un modèle (PLC) à deux variables de décision

Question 1: La région admissible est le segment [C ; F]. Voici 3 solutions admissibles de ce modèle :

$$
C = (6;\ 3) \quad \text{et} \quad F = (8;\ 6) \quad \text{et} \quad P = \frac{1}{2}\,C + \frac{1}{2}\,F = (7;\ 4{,}5)
$$

Question 2: La solution optimale est $F = (8;\ 6)$. En ce point, z vaut 72 :

$$
z = (6 \times 8) + (4 \times 6) = 72
$$

Question 3: Voici le tableau initial du simplexe (tableau 0 de la phase I).

Base		0	0	0	0	0	1	1	1	
Coeff.	Var.	x_1	x_2	e_1	e_3	e_4	a_1	a_2	a_4	Valeur
1	a_1	1	2	-1	0	0	1	0	0	12
1	a_2	3	-2	0	0	0	0	1	0	12
0	e_3	-1	2	0	1	0	0	0	0	4
1	a_4	1	0	0	0	-1	0	0	1	6
z_j		5	0	-1	0	-1	1	1	1	
$c_j - z_j$		-5	0	1	0	1	0	0	0	30

Question 4: La solution de base associée au tableau est admissible car le tableau appartient à la phase II (les variables artificielles, qui ont été enlevées du tableau, sont nulles). Voici les valeurs des différentes variables :

$$
e_4 = 0 \qquad x_2 = 3 \qquad x_1 = 6 \qquad e_3 = 4 \qquad e_1 = 0
$$

Cette solution correspond au point $C = (6;\ 3)$, lequel point appartient à la région admissible.

<u>Question 5</u>: Le tableau n'est pas optimal car il s'agit d'un problème de maximisation et le coût marginal de e_4 est positif. La variable entrante sera e_4 et elle prendra la valeur 2. La variable sortante sera e_3 et le pivot, le coefficient 2,0 à l'intersection de la 3e ligne et de la colonne e_4. La solution de base associée au tableau subséquent est décrite ci-après :

$$e_3 = 0 \qquad x_2 = 6 \qquad x_1 = 8 \qquad e_4 = 2 \qquad e_1 = 4$$

Cette solution correspond au point F (et est optimale en vertu de la réponse à la question 2).

23. Modèle (PLC) et séquence des points visités

<u>Question 1</u>: La région admissible est le polygone ABCDEF et la solution optimale correspond au sommet A :

$$x_1 = 0 \quad x_2 = 80 \quad z = 1120$$

La séquence des points visités est :

$$O - F - A.$$

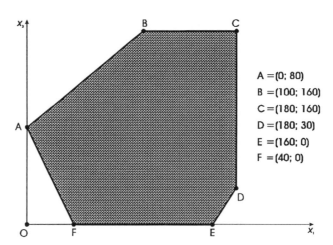

A = (0; 80)
B = (100; 160)
C = (180; 160)
D = (180; 30)
E = (160; 0)
F = (40; 0)

En effet, en O, la fonction-objectif z_A s'écrit sous la forme

$$z_A = a_1 = -6 x_1 - 3 x_2 + e_1 + 240$$

et la variable entrante est x_1. La direction retenue est donc OF. Comme F appartient à la région admissible, on tentera en F d'améliorer z. Mais il faut d'abord exprimer z en fonction de x_2 et e_1, qui sont les variables hors base au sommet F. Or, d'après la première contrainte technologique,

$$6 x_1 + 3 x_2 - e_1 = 240$$

$$x_1 = (-3 x_2 + e_1 + 240) / 6 = -0,5 x_2 + 1,667 e_1 + 40$$

Par conséquent, la fonction-objectif z se réécrit sous la forme

$$z = 65 (-0,5 x_2 + 0,167 e_1 + 40) + 14 x_2 = -18,5 x_2 + 10,833 e_1 + 2600$$

et la variable entrante est x_2 ...

<u>Question 2</u>: La région admissible est encore le polygone ABCDEF, mais cette fois la solution optimale correspond au sommet C :

$$x_1 = 180 \quad x_2 = 160 \quad z = 3200$$

La séquence des points visités est

$$O - F - A - B - C.$$

En effet, la fonction-objectif z_A est la même que pour le modèle précédent, puisque les contraintes technologiques sont les mêmes. On retient donc la direction OF lors de la 1re itération de la phase I. De plus, en F, la fonction-objectif z se réécrit sous la forme

$$z = 8 (-0,5 x_2 + 0,167 e_1 + 40) + 11 x_2 = 7 x_2 + 1,333 e_1 + 320$$

et la variable entrante est x_2 ...

Question 3: La région admissible est le polygone ABCD et la solution optimale correspond au sommet C :

$$x_1 = 50 \quad x_2 = 60 \quad z = 4\,000$$

La séquence des points visités par l'algorithme du simplexe est :

$$O - P - A - D - C$$

Il existe deux approches pour déterminer cette séquence.

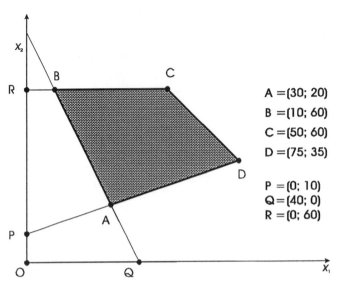

A = (30; 20)
B = (10; 60)
C = (50; 60)
D = (75; 35)

P = (0; 10)
Q = (40; 0)
R = (0; 60)

1re approche : Il s'agit de déterminer, pour chacune des solutions de base, laquelle des directions possibles améliore le plus rapidement la fonction-objectif considérée.

* En O, $z_A = 320 + 60 = 380$. Pour améliorer z_A, deux directions sont possibles :

    OQ :   en Q, $z_A = 0 + 140 = 140$

            x_1, qui était nulle, prend la valeur 40

            taux = (140 − 380) / 40 = − 6

    OP :   en P, $z_A = 280 + 0 = 280$

            x_2, qui était nulle, prend la valeur 10

            taux = (280 − 380) / 10 = − 10

L'amélioration de z_A est plus rapide dans la direction OP.

* En P, trois directions sont possibles.

    PO : z_A augmente, ce qui contredit l'objectif.

    PA :   en A, $z_A = 0$

            x_1, qui était nulle, prend la valeur 30

            taux = (0 − 280) / 30 = − 9,333

    PR :   en R, $z_A = 80 + 0$

            e_3, qui était nulle, prend la valeur 300

            taux = (80 − 280) / 300 = − 0,667

On retient donc la direction PA.

* Le point A est admissible : la phase II débute donc. De plus, en A, $z = 1\,600$. Enfin, 4 directions s'offrent.

AP et AQ : dans ces directions, on sort de la région admissible, ce qui est interdit.

AD : en D, $z = 3\,250$

e_2, qui était nulle, prend la valeur 420

taux = (3250 − 1600) / 420 = 3,9286

AB : en B, $z = 3\,200$

e_3, qui était nulle, prend la valeur 280

taux = (3200 − 1600) / 280 = 5,7143

On retient donc la direction AB.

2e approche : Il s'agit de calculer, à chaque itération, la fonction-objectif. Ainsi, dans le tableau 0 de la phase I, la fonction-objectif z_A s'écrit :

$$z_A = a_2 + a_3 = (- 8x_1 - 4\,x_2 + e_2 + 320) + (2x_1 - 6\,x_2 + e_3 + 60)$$

$$z_A = - 6\,x_1 - 10\,x_2 + e_2 + e_3 + 380$$

Comme on cherche à minimiser z_A , la variable entrante est x_2. La solution de base subséquente correspond au point P : la variable a_3 , qui était positive dans le tableau 0, devient nulle en P et sortira par conséquent de la base. Les variables hors base du tableau 1 sont donc x_1, e_2, e_3 et a_3. La fonction-objectif z_A apparaîtra dans ce tableau 1 sous la forme suivante :

$$z_A = - 6\,x_1 - 10 \times \frac{1}{6}\,(60 + 2\,x_1 + e_3 - a_3) + e_2 + e_3 + 380$$

$$z_A = - 9{,}333\,x_1 + e_2 - 0{,}667\,e_3 + 1{,}667\,a_3 + 280$$

La variable entrante, cette fois, est x_1 et la solution de base subséquente correspond au point A, qui appartient à la région admissible. On passe donc à la phase II, dont l'objectif est de maximiser z. Il faut maintenant exprimer z en fonction des variables hors base e_2 et e_3. Pour ce faire, on doit préalablement résoudre le système suivant :

$$8\,x_1 + 4\,x_2 - e_2 \qquad = 320$$
$$- 2\,x_1 + 6\,x_2 \qquad - e_3 = 60$$

Il en résulte que

$$x_1 = 30 + 0{,}1071\,e_2 - 0{,}0714\,e_3$$
$$x_2 = 20 + 0{,}0357\,e_2 + 0{,}1429\,e_3$$

puis que

$$z = 20\,x_1 + 50\,x_2 = 1\,600 + 3{,}9286\,e_2 + 5{,}7143\,e_3$$

La variable entrante lors de la prochaine itération sera donc e_3 et la solution de base subséquente correspondra au sommet B. Le tableau ci-dessous résume l'évolution de la liste des variables hors base, ainsi que celle de la fonction-objectif.

Phase	Tableau	Point	Base				VHB				Entre	Sort	Fonction-objectif
I	0	O	e_1	a_2	a_3	e_4	x_1	x_2	e_2	e_3	x_2	a_3	$z_A = 380$
	1	P	e_1	a_2	x_2	e_4	x_1	e_2	e_3	a_3	x_1	a_2	$z_A = 280$
	2	A	e_1	x_1	x_2	e_4	e_2	e_3	a_2	a_3			$z_A = 0$
II	0	A	e_1	x_1	x_2	e_4		e_2	e_3		e_3	e_4	$z = 1600$
	1	B	e_1	x_1	x_2	e_3		e_2	e_4		e_2	e_1	$z = 3200$
	2	C	e_2	x_1	x_2	e_3		e_1	e_4				$z = 4000$

Question 4: La région admissible est le triangle FGH. La solution optimale correspond au sommet F :

$$x_1 = 12 \qquad x_2 = 6 \qquad z = 30$$

La séquence des points visités est

$$O - D - E - F .$$

En effet, vérifions que, pour chacune des solutions de base, la direction retenue est celle qui améliore le plus rapidement la fonction-objectif z_A.

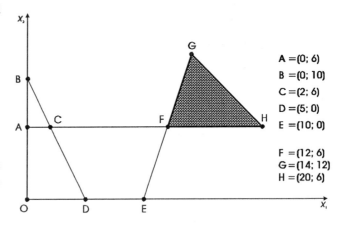

A = (0; 6)
B = (0; 10)
C = (2; 6)
D = (5; 0)
E = (10; 0)
F = (12; 6)
G = (14; 12)
H = (20; 6)

* En O, $z_A = 30 + 6 = 36$. Et deux directions sont possibles.

  OA : en A, $z_A = 36 + 0 = 36$: z_A ne diminue pas dans cette direction.

  OD : en D, $z_A = 15 + 6 = 21$: cette direction permet de diminuer z_A et sera retenue.

* En D : Ici encore, deux directions à considérer.

  DC : en C, $z_A = 30 + 0 = 30$: z_A augmenterait en passant de D à C.

  DE : en E, $z_A = 0 + 6 = 6$: cette direction sera retenue.

24.   Modèle de maximisation et solutions optimales multiples

Question 1: Ce tableau est optimal car les coûts marginaux des variables hors base sont tous non positifs (≤). La valeur optimale z^* de z est donc la valeur de la fonction-objectif pour la solution de base associée à ce tableau optimal :

$$z^* = (12 \times 15) + (0 \times 20) + (18 \times 2) = 216 .$$

Question 2: Notons d'abord que le coût marginal de la variable hors base e_1 est nul dans ce tableau : la valeur de z ne sera donc pas affectée si on donne à e_1 une valeur positive (en maintenant nulles les autres variables hors base du tableau), pour autant que l'on ne dépasse pas la valeur limite, qui est égale à 1. Voici 3 solutions optimales obtenues en posant e_1 égale successivement à 0, à 0,5, puis enfin à 1.

x_1	x_2	x_3	e_1	e_2	e_3
15	0	2	0	20	0
16,5	0	1	0,5	22	0
18	0	0	1	24	0

25. Modèle de minimisation et solutions optimales multiples

Question 1: Le tableau ci-dessous donne les 2 solutions optimales de base demandées. La 1re correspond au tableau de l'énoncé. La seconde est obtenue en retenant x_3 comme variable entrante et en calculant la solution de base résultant du pivotage.

N°	x_1	x_2	x_3	x_4	e_1	e_2	e_3
1	6	0	0	14	0	0	11
2	0	0	3	14	0	0	11

Question 2: $x_1 = 2 \quad x_2 = 0 \quad x_3 = 2 \quad x_4 = 14$

Question 3: Les solutions optimales x du modèles (PLC) s'écrivent comme combinaisons linéaires convexes des 2 solutions de base optimales données en réponse à la question 1 :

$$x = \lambda_1\, x_1 + \lambda_2\, x_2 \quad \text{où} \quad 0 \leq \lambda_1 \leq 1 \quad \text{et} \quad 0 \leq \lambda_2 \leq 1 \quad \text{et} \quad \lambda_1 + \lambda_2 = 1\,.$$

Les coordonnées x_j d'une telle solution optimale x se calculent ainsi :

$$\begin{bmatrix} x_1 \\ x_2 \\ x_3 \\ x_4 \end{bmatrix} = \lambda_1 \begin{bmatrix} 6 \\ 0 \\ 0 \\ 14 \end{bmatrix} + \lambda_2 \begin{bmatrix} 0 \\ 0 \\ 3 \\ 14 \end{bmatrix} = \begin{bmatrix} 6\lambda_1 \\ 0 \\ 3\lambda_2 \\ 14 \end{bmatrix}$$

Note. La solution particulière donnée en réponse à la question 2 est obtenue en posant : $\lambda_1 = 1/3$ et $\lambda_2 = 2/3$.

26.   Un modèle admettant trois solutions de base optimales

Question 1: Le tableau ci-dessous donne les 3 solutions de base optimales demandées. La 1re correspond au tableau 1 de l'énoncé. La 2e (resp. la 3e) est obtenue en retenant x_4 (resp. e_3) comme variable entrante et en calculant la solution de base résultant du pivotage.

N^o	x_1	x_2	x_3	x_4	e_1	e_2	e_3
1	4	4	16	0	8	0	0
2	0	20	0	4	4	0	0
3	0	20	20	0	4	0	2

Question 2: $x_1 = 1$ $x_2 = 16$ $x_3 = 9$ $x_4 = 2$

Question 3: Les solutions optimales x du modèle (PLC) s'écrivent comme combinaisons linéaires convexes des 3 solutions de base optimales données en réponse à la question 1 :

$$x = \lambda_1\, x_1 + \lambda_2\, x_2 + \lambda_3\, x_3 \quad \text{où} \quad 0 \le \lambda_h \le 1 \quad \text{et} \quad \lambda_1 + \lambda_2 + \lambda_3 = 1 \ .$$

Les coordonnées x_j d'une telle solution optimale se calculent ainsi :

$$\begin{bmatrix} x_1 \\ x_2 \\ x_3 \\ x_4 \end{bmatrix} = \lambda_1 \begin{bmatrix} 4 \\ 4 \\ 16 \\ 0 \end{bmatrix} + \lambda_2 \begin{bmatrix} 0 \\ 20 \\ 0 \\ 4 \end{bmatrix} + \lambda_3 \begin{bmatrix} 0 \\ 20 \\ 20 \\ 0 \end{bmatrix} = \begin{bmatrix} 4\lambda_1 \\ 4\lambda_1 + 20\lambda_2 + 20\lambda_3 \\ 16\lambda_1 + 20\lambda_3 \\ 4\lambda_2 \end{bmatrix}$$

Note. La solution donnée en réponse à la question 2 est obtenue en posant : $\lambda_1 = 0{,}25$ et $\lambda_2 = 0{,}50$ et $\lambda_3 = 0{,}25$.

27. Une solution de base dégénérée

La variable entrante est x_3. Deux variables de base, soit e_1 et x_2, correspondent à la plus petite limite. Convenons que c'est e_2 qui sortira de la base : le pivot est donc le nombre 1 à l'intersection de la 2e ligne et de la colonne x_3. Voici le tableau résultant de l'opération de pivotage.

Base		4	1	5	0	0	0	0	
Coeff.	Var.	x_1	x_2	x_3	x_4	e_1	e_2	e_3	Valeur
4	x_1	1	0	0	- 1	0	1	1	36
5	x_3	0	0	1	0	1	1	0	18
1	x_2	0	1	0	1	- 1	- 1	- 1	0
z_j		4	1	5	- 3	4	8	3	
$c_j - z_j$		0	0	0	3	- 4	- 8	- 3	234

La solution de base associée à ce tableau est dégénérée, car la variable de base x_2 prend la valeur 0.

28. Algorithme du simplexe et solution optimale dégénérée

Question 1: Le tableau 4.28*a* reproduit la séquence des tableaux du simplexe quand on pose $b = 10$. L'unique solution optimale est alors : $x_1 = 3,5$ et $x_2 = 8$. La valeur maximale de z est $z^* = 162$.

Question 2: Le tableau 4.28*b* reproduit la séquence des tableaux du simplexe quand on pose $b = 0$. L'unique solution optimale est alors : $x_1 = 6$ et $x_2 = 8$. La valeur maximale de z est $z^* = 192$.

Note. Le tableau 0 de la phase II n'est pas optimal puisque le coût marginal de la variable hors base e_2 est positif. Cependant, lors de l'itération subséquente, la valeur limite de la variable entrante e_2 est nulle et ni les valeurs des variables x_j et e_i, ni celle de la fonction-objectif z ne sont affectées; seule la liste des variables de base est modifiée, e_2 prenant la place de e_3. Le tableau 1, lui, est optimal. Cet exemple illustre le fait que la non-optimalité d'une solution de base ne découle pas de la présence d'un coût marginal positif (dans le cas de problèmes de maximisation) ou négatif (dans le cas de problèmes de minimisation).

Tableau 4.28a. Séquence des tableaux du problème 28, question 1 : $b = 10$

Nº	Coeff.	Var.	0 x_1	0 x_2	0 e_1	0 e_2	0 e_3	1 a_1	1 a_2	Valeur	Limite
0	1	← a_1	-4	**3**	-1	0	0	1	0	10	10/3
	1	a_2	-2	4	0	-1	0	0	1	20	20/4
	0	e_3	0	1	0	0	1	0	0	8	8/1
	z_j		-6	7	-1	-1	0	1	1		
	$c_j - z_j$		6	-7 ↑	1	1	0	0	0	30	
1	0	x_2	-1,33	1	-0,33	0	0	0,33	0	3,33	*
	1	← a_2	**3,33**	0	1,33	-1	0	-1,33	1	6,67	2
	0	e_3	1,33	0	0,33	0	1	-0,33	0	4,67	3,75
	z_j		3,33	0	1,33	-1	0	-1,33	1		
	$c_j - z_j$		-3,33 ↑	0	-1,33	1	0	2,33	0	6,67	

Nº	Coeff.	Var.	12 x_1	15 x_2	0 e_1	0 e_2	0 e_3	Valeur	Limite
0	15	x_2	0	1	0,2	-0,4	0	6	*
	12	x_1	1	0	0,4	-0,3	0	2	*
	0	← e_3	0	0	-0,2	**0,4**	1	2	5
	z_j		12	15	7,8	-9,6	0		
	$c_j - z_j$		0	0	-7,8	9,6 ↑	0	114	
1	15	x_2	0	1	0	0	1,00	8	
	12	x_1	1	0	0,25	0	0,75	3,5	
	0	e_2	0	0	-0,50	1	2,50	5	
	z_j		12	15	3	0	24		
	$c_j - z_j$		0	0	-3	0	-24	162	

Tableau 4.28*b*. Séquence des tableaux du problème 28, question 2 : $b = 0$

N°	Coeff.	Var. (Base)	0 x_1	0 x_2	0 e_1	0 e_2	0 e_3	1 a_1	1 a_2	Valeur	Limite
0	1	← a_1	-4	**3**	-1	0	0	1	0	0	0/3
	1	a_2	-2	4	0	-1	0	0	1	20	20/4
	0	e_3	0	1	0	0	1	0	0	8	8/1
	z_j		-6	7	-1	-1	0	1	1		
	$c_j - z_j$		6	-7 ↑	1	1	0	0	0	20	
1	0	x_2	-1,33	1	-0,33	0	0	0,33	0	0	*
	1	← a_2	**3,33**	0	1,33	-1	0	-1,33	1	20	6
	0	e_3	1,33	0	0,33	0	1	-0,33	0	20	6
	z_j		3,33	0	1,33	-1	0	-1,33	1		
	$c_j - z_j$		-3,33 ↑	0	-1,33	1	0	2,33	0	20	

N°	Coeff.	Var.	12 x_1	15 x_2	0 e_1	0 e_2	0 e_3	Valeur	Limite
0	15	x_2	0	1	0,2	-0,4	0	8	*
	12	x_1	1	0	0,4	-0,3	0	6	*
	0	← e_3	0	0	-0,2	**0,4**	1	0	0
	z_j		12	15	7,8	-9,6	0		
	$c_j - z_j$		0	0	-7,8	9,6 ↑	0	192	
1	15	x_2	0	1	0	0	1,00	8	
	12	x_1	1	0	0,25	0	0,75	6	
	0	e_2	0	0	-0,50	1	2,50	0	
	z_j		12	15	3	0	24		
	$c_j - z_j$		0	0	-3	0	-24	192	

Question 3: Quand $b = 10$, la région admissible est le polygone ABCD et la valeur maximale $z^* = 162$ est atteinte au point C = (3,5; 8). Le second modèle, où $b = 0$, possède une région admissible plus grande et une valeur maximale z^* plus élevée; l'unique solution optimale de ce modèle correspond au point E = (6; 8), qui n'appartient pas à la région admissible ABCD du premier modèle.

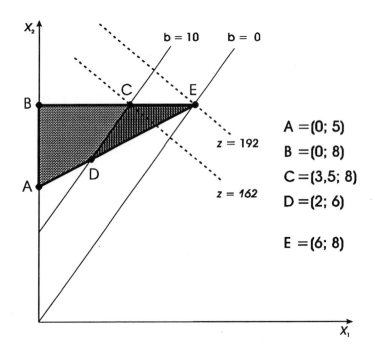

Convenons de noter (1) et (1') les premières contraintes des modèles analysés aux questions 1 et 2 :

$$-4\,x_1 + 3\,x_2 \ \geq \ 10 \tag{1}$$

$$-4\,x_1 + 3\,x_2 \ \geq \ 0 \tag{1'}$$

Les droites DC et OE associées à (1) et à (1') respectivement sont parallèles. L'inéquation (1) exige que le membre gauche « $-4x_1 + 3x_2$ » soit ≥ 10, tandis qu'il suffit que ce même membre gauche soit non négatif pour que (1') soit vérifiée. La contrainte (1') est donc une relaxation de (1), ce qui géométriquement se traduit par une région admissible plus grande pour le modèle comprenant (1').

On notera que la solution optimale $(x_1; x_2) = (6; 8)$ du second modèle est dégénérée : dans le tableau final, la variable de base e_2 est nulle. Comme les 2 variables hors base sont nécessairement nulles, la solution canonique associée comprend donc 3 variables nulles. Géométriquement, on observe que le point correspondant E = (6; 8) est situé à l'intersection des droites associées aux 3 contraintes technologiques.

5. L'analyse postoptimale - Solutions

1. Ballons du Coeur

Question 1: Ballons en microfoil : $125 \times 1\ 000 = 125\ 000$ ballons.

Ballons en mylar : $300 \times 1\ 500 = 450\ 000$ ballons.

Question 2: À l'optimum, 300 des 3 000 heures-machine resteront inutilisées. Si on disposait de 1 heure-machine de plus ou de moins, le plan optimal de production n'en serait pas affecté; seule changerait la valeur de la variable d'écart e_2.

Question 3: La contrainte (5) s'écrirait :

$$\cdots \geq 125 - \Delta \qquad\qquad \text{où}\ \ \Delta = -3.$$

La solution de base associée au tableau final se calculerait alors ainsi :

$$
\begin{bmatrix} e_1 \\ e_2 \\ e_3 \\ e_4 \\ x_1 \\ e_6 \\ x_2 \end{bmatrix}
=
\begin{bmatrix} 100 \\ 300 \\ 50 \\ 50 \\ 125 \\ 100 \\ 300 \end{bmatrix}
+ (-3)
\begin{bmatrix} -1{,}333 \\ 9{,}333 \\ 1 \\ -0{,}667 \\ -1 \\ 0{,}667 \\ 0{,}667 \end{bmatrix}
=
\begin{bmatrix} 104 \\ 272 \\ 47 \\ 52 \\ 128 \\ 98 \\ 298 \end{bmatrix}
$$

Cette solution est admissible (et optimale) puisque les variables de base sont restées non négatives. On produirait alors 128 000 ballons en microfoil et 447 000 ballons en mylar. Resteraient inutilisées 104 heures de main-d'oeuvre et 272 heures-machine. Le coût minimal de la rafale augmenterait de 30 $.

Question 4: Le plan resterait inchangé car la solution optimale actuelle suggère de fabriquer plus de 328 000 ballons en mylar.

Question 5: La contrainte (7) s'écrirait :

$$\cdots \geq 575 - \Delta \qquad\qquad \text{où}\ \ \Delta = -15.$$

La solution de base associée au tableau final se calculerait alors ainsi :

$$\begin{bmatrix} e_1 \\ e_2 \\ e_3 \\ e_4 \\ x_1 \\ e_6 \\ x_2 \end{bmatrix} = \begin{bmatrix} 100 \\ 300 \\ 50 \\ 50 \\ 125 \\ 100 \\ 300 \end{bmatrix} - 15 \begin{bmatrix} 5{,}333 \\ 2{,}667 \\ 0 \\ 0{,}667 \\ 0 \\ -0{,}667 \\ -0{,}667 \end{bmatrix} = \begin{bmatrix} 20 \\ 260 \\ 50 \\ 40 \\ 125 \\ 110 \\ 310 \end{bmatrix}$$

On transformerait le même nombre de rouleaux de microfoil, mais 10 rouleaux de plus de mylar. On fabriquerait donc encore 125 000 ballons en microfoil, mais le nombre de ballons en mylar produits augmenterait à 465 000 unités.

Question 6: La fonction-objectif s'écrirait alors

$$z' = 80\,x_1 + 120\,x_2 = z + 15\,x_2 .$$

Calculons d'abord les coûts marginaux pour z' des variables hors base.

Base	0 e_5	0 e_7
$\vdots$ +15 $\quad x_1$	0,667	-0,667
z_j	-10	-70
$c_j - z_j$	10	70
z_j'	0	-80
$c_j' - z_j'$	0	80

Comme tous les coûts marginaux $c_j' - z_j'$ sont ≥ 0, la solution de base associée au tableau de l'énoncé est optimale pour z'. Le plan optimal resterait donc le même. Mais le coût de la rafale augmenterait de $15 \times 300 = 4\,500$ dollars.

Note. Comme le coût marginal $c_j' - z_j'$ de la variable hors base e_5 est nul et que sa limite en tant que variable entrante est positive, il existerait alors d'autres plans optimaux, qui entraineraient le même coût de 46 000 $.

Question 7: Le graphique de la page suivante reproduit la région admissible et en énumère les sommets. L'optimum unique correspond au sommet A = (125; 300).

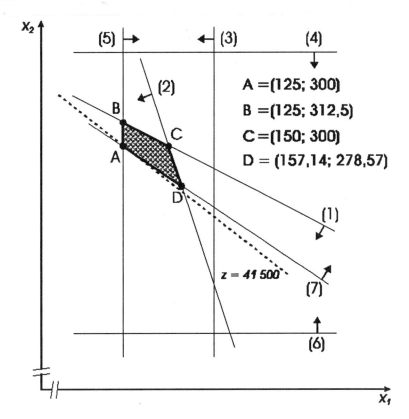

Question 8: La contrainte (5) s'écrirait « $x_1 \geq 128$ ». La droite associée à (5) se déplacerait vers la droite et la région admissible serait réduite, se limitant au polygone A'B'CD, où A' = (128; 298) et B' = (128; 311). La solution optimale correspondrait alors au sommet A' :

$$x_1 = 128 \quad \text{et} \quad x_2 = 298 \quad \text{et} \quad z = (80 \times 128) + (105 \times 298) = 41\,530$$

$$e_1 = 3\,000 - (4\,x_1 + 8\,x_2) = 3\,000 - (4 \times 128) - (8 \times 298) = 104$$

$$e_2 = 3\,000 - (12\,x_1 + 4\,x_2) = 3\,000 - (12 \times 128) - (4 \times 298) = 272.$$

Ainsi, Ballons du Coeur produirait alors 128 000 ballons en microfoil et 447 000 ballons en mylar; le coût minimal de la rafale serait de 41 530 $; resteraient inutilisées 104 heures de main-d'oeuvre et 272 heures-machine.

Question 9: Sous l'hypothèse que le coût associé à un ballon est de 8 ¢, que le ballon soit en microfoil ou en mylar, les droites de niveaux de $z' = 80\,x_1 + 120\,x_2$ sont parallèles à la droite associée à (7). En effet, les pentes m' et m_7 de ces droites sont égales :

$$m' = -80 / 120 = -1 / 1,5 = m_7 .$$

Par conséquent, tous les points du segment AD, et en particulier le sommet A, correspondent à des plans optimaux. Et $z' = z + 15\,x_2 = 41\,500 + (15 \times 300) = 46\,000$.

2. Les Accessoires d'auto inc.

Question 1: Il faudrait augmenter le prix de vente de F de 3 $ ou plus. Après une augmentation de 3 $, AAI serait (économiquement) indifférente entre ne pas produire F et en fabriquer jusqu'à 283,3 unités :

$$283,3 \; = \; \min \{ \; 930/1,40 \; ; \; 720/0,60 \; ; \; 170/0,60 \; \}.$$

Question 2: La valeur marginale de chaque unité provenant du fournisseur étranger est égale à 10 $ et dépasse le coût additionnel de 9 $. Il devrait en commander 85 unités :

$$85 \; = \; \min \{ \; 121/0,60 \; ; \; 720/2 \; ; \; 170/2 \; \}.$$

Question 3: La contrainte (6) s'écrirait :

$$x_A \; \geq \; 300 \; - \; \Delta \qquad\qquad \text{où } \Delta = -50.$$

La nouvelle solution de base s'obtiendrait ainsi :

$$
\begin{bmatrix} x_C \\ x_B \\ e_2 \\ x_D \\ e_5 \\ x_A \\ e_7 \\ e_8 \end{bmatrix}
=
\begin{bmatrix} 930 \\ 530 \\ 121 \\ 720 \\ 35 \\ 300 \\ 170 \\ 400 \end{bmatrix}
- 50
\begin{bmatrix} 1,40 \\ -0,60 \\ -0,42 \\ 0,60 \\ 0 \\ -1 \\ 0,60 \\ 0 \end{bmatrix}
=
\begin{bmatrix} 860 \\ 560 \\ 142 \\ 690 \\ 35 \\ 350 \\ 140 \\ 400 \end{bmatrix}
$$

Cette solution est admissible et donc optimale. Le nouveau plan de production optimal serait :

$$x_A = 350 \qquad x_B = 560 \qquad x_C = 860 \qquad x_D = 690 \qquad x_E = x_F = x_G = 0.$$

Question 4: La valeur de 1 heure supplémentaire est de 100 $ et dépasse le déboursé de $450 / 5 = 90$ dollars. Il serait donc payant d'augmenter de 5 heures l'utilisation de la chaîne C1. Et dans ce contexte, la contrainte (4) s'écrirait :

$$\cdots \; \leq \; 60 \; + \; \Delta \qquad\qquad \text{où } \Delta = 5.$$

La nouvelle solution de base s'obtient ainsi :

$$
\begin{bmatrix} x_C \\ x_B \\ e_2 \\ x_D \\ e_5 \\ x_A \\ e_7 \\ e_8 \end{bmatrix}
=
\begin{bmatrix} 930 \\ 530 \\ 121 \\ 720 \\ 35 \\ 300 \\ 170 \\ 400 \end{bmatrix}
+\ 5
\begin{bmatrix} -70 \\ 30 \\ 21 \\ 20 \\ 1 \\ 0 \\ -30 \\ 0 \end{bmatrix}
=
\begin{bmatrix} 580 \\ 680 \\ 226 \\ 820 \\ 40 \\ 300 \\ 20 \\ 400 \end{bmatrix}
$$

Cette solution est admissible et donc optimale. Le nouveau plan de production optimal serait :

$$ x_A = 300 \qquad x_B = 680 \qquad x_C = 580 \qquad x_D = 820 \qquad x_E = x_F = x_G = 0 \ . $$

Question 5: Le plan optimal recommande de fabriquer seulement 530 unités de B. La diminution à 600 unités de la demande que prévoit le directeur du marketing n'aurait donc pas de conséquence sur le plan optimal. En poussant à 14 \$ la contribution unitaire de B, la fonction-objectif s'écrit :

$$ z' \ = \ 10\, x_A + 14\, x_B + \cdots \ = \ z + 2\, x_B \ . $$

Vérifions que la solution de base associée au tableau de l'énoncé est optimale pour z'.

Base	1 x_E	10 x_F	19 x_G	0 e_1	0 e_3	0 e_4	0 e_6
$\vdots$							
+2 $\quad x_B$	0	- 0,6	- 0,5	2	- 7	30	-0,6
$\vdots$							
z_j	8	13	21	10	50	100	3
$c_j - z_j$	- 7	- 3	- 2	- 10	- 50	-100	-3
z_j'	8	11,8	20	14	36	160	1,8
$c_j' - z_j'$	- 7	- 1,8	- 1	- 14	- 36	-160	-1,8

Comme tous les coûts marginaux $c_j' - z_j'$ sont ≤ 0, la solution de base associée au tableau est bien optimale pour z'. Le profit augmenterait de $2 \times 530 = 1\ 060$ dollars.

3. Les macédoines de fruits

Question 1: Le plan associé au tableau final recommande de fabriquer 7 500 caisses de P1, 10 000 caisses de P2, 6 000 caisses de P3 et 4 500 caisses de P4. Le profit découlant de ce plan s'élève à 214 500 dollars :

$$(10 \times 7\ 500) + (6 \times 10\ 000) + (8 \times 6\ 000) + (7 \times 4\ 500) = 214\ 500.$$

Question 2: Les 400 000 kg de pommes disponibles seront utilisés car la variable d'écart e_1 est hors base et, par conséquent, nulle. Par contre, e_2 prend la valeur 1 000 dans la solution associée au tableau final : ainsi 416 000 des 417 000 kg de pêches seront incorporés dans les macédoines de fruits.

Des 45 000 heures disponibles pour préparation et cuisson, 44 000 seront utilisées, tandis que 1 000 resteront inutilisées. Dans les 2 autres ateliers, toutes les heures disponibles seront requises : 28 000 heures seront donc nécessaires pour le mélange et la mise en boîtes, 40 000 pour l'étiquetage et l'emballage.

Question 3: Il n'existe pas d'autre plan de production optimal, car les coûts marginaux des variables hors base sont tous différents de 0.

Question 4: Il s'agit d'analyser le modèle modifié dont la 1re contrainte s'écrit :

$$\ldots \leq 400\ 000 + \Delta \qquad\qquad \text{où } \Delta \geq 0.$$

Pour répondre, il suffit donc de connaître le coût marginal et l'intervalle de variation associé à la 1re contrainte : la coopérative serait disposée à payer les pommes supplémentaires jusqu'à 0,375 \$/kg de plus que le prix imputé utilisé dans le calcul des marges bénéficiaires des 4 produits; à un tel prix, elle se procurerait un maximum de $436\ 000 - 400\ 000 = 36\ 000$ kg.

Question 5: Selon le plan optimal, la coopérative n'emploiera pas toutes les pêches déjà disponibles.

Il est donc inutile de chercher à s'en procurer davantage.

Question 6: La coopérative, si elle implante le plan optimal associé au tableau final de l'énoncé, laissera inutilisées 1 000 des 45 000 heures disponibles pour préparation et cuisson. Par conséquent, les 1 000 heures additionnelles proposées n'ont aucun intérêt et la coopérative ne serait pas prête à débourser un sou pour ces heures.

Question 7: Il s'agit d'analyser le modèle modifié dont la 5e contrainte s'écrit :

$$\ldots \leq 40\ 000 + \Delta \qquad\qquad \text{où } \Delta = 1\ 000.$$

Comme l'intervalle de variation associé à la 5e contient la nouvelle valeur 41 000, le tableau final permet de répondre à la question : la coopérative serait prête à payer jusqu'à $(16 + 0,25) \times 1\ 000 = 16\ 250$ dollars pour ces 1 000 heures additionnelles.

Question 8: La solution de base associée au tableau final modifié se calcule ainsi :

$$
\begin{bmatrix} x_4 \\ e_2 \\ e_3 \\ x_1 \\ x_2 \\ x_3 \end{bmatrix}
=
\begin{bmatrix} 4\ 500 \\ 1\ 000 \\ 1\ 000 \\ 7\ 500 \\ 10\ 000 \\ 6\ 000 \end{bmatrix}
+\ 1\ 000
\begin{bmatrix} 1{,}25 \\ 10 \\ 1 \\ -0{,}25 \\ -1 \\ 0 \end{bmatrix}
=
\begin{bmatrix} 5\ 750 \\ 11\ 000 \\ 2\ 000 \\ 7\ 250 \\ 9\ 000 \\ 6\ 000 \end{bmatrix}
$$

La production de P1 et de P2 baissera, celle de P3 restera inchangée et celle de P4 augmentera. Le nouveau plan optimal proposera de fabriquer 7 250 caisses de P1, 9 000 caisses de P2, 6 000 caisses de P3 et 5 750 caisses de P4.

4. Mini-Golf

Question 1: Le tableau suivant donne les valeurs des variables x_j dans la solution optimale associée au tableau final de l'énoncé.

Variable	x_1	x_2	x_3	x_4	x_5	x_6	x_7
Valeur	10	120	5	10	300	0	116

Il existe d'autres solutions optimales, car le coût marginal de la variable hors base x_6 est nul dans le tableau final et la valeur limite de x_6, qui est égale à min $\{116/2{,}5;\ 50/2{,}5\} = 46{,}4$, est positive.

Question 2: 576 h/sem. = 6 (16 h/jour $\times$ 6 jours/sem.)

Question 3: Comme le nouveau coefficient 40 appartient à l'intervalle de variation [27,5; *Infini*] associé à la variable x_1, la solution optimale ne change pas à la suite du changement envisagé. Par contre, les revenus hebdomadaires de Mini-golf augmenteraient à 11 645 $:

$$ z' \ =\ z + 5\,x_1 \ =\ 11\ 595 + (5 \times 10) \ =\ 11\ 645. $$

Question 4: Écrivons la 5e contrainte sous la forme

$$ \cdots\ \leq\ 150 + \Delta \qquad\qquad\text{où } \Delta = -15. $$

Le nouveau membre droit 135 appartient à l'intervalle de variation [30; 266] associé à la 5e contrainte. Par conséquent, l'impact demandé se calcule à partir du tableau final de l'énoncé :

$$ z' \ =\ z + (-15) \times 10 \ =\ z - 150. $$

Ainsi, les revenus hebdomadaires diminueraient de 150 $.

Question 5: Écrivons la 7e contrainte sous la forme

$$\cdots \geq 20 - \Delta \qquad\qquad \text{où } \Delta = 10.$$

Le nouveau membre droit 10 appartient à l'intervalle de variation [0; 30] associé à la 7e contrainte. Par conséquent, l'impact demandé se calcule à partir du tableau final de l'énoncé. Le tableau suivant donne la répartition demandée.

Variable	x_1	x_2	x_3	x_4	x_5	x_6	x_7
Valeur	20	130	5	5	300	0	106

Note. La variable x_7 se calcule par la relation : $x_7 = 116 + (-1 \times \cdots) = 116 + (-1 \times 10) = 106$. Les autres variables s'obtiennent de façon analogue. Enfin, les revenus hebdomadaires augmentent de $10 \times 22,5 = 225$ dollars.

Question 6: Le coût marginal de la variable hors base x_6 est nul dans le tableau final et la valeur limite de x_6 est égale à min $\{ 116/2,5; 50/2,5 \} = 20$: par conséquent, on peut donner à x_6 une valeur positive ne dépassant pas 20 sans affecter les revenus hebdomadaires de Mini-golf. La répartition optimale en présence de la contrainte additionnelle « $x_6 \geq 12$ » s'obtient donc en donnant à x_6 une valeur entre 12 et 20 et en calculant les variables x_j à l'aide des équations sous-jacentes au tableau final. (On la choisit entière et paire afin de satisfaire également aux contraintes d'intégrité qui sont présentes dans le contexte mais ont été omises du modèle linéaire, qui doit être continu pour permettre l'analyse postoptimale.) Le tableau suivant donne la répartition demandée quand on pose $x_6 = 12$ (évidemment, les revenus hebdomadaires restent 11 595 $).

Variable	x_1	x_2	x_3	x_4	x_5	x_6	x_7
Valeur	10	120	5	10	300	12	86

Note. On observe que seule la valeur de x_7 change, car les entrées de la colonne x_6 dans le tableau final sont toutes nulles, sauf celles des lignes 1 et 3, où x_7 et e_3 respectivement sont variables de base. De plus, x_7 et x_6 sont liées par la relation : $x_7 = 116 - 2,5\, x_6$.

5. La société Lippi

Question 1: On cherche les valeurs de Δ pour lesquelles les variables de base du tableau optimal restent toutes ≥ 0 quand on calcule

$$[\text{ V.B. }] = [\text{ Valeur }] + \Delta [e_5].$$

Puisque seules EENTR, e_7 et e_9 sont affectées, il suffit de considérer les lignes associées à ces 3 variables :

$$\text{EENTR} = 40 - \Delta \geq 0 \qquad \text{d'où } \Delta \leq 40$$

$$e_6 = 290 + \Delta \geq 0 \qquad \text{d'où } \Delta \geq -290$$

$$e_9 = 0 + \Delta \geq 0 \qquad \text{d'où } \Delta \geq 0$$

En résumé : $0 \leq \Delta \leq 40$. L'intervalle de variation est donc [1 000 ; 1 040].

Question 2: $z' = z - 0,2$ EENTR

Calculons les coûts marginaux des variables hors base pour z'.

Base	500 ELJ	550 CHJ	550 CHA	0 e_1	0 e_2	0 e_4	0 e_5	0 e_7	0 e_8	0 e_{10}
⋮										
− 0,2 EENTR	- 50	40	0	40	0	0	- 1	0	0	0
⋮										
z_j	502	605,75	603,75	33	73	48	1	3,45	2,25	452
$c_j - z_j$	- 2	- 55,75	- 53,75	- 33	- 73	- 48	-1	- 3,45	- 2,25	- 452
z_j'	512	597,75	603,75	25	73	48	1,2	3,45	2,25	452
$c_j' - z_j'$	- 12	- 47,75	- 53,75	- 25	- 73	- 48	- 1,2	- 3,45	- 2,25	- 452

Ainsi, les coûts marginaux pour z' sont tous ≤ 0. La solution optimale ne change pas à la suite du changement analysé. Par contre, le profit diminue à 56 208 \$:

$$z' = z - 0,2 \text{ EENTR} = 56\ 216 - 0,2 \times 40 = 56\ 208.$$

Question 3: $z' = z - 25 \text{ EHJ} - 25 \text{ EHA}$

Calculons les coûts marginaux des variables hors base pour z'.

Base	500 ELJ	550 CHJ	550 CHA	0 e_1	0 e_2	0 e_4	0 e_5	0 e_7	0 e_8	0 e_{10}
- 25 EHJ	0	1	0	1	0	0	0	0	0	0
- 25 EHA	0	0	1	0	1	0	0	0	0	0
$\vdots$										
z_j	502	605,75	603,75	33	73	48	1	3,45	2,25	452
$c_j - z_j$	- 2	- 55,75	- 53,75	- 33	- 73	- 48	-1	- 3,45	- 2,25	- 452
z_j'	502	580,75	578,75	8	48	48	1	3,45	2,25	452
$c_j' - z_j'$	- 2	- 30,75	- 28,75	- 8	- 48	- 48	- 1	- 3,45	- 2,25	- 452

Ainsi, les coûts marginaux pour z' sont tous ≤ 0. Par conséquent, la solution optimale ne change pas à la suite du changement analysé. Par contre, le profit diminue à 54 866 \$:

$$z' = 56\ 216 - (25 \times 26) - (25 \times 28) = 54\ 866.$$

Question 4: Écrivons la 7e contrainte sous la forme

$$\cdots \leq 800 + \Delta \qquad\qquad \text{où } \Delta = 80.$$

La solution de base associée au tableau final se calcule alors de la façon suivante.

$$
\begin{bmatrix}
\text{EHJ} \\
\text{EHA} \\
e_3 \\
\text{CLA} \\
\text{EENTR} \\
e_6 \\
\text{CLJ} \\
\text{CENTR} \\
e_9 \\
\text{ELA}
\end{bmatrix}
=
\begin{bmatrix}
26 \\
28 \\
3 \\
22 \\
40 \\
290 \\
23 \\
120 \\
0 \\
3
\end{bmatrix}
+ 80
\begin{bmatrix}
0 \\
0 \\
0 \\
0,025 \\
0 \\
1,250 \\
0 \\
-1 \\
1 \\
-0,025
\end{bmatrix}
=
\begin{bmatrix}
26 \\
28 \\
3 \\
24 \\
40 \\
390 \\
23 \\
40 \\
80 \\
1
\end{bmatrix}
$$

Comme toutes les variables de base restent non négatives, l'impact demandé se calcule à partir du tableau final de l'énoncé. Et $z' = z + 80 \times 3,45 = 56\ 216 + 276 = 56\ 492$.

Question 5: Écrivons les 5e et 6e contraintes sous la forme

$$\cdots \leq 1\ 000 + \Delta_5$$

$$\cdots \leq 1\ 600 + \Delta_6$$

où $\Delta_5 = + 20$ et $\Delta_6 = - 20$. La solution de base associée au tableau final se calcule alors ainsi.

$$
\begin{bmatrix} EHJ \\ EHA \\ e_3 \\ CLA \\ EENTR \\ e_6 \\ CLJ \\ CENTR \\ e_9 \\ ELA \end{bmatrix} = \begin{bmatrix} 26 \\ 28 \\ 3 \\ 22 \\ 40 \\ 290 \\ 23 \\ 120 \\ 0 \\ 3 \end{bmatrix} + 20 \begin{bmatrix} 0 \\ 0 \\ 0 \\ 0 \\ -1 \\ 1 \\ 0 \\ 0 \\ 1 \\ 0 \end{bmatrix} - 20 \begin{bmatrix} 0 \\ 0 \\ 0 \\ 0 \\ 0 \\ 1 \\ 0 \\ 0 \\ 0 \\ 0 \end{bmatrix} = \begin{bmatrix} 26 \\ 28 \\ 3 \\ 22 \\ 20 \\ 290 \\ 23 \\ 120 \\ 20 \\ 3 \end{bmatrix}
$$

Comme toutes les variables de base restent non négatives, l'impact demandé se calcule à partir du tableau final de l'énoncé. Et

$$z' = z + (20 \times 1) + (-20) \times 0 = 56\,216 + 20 = 56\,236.$$

Question 6: Écrivons la 1re contrainte sous la forme

$$\cdots \leq 26 + \Delta \qquad \text{où } \Delta = 2.$$

La solution de base associée au tableau final se calcule alors de la façon suivante.

$$
\begin{bmatrix} EHJ \\ EHA \\ e_3 \\ CLA \\ EENTR \\ e_6 \\ CLJ \\ CENTR \\ e_9 \\ ELA \end{bmatrix} = \begin{bmatrix} 26 \\ 28 \\ 3 \\ 22 \\ 40 \\ 290 \\ 23 \\ 120 \\ 0 \\ 3 \end{bmatrix} + 2 \begin{bmatrix} 1 \\ 0 \\ 1 \\ 1 \\ 40 \\ 10 \\ -1 \\ -40 \\ 0 \\ 1 \end{bmatrix} = \begin{bmatrix} 28 \\ 28 \\ 5 \\ 24 \\ 120 \\ 310 \\ 21 \\ 40 \\ 0 \\ 5 \end{bmatrix}
$$

Comme toutes les variables de base restent non négatives, la situation s'analyse à partir du tableau final de l'énoncé : il serait rentable de recourir à ces heures supplémentaires, car chaque journée additionnelle sur la chaîne Humbert en juillet vaut 33 $ alors que la prime représente une diminution de z de seulement 25 $/jour. Enfin, EENTR = 120 et CENTR = 40.

6. Utilisation des intervalles de variation. Un exemple : la société Lippi

Question 2:   Comme le nouveau coefficient $-1,2$ appartient à l'intervalle de variation $[-1,825;$ $-0,375]$, la solution optimale ne change pas à la suite du changement analysé. Par contre, le profit diminue à 56 208 $:

$$z' = z - 0,2 \text{ EENTR} = 56\ 216 - 0,2 \times 40 = 56\ 208.$$

Question 3: $z' = z - 25\ \text{EHJ} - 25\ \text{EHA}$

Cette fois, deux coefficients c_j sont modifiés et on ne peut recourir aux intervalles de variation. Calculons d'abord les coûts marginaux des variables hors base pour z'.

Base	500 ELJ	550 CHJ	550 CHA	0 e_1	0 e_2	0 e_4	0 e_5	0 e_7	0 e_8	0 e_{10}
- 25 EHJ	0	1	0	1	0	0	0	0	0	0
- 25 EHA	0	0	1	0	1	0	0	0	0	0
$\vdots$										
z_j	502	605,75	603,75	33	73	48	1	3,45	2,25	452
$c_j - z_j$	- 2	- 55,75	- 53,75	- 33	- 73	- 48	-1	- 3,45	- 2,25	- 452
z_j'	502	580,75	578,75	8	48	48	1	3,45	2,25	452
$c_j' - z_j'$	- 2	- 30,75	- 28,75	- 8	- 48	- 48	- 1	- 3,45	- 2,25	- 452

Ainsi, les coûts marginaux pour z' sont tous ≤ 0. La solution optimale ne change pas à la suite du changement analysé. Par contre, le profit diminue à 54 866 $:

$$z' = 56\ 216 - (25 \times 26) - (25 \times 28) = 54\ 866.$$

Question 4: Écrivons la 7e contrainte sous la forme

$$\cdots \leq 800 + \Delta \qquad\qquad \text{où } \Delta = 80.$$

Le nouveau membre droit 880 appartient à l'intervalle de variation $[800; 920]$ associé à la 7e contrainte. Par conséquent, l'impact demandé se calcule à partir du tableau final de l'énoncé :

$$z' = z + 80 \times 3,45 = 56\ 216 + 276 = 56\ 492.$$

Question 5: Écrivons les 5e et 6e contraintes sous la forme

$$\cdots \leq 1\ 000 + \Delta_5$$

$$\cdots \leq 1\ 600 + \Delta_6$$

où $\Delta_5 = + 20$ et $\Delta_6 = - 20$. Cette fois, deux membres droits sont modifiés et on ne peut recourir aux intervalles de variation. La solution de base associée au tableau final se calcule alors de la façon suivante.

$$
\begin{bmatrix} EHJ \\ EHA \\ e_3 \\ CLA \\ EENTR \\ e_6 \\ CLJ \\ CENTR \\ e_9 \\ ELA \end{bmatrix} = \begin{bmatrix} 26 \\ 28 \\ 3 \\ 22 \\ 40 \\ 290 \\ 23 \\ 120 \\ 0 \\ 3 \end{bmatrix} + 20 \begin{bmatrix} 0 \\ 0 \\ 0 \\ 0 \\ -1 \\ 0 \\ 1 \\ 0 \\ 1 \\ 0 \end{bmatrix} - 20 \begin{bmatrix} 0 \\ 0 \\ 0 \\ 0 \\ 0 \\ 0 \\ 1 \\ 0 \\ 0 \\ 0 \end{bmatrix} = \begin{bmatrix} 26 \\ 28 \\ 3 \\ 22 \\ 20 \\ 290 \\ 23 \\ 120 \\ 20 \\ 3 \end{bmatrix}
$$

Comme toutes les variables de base restent non négatives, l'impact demandé se calcule à partir du tableau final de l'énoncé. Et

$$z' = z + (20 \times 1) + (- 20) \times 0 = 56\ 216 + 20 = 56\ 236.$$

Question 6: Écrivons la 1re contrainte sous la forme

$$\cdots \leq 26 + \Delta \qquad \text{où } \Delta = 2.$$

Le nouveau membre droit 28 appartient à l'intervalle de variation [25; 29] associé à la 1re contrainte. Par conséquent, la situation s'analyse à partir du tableau final de l'énoncé : il serait rentable de recourir à ces heures supplémentaires, car chaque journée additionnelle de la chaîne Humbert en juillet vaut 33 \$ alors que la prime représente une diminution de z de 25 \$/jour. Enfin,

$$EENTR = 40 + (40 \times 2) = 120$$

$$CENTR = 120 + (-40) \times 2 = 40.$$

7. Zoo

Question 1: Comme à l'optimum on n'utilise que 34 kg du produit A alors qu'il y en a 100 kg qui sont disponibles, on peut se priver de 50 kg sans que ne soient modifiés ni le plan de mélange optimal ni la valeur du coût total.

Question 2: Cette modification n'est pas suffisante pour obliger à pivoter comme l'assure le tableau des intervalles de variation. (On pourrait, en fait, abaisser le coût du produit A jusqu'à 14,625 $ sans qu'il soit requis de pivoter.) Toutefois le coût total z va passer à 1 384 $.

Question 3: Disposer de 10 kg supplémentaires du produit E permet d'augmenter de 10 le second membre de la dernière contrainte. Selon le tableau d'analyse de sensibilité, ce changement n'oblige pas à pivoter : le zoo réaliserait donc une économie de $10 \times 1,1286 = 11,286$ dollars si ces 10 kg supplémentaires étaient achetés au cours actuel de 13 $ le kg, soit 130 $ pour le contenant de 10 kg. Or le contenant est offert à 150 $, soit 20 $ de plus. L'économie potentielle de 11,286 $ étant inférieure au supplément de coût de 20 $, le zoo n'aurait pas intérêt à accepter l'offre.

Question 4: La solution optimale propose de produire plus que les 30 kg de plancton exigés par la 1re contrainte :

$$(0,5 \times 34) + (0,45 \times 16) + (0,31 \times 10) + (0,25 \times 30) + (0,1 \times 10) \quad = \quad 35,8.$$

Diminuer l'exigence quant à la quantité de plancton dans le mélange n'aurait donc de conséquence ni sur la solution optimale, ni sur son coût.

8. Service d'ordre lors d'une visite officielle

Question 1:
$$e_1 = e_3 = 0$$
$$x_A = 45$$
$$e_2 = 15$$
$$x_B = 35$$
$$e_4 = 30$$
$$z = 5\ 360$$

Question 2: Non, car les variables hors base admettent toutes un coût marginal non nul dans le tableau final de l'énoncé.

Question 3: La 1re contrainte technologique s'écrirait

$$\ldots \geq 250 - \Delta \qquad\qquad \text{où } \Delta = -20.$$

La solution de base associée au tableau final se calculerait alors ainsi :

$$
\begin{bmatrix} x_A \\ e_2 \\ x_B \\ e_4 \end{bmatrix}
=
\begin{bmatrix} 45 \\ 15 \\ 35 \\ 30 \end{bmatrix}
- 20
\begin{bmatrix} -0{,}25 \\ 0{,}25 \\ 0 \\ -4 \end{bmatrix}
=
\begin{bmatrix} 50 \\ 10 \\ 35 \\ 110 \end{bmatrix}
$$

Il s'agirait donc de retenir les services de 5 policiers additionnels de A. Le coût augmenterait de 440 dollars :

$$z \uparrow 20 \times 22 = 440.$$

Note. Comme les 35 policiers de B seront tous en service selon la solution optimale associée au tableau de l'énoncé, il était inévitable que les heures additionnelles soient fournies par des policiers de A.

Question 4: La 3e contrainte technologique s'écrit

$$\ldots \leq 35 + \Delta \qquad\qquad \text{où } \Delta = -4.$$

La solution de base associée au tableau final se calcule maintenant ainsi :

$$
\begin{bmatrix} x_A \\ e_2 \\ x_B \\ e_4 \end{bmatrix}
=
\begin{bmatrix} 45 \\ 15 \\ 35 \\ 30 \end{bmatrix}
- 4
\begin{bmatrix} -0{,}5 \\ 0{,}5 \\ 1 \\ -2 \end{bmatrix}
=
\begin{bmatrix} 47 \\ 13 \\ 31 \\ 38 \end{bmatrix}
$$

Les 4 policiers de B seront donc remplacés par 2 collègues de A. Le coût z engagé par la communauté pour le service d'ordre augmentera de $4 \times 4 = 16$ dollars.

Question 5: Comme il n'y a que 45 des 60 policiers de A qui sont requis par la solution optimale associée au tableau de l'énoncé, il suffirait de ne pas faire appel à ces deux policiers pour éviter ce problème. Par conséquent, l'organisation du service d'ordre ne serait pas perturbée.

Question 6: Écrivons la 1re contrainte technologique sous la forme

$$... \geq 250 - \Delta \qquad\qquad \text{où } \Delta \leq 0.$$

La solution de base associée au tableau final s'écrit alors

$$\begin{bmatrix} x_A \\ e_2 \\ x_B \\ e_4 \end{bmatrix} = \begin{bmatrix} 45 \\ 15 \\ 35 \\ 30 \end{bmatrix} + \Delta \begin{bmatrix} -0{,}25 \\ 0{,}25 \\ 0 \\ -4 \end{bmatrix}$$

On cherche donc Δ tel que

$$16\, x_A + 6\, x_B \geq 1\,050 \qquad (*)$$

c'est-à-dire tel que

$$16\,(45 - 0{,}25\,\Delta) + 6\,(35 + 0\,\Delta) \geq 1\,050.$$

Il vient que $\Delta \leq -30$. Puisque $e_2 = 15 + 0{,}25\Delta$ doit être non négatif, il faut de plus que $\Delta \geq -60$. La valeur extrême $\Delta = -30$ donne une solution optimale qui n'est pas entière :

$$x_A = 45 - 0{,}25 \times (-30) = 52{,}5 \qquad \text{et} \qquad x_B = 35.$$

En résumé, toute valeur de Δ entre -60 et -30 qui est un entier multiple de 4 donne un service d'ordre qui satisfait aux contraintes du modèle, respecte les contraintes d'intégrité implicites et assure une cote d'efficacité d'au moins 1 050 points. Par exemple, en posant $\Delta = -32$, on obtient :

$$x_A = 53 \qquad \text{et} \qquad x_B = 35 \qquad \text{et} \qquad \text{cote} = 1\,058.$$

Note. L'équation (*) se réécrit ainsi, en fonction de la variable d'excédent e_4 :

$$e_4 = 16\, x_A + 6\, x_B - 900 \geq 1\,050 - 900$$

$$30 - 4\,\Delta = e_4 \geq 150.$$

En résolvant, on obtient à nouveau que $\Delta \leq -30$.

9. L'eau de toilette Boréal

Question 1: Selon le contexte, le 4e parfumeur « a exigé l'obtention d'une proportion de la production commercialisée qui ne soit pas inférieure à la proportion de sa contribution à l'ensemble du financement de l'entreprise ». Par conséquent, l'inéquation suivante doit être satisfaite :

$$\frac{x_4}{x_1 + x_2 + x_3 + x_4} \geq \frac{9}{1 + 2 + 3 + 4 + 5 + 9} = \frac{3}{8}.$$

La contrainte (6) du modèle est une version linéarisée de cette inéquation.

Question 2: $s = e_2 = e_3 = e_4 = e_6 = e_7 = e_8 = 0$

e_1	=	78 000
y_4	=	306 000
x_3	=	5 468,75
x_4	=	7 875
e_5	=	90 000
x_2	=	4 375
y_A	=	618 000
x_1	=	3 281,25

André Paul, après déduction des escomptes et des versements en espèces dus aux parfumeurs-investisseurs à titre de rémunération de leur capital, retirera 4 452 000 \$. De cette somme, il faut retrancher 60 000 \$ et 120 000 \$, montants qu'il s'est engagé à verser annuellement aux conseils de bande des Montagnais et des Cris. Il lui restera donc net 4 272 000 \$.

Question 3: La solution de base associée au tableau de l'énoncé n'est pas unique car le coût marginal des variables hors base e_2, e_3 et e_4 est nul et la valeur limite de ces variables, lorsqu'elles sont considérées comme variables entrantes potentielles, est positive. Selon la 6e ligne du tableau final du simplexe,

$$x_2 = 4\,375 - 0{,}208\,s - 0{,}067\,e_2 + 0{,}133\,e_3 - 0{,}042\,e_6 - 0{,}208\,e_8.$$

On obtient une autre solution optimale qui fait croître la quantité d'essence accordée au parfumeur 2 en donnant à la variable hors base e_3 une valeur positive qui ne dépasse pas sa valeur limite 65 625. Par exemple, en posant $e_3 = 65\,625$, on obtient la solution de base optimale suivante.

$$s = x_1 = e_2 = e_4 = e_6 = e_7 = e_8 = 0$$

e_1	=	78 000
y_4	=	306 000
x_3	=	0
x_4	=	7 875
e_5	=	90 000
x_2	=	13 125

$$y_A \quad = \quad 618\ 000$$
$$e_3 \quad = \quad 65\ 625$$

Note. Il faut utiliser les valeurs exactes des coefficients du tableau optimal du simplexe, et non les valeurs arrondies apparaissant dans le tableau de l'énoncé. En effet, si on calcule strictement à partir des chiffres fournis dans le tableau de l'énoncé, on obtient que

$$x_3 \quad = \quad 5\ 468,75 - (65\ 625 \times 0,083) \quad = \quad 21,875$$

et la contrainte (2) semble prise en défaut :

$$5\ x_1 - 3\ x_3 \quad = \quad (5 \times 0) - (3 \times 21,875) \quad < \quad 0 \ !$$

Par contre, avec les valeurs exactes, les résultats ne présentent pas ce paradoxe :

$$x_3 \quad = \quad 5\ 468,75 - (65\ 625 \times 0,08333333) \quad = \quad 0.$$

Question 4: Il n'est pas nécessaire que la contrainte (4) soit satisfaite comme équation à l'optimum. En effet, le coût marginal de e_4 est nul dans le tableau optimal de l'énoncé. On obtiendrait des solutions optimales où (4) ne serait pas satisfaite comme équation en donnant à la variable hors base e_4 des valeurs positives inférieures à sa valeur limite 78 000.

Question 5: Notons $0 - \Delta$ le membre droit de la 2e contrainte technologique. Il s'agit de déterminer l'ensemble des valeurs de Δ pour lesquelles la solution optimale du modèle modifié s'obtient du tableau du simplexe de l'énoncé, sans itération. On calcule d'abord les valeurs des variables de base dans le modèle modifié. Seules 3 variables de base sont affectées par le changement et leur non-négativité implique les conditions suivantes sur Δ :

$$x_3 = 5\ 468,75 + 0,083\ \Delta \geq 0 \qquad \text{d'où } \Delta \geq -5\ 468,75 / 0,08333 = -65\ 625$$

$$x_2 = 4\ 375 \qquad + 0,067\ \Delta \geq 0 \qquad \text{d'où } \Delta \geq -4\ 375 / 0,0667 = -65\ 625$$

$$x_1 = 3\ 281,25 - 0,150\ \Delta \geq 0 \qquad \text{d'où } \Delta \leq 3\ 281,25 / 0,150 = 21\ 875$$

En résumé : les variables de base restent toutes non négatives

pourvu que $-65\ 625 \leq \Delta \leq 21\ 875$

pourvu que $-21\ 875 \leq 0 - \Delta \leq 65\ 625$

L'intervalle de variation du membre droit de la 2e contrainte technologique est donc $[-21\ 875 \ ; 65\ 625]$.

Question 6: Notons $268 + \Delta$ le coefficient de la variable x_1 dans la fonction-objectif et cherchons les valeurs de Δ pour lesquelles les coûts marginaux des variables hors base du tableau final restent tous ≤ 0. Calculons d'abord les coûts marginaux pour z'.

Base	210 s	0 e_2	0 e_3	0 e_4	0 e_6	0 e_7	0 e_8
$\vdots$							
$\cdots + \Delta \quad x_1$	0,156	-0,15	0,05	0	0,031	0	0,156
$\vdots$							
z_j	212	0	0	0	8	1	212
$c_j - z_j$	-2	0	0	0	-8	-1	-212
z_j'	212+0,156Δ	-0,15Δ	0,05Δ	0	8+0,031Δ	1	212+0,156Δ
$c_j' - z_j'$	-2-0,156Δ	0,15Δ	-0,05Δ	0	-8-0,031Δ	-1	-212-0,156Δ

Exiger que les coûts marginaux $c_j' - z_j'$ des variables e_2 et e_3 soient ≤ 0 signifie donc que

$$0,15\,\Delta \leq 0 \quad \text{et} \quad -0,05\,\Delta \leq 0$$

c'est-à-dire que

$$\Delta \leq 0 \quad \text{et} \quad \Delta \geq 0$$

La seule valeur qui vérifie ces conditions est évidemment $\Delta = 0$. Ainsi, l'intervalle de variation du coefficient c_1 de x_1 dans la fonction-objectif se résume à l'unique valeur 268, c'est-à-dire à l'intervalle [268 ; 268]. On vérifie de même que l'intervalle de variation du coefficient c_2 de x_2 dans la fonction-objectif est [268 ; 268].

Question 7: Dans la solution de base associée au tableau optimal, la variable s est hors base et donc nulle; on notera de plus que la valeur limite de s en tant que variable entrante est positive. Pour qu'il soit rentable de donner à s une valeur positive, il faudrait que son coût marginal soit non négatif, c'est-à-dire que la valeur imputée à l'essence non commercialisée augmente de 2 \$ ou plus le litre. Par conséquent, il serait rentable pour André Paul de conserver des surplus de production pour son eau *Boréal* si la valeur imputée au surplus d'essence était de 212 \$ ou plus le litre.

Question 8: Oui. En effet, la valeur 24 000 appartient à l'intervalle de variation [20 114; 33 750] associé à b_8. Par conséquent, la solution optimale lorsque la récolte s'élève à 24 000 litres d'essence se calcule à partir du tableau optimal de l'énoncé et la variable s est alors hors base et donc nulle.

Question 9: Le membre droit de la 1re contrainte technologique deviendrait :

$$b_1' = 12\,000\,000 \times 8,5\,\% = 1\,020\,000 = 960\,000 + 60\,000$$

et cette 1re contrainte prendrait la forme

$$\cdots \geq 960\,000 - \Delta \qquad \text{où } \Delta = -60\,000.$$

Comme le nouveau membre droit b_1' appartient à l'intervalle de variation [$-Infini$; 1 038 000], la solution optimale du modèle modifié se calcule à partir du tableau optimal de l'énoncé : seule change la valeur de la variable d'écart e_1 :

$$e_1' = 78\,000 + \Delta = 18\,000.$$

André Paul remettrait la même quantité d'essence aux 4 parfumeurs-investisseurs et leur verserait la même somme $y_A = 618\,000$ dollars; son revenu net resterait 4 272 000 \$.

Note. Cette conclusion, qui peut sembler paradoxale, s'explique par le fait que, selon la solution proposée par le tableau optimal de l'énoncé, André Paul rémunère à hauteur de 1 038 000 \$ les 3 parfumeurs-investisseurs de l'association :

$$32\,(\,x_1 + x_2 + x_3\,) + y_A \; = \; (32 \times 13\,125) + 618\,000 \; = \; 1\,038\,000.$$

La solution optimale du modèle modifié ne fait que diminuer l'excédent entre la rémunération réelle et les 960 000 \$ qu'il s'était engagé à verser.

Question 10: La contrainte (8) devient

$$\ldots \;\; \leq \;\; 21\,000 + \Delta \qquad\qquad\qquad\qquad \text{où } \Delta = -\,10.$$

Comme le nouveau membre droit 20 990 appartient à l'intervalle de variation [20 114; 33 750], la solution optimale du modèle modifié se calcule à partir du tableau optimal de l'énoncé. Par conséquent, la nouvelle répartition de la récolte entre les 4 parfumeurs se calcule ainsi :

$$x_3 \; = \; 5\,468,75 - (\,10 \times 0,260\,) \; = \; 5\,466,15$$

$$x_4 \; = \; 7\,875 - (\,10 \times 0,375\,) \; = \; 7\,871,25$$

$$x_2 \; = \; 4\,375 - (\,10 \times 0,208\,) \; = \; 4\,372,92$$

$$x_1 \; = \; 3\,281,25 - (\,10 \times 0,156\,) \; = \; 3\,279,69$$

Question 11: Le coût marginal de la variable hors base e_2 est nul. André Paul pourrait donc, sans diminuer son revenu net, donner à e_2 une valeur positive ne dépassant pas la limite *Lim*, où

$$Lim \; = \; \max\{\,5468,75\,/\,0,08333\,;\; 4375\,/\,0,066667\} \; = \; 65\,625.$$

En posant $e_2 = 65\,625$, on obtient une solution optimale telle que $x_2 = x_3 = 0$, c'est-à-dire telle que les parfumeurs 2 et 3 reçoivent le retour sur leur investissement en argent seulement. Il reste à vérifier que cette solution convient au parfumeur 3...

10. Papyrus

Question 1: Les coefficients c_{AA} et c_{AB} des variables x_{AA} et x_{AB} sont négatifs, car il s'agit de « coûts après impôt » et l'on cherche à maximiser les revenus nets après impôt; ils se calculent ainsi :

$$c_{AA} = -(130 \times 0{,}60) = -78$$

$$c_{AB} = -(130 \times 0{,}60) - (20 \times 0{,}60) = -90.$$

Les coefficients d_{AA} et d_{AB} des variables y_{AA} et y_{AB} sont positifs, car il s'agit de revenus après impôt; ils se calculent ainsi :

$$d_{AA} = (520 \times 0{,}60) = 312$$

$$d_{AB} = (530 \times 0{,}65) - (22 \times 0{,}60) = 331{,}3.$$

Question 2: Si Papyrus pouvait se procurer, au tarif actuel, 1 tonne de rebuts de plus dans le marché A, elle pourrait, en réaménageant le plan optimal, augmenter de 40,20 $ ses profits nets après impôt de la prochaine année.

Question 3: Écrivons les 1re et 2e contraintes sous la forme

$$\cdots \ \leq \ 5\,400 + \Delta_1$$

$$\cdots \ \leq \ 3\,000 + \Delta_2$$

où $\Delta_1 = \Delta_2 = +50$. La solution de base associée au tableau final se calcule alors de la façon suivante.

$$
\begin{bmatrix} x_{AA} \\ x_{BB} \\ t_A \\ x_{AB} \\ e_5 \\ t_B \\ y_{AA} \\ y_{BA} \\ e_9 \\ y_{BB} \end{bmatrix}
=
\begin{bmatrix} 4\,900 \\ 3\,000 \\ 4\,900 \\ 500 \\ 100 \\ 3\,500 \\ 2\,940 \\ 125 \\ 135 \\ 2\,500 \end{bmatrix}
+ 50
\begin{bmatrix} 1 \\ 0 \\ 1 \\ 0 \\ -1 \\ 0 \\ 0{,}6 \\ 0 \\ -0{,}6 \\ 0 \end{bmatrix}
+ 50
\begin{bmatrix} 1 \\ 1 \\ 1 \\ -1 \\ -1 \\ 0 \\ 0{,}6 \\ 0 \\ -0{,}6 \\ 0 \end{bmatrix}
=
\begin{bmatrix} 5\,000 \\ 3\,050 \\ 5\,000 \\ 450 \\ 0 \\ 3\,500 \\ 3\,000 \\ 125 \\ 75 \\ 2\,500 \end{bmatrix}
$$

Comme toutes les variables de base restent non négatives, l'impact demandé se calcule à partir du tableau final de l'énoncé. Et

$$z' = z + (50 \times 40{,}2) + (50 \times 58{,}7) = z + 4\,945.$$

Question 4: On réécrit les 1re et 2e contraintes comme à la question précédente, mais cette fois $\Delta_1 = \Delta_2 = + 100$. La variable de base e_5 devient alors négative :

$$e_5 = 100 + 100 \times (-1) + 100 \times (-1) = - 100.$$

L'impact demandé par le président ne peut donc pas se calculer directement à partir du tableau final de l'énoncé; il faut effectuer des itérations supplémentaires ou modifier le modèle puis le résoudre à l'aide de l'ordinateur. L'analyste a donc raison de prétendre ne pouvoir répondre instantanément.

Note. De fait, l'impact est de 5 870 $ seulement, comme on le vérifie facilement en résolvant le modèle modifié.

Question 5: Les coefficients c_{AA} et c_{AB} des variables x_{AA} et x_{AB} seront modifiés de

$$- (130 \times 0,60) \times 5\% = - 3,9.$$

Calculons les coûts marginaux des variables hors base pour z' : on note d'abord qu'ils sont tous inchangés, à l'exception de celui de e_1 qui devient $- 36,3$:

$$(\text{coût marginal de } e_1 \text{ pour } z') = - (40,2 - 3,9) = - 36,3.$$

Puisque les coûts marginaux des variables hors base pour z' sont tous ≤ 0, le plan optimal n'est pas modifié et les profits nets après impôt diminuent de 21 060 $:

$$z' = z - 3,9 (x_{AA} + x_{AB}) = z - 3,9 (4\,900 + 500) = z - 21\,060.$$

Question 6: Écrivons la 6e contrainte sous la forme

$$\cdots \leq 3\,500 + \Delta \qquad\qquad\qquad \text{où } \Delta = 100.$$

Le nouveau membre droit 3 600 appartient à l'intervalle de variation [3 400; 4 400] associé à la 6e contrainte. Par conséquent, l'impact demandé se calcule à partir du tableau final de l'énoncé :

$$z' = z + 100 \times 21,575 = z + 2\,157,50 = 587\,850$$

$$t_A = 4\,900 + 100 \times (-1) = 4\,800$$

$$t_B = 3\,500 + 100 \times 1 = 3\,600$$

Ainsi, l'usine B sera utilisée à pleine capacité et l'usine A traitera 100 tonnes de papiers rebuts de moins. Les revenus nets après impôt de Papyrus augmenteront de 2 157,50 $.

Question 7: Si Papyrus implante la solution optimale recommandée par le tableau final, la papeterie A ne sera pas utilisée à 100 %; de fait, même après la chute de 50 tonnes de capacité due aux problèmes de la broyeuse, il restera une capacité excédentaire de 50 tonnes. Par conséquent - à court terme du moins - Papyrus ne serait pas prête à investir pour améliorer la broyeuse, même pas 1 $.

Question 8: Écrivons les 1re et 2e contraintes sous la forme

$$\cdots \leq 5\,400 + \Delta_1$$

$$\cdots \leq 3\,000 + \Delta_2$$

où $\Delta_1 = - 50$ et $\Delta_2 = + 50$. Cette fois, deux membres droits sont modifiés et on ne peut recourir aux intervalles de variation. La solution de base associée au tableau final se calcule alors ainsi.

$$
\begin{bmatrix} x_{AA} \\ x_{BB} \\ t_A \\ x_{AB} \\ e_5 \\ t_B \\ y_{AA} \\ y_{BA} \\ e_9 \\ y_{BB} \end{bmatrix}
=
\begin{bmatrix} 4\,900 \\ 3\,000 \\ 4\,900 \\ 500 \\ 100 \\ 3\,500 \\ 2\,940 \\ 125 \\ 135 \\ 2\,500 \end{bmatrix}
- 50
\begin{bmatrix} 1 \\ 0 \\ 1 \\ 0 \\ -1 \\ 0 \\ 0,6 \\ 0 \\ -0,6 \\ 0 \end{bmatrix}
+ 50
\begin{bmatrix} 1 \\ 1 \\ 1 \\ -1 \\ -1 \\ 0 \\ 0,6 \\ 0 \\ -0,6 \\ 0 \end{bmatrix}
=
\begin{bmatrix} 4\,900 \\ 3\,050 \\ 4\,900 \\ 450 \\ 100 \\ 3\,500 \\ 2\,940 \\ 125 \\ 135 \\ 2\,500 \end{bmatrix}
$$

Comme toutes les variables de base restent non négatives, l'impact demandé se calcule à partir du tableau final de l'énoncé. Et

$$z' = z - (50 \times 40,2) + (50 \times 58,7) = z + 925.$$

Le plan optimal devient :

$$x_{AA} = 4\,900 \quad x_{AB} = 450 \qquad x_{BA} = 0 \quad x_{BB} = 3\,050 \qquad t_A = 4\,900$$

$$y_{AA} = 2\,940 \quad y_{AB} = 0 \qquad y_{BA} = 125 \quad y_{BB} = 2\,500 \qquad t_B = 3\,500$$

Question 9: Le coefficient c_{TA} de la variable t_A dans la fonction-objectif z devient :

$$c'_{TA} = -(115 \times 0,60) + (5 \times 0,60) = -69 + 3 = -66.$$

Puisque la nouvelle valeur c'_{TA} de ce coefficient appartient à l'intervalle de variation $[-109,2; -47,425]$, les coûts marginaux des variables hors base pour z' restent tous ≤ 0. De plus, l'acquisition de 100 tonnes additionnelles de papiers rebuts dans A se traduit en ajustant de la façon suivante le membre droit de la 1re contrainte technologique :

$$\cdots \leq 5\,400 + \Delta \qquad\qquad \text{où } \Delta = 100.$$

Le nouveau membre droit 5 500 appartient à l'intervalle de variation [500; 5 500] associé à la 1re contrainte. Par conséquent, l'impact demandé se calcule à partir du tableau final de l'énoncé :

$$z' = z + (100 \times 40,2) + (3 \times 5\,000) = z + 19\,020 = 604\,712,50$$

$$t_A = 4\,900 + (100 \times 1) = 5\,000$$

$$t_B = 3\,500 + (100 \times 0) = 3\,500$$

Ainsi, l'usine B restera utilisée à pleine capacité et l'usine A traitera 100 tonnes de papiers rebuts de plus. Les revenus nets après impôt de Papyrus augmenteront de 19 020 $.

11.   La papeterie St-Gilles et les normes environnementales

Question 1: Le coefficient 546,25 est le prix espéré (en \$/t) du papier imprimerie :

$$(525 \times 0{,}25) + (550 \times 0{,}50) + (560 \times 0{,}25) = 546{,}25.$$

Question 2: La région admissible est le polygone ABC de la figure ci-contre. L'unique solution optimale correspond au sommet B = (200; 100).

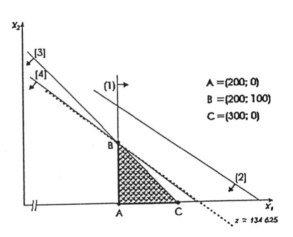

A =(200; 0)
B =(200; 100)
C =(300; 0)

Question 3: Les *Valeurs* des 1re et 3e lignes sont les coordonnées $x_1 = 200$ et $x_2 = 100$ du sommet optimal B obtenu à la question précédente. Pour les autres, on utilise les droites associées aux 2e et 4e contraintes, ainsi que la définition de z :

$$e_2 = 22\,000 - 50\,x_1 - 75\,x_2 = 22\,000 - (50 \times 200) - (75 \times 100) = 4\,500$$

$$e_4 = 500 - 1{,}5\,x_1 - 2\,x_2 = 500 - (1{,}5 \times 200) - (2 \times 100) = 0$$

$$z = 400\,x_1 + 546{,}25\,x_2 = 134\,625.$$

Question 4: Comme le nouveau coefficient 444 appartient à l'intervalle de variation [$-Infini$; 546,25], le plan optimal de production ne change pas. Par contre, les revenus espérés augmentent de $44 \times 200 = 8\,800$ dollars.

Question 5: Le coefficient c_2 de x_2 dans la fonction-objectif deviendrait 556,25 :

$$(525 \times 0{,}25) + (550 \times 0{,}50) + (600 \times 0{,}25) = 556{,}25.$$

Comme le nouveau coefficient 556,25 appartient à l'intervalle de variation [400; *Infini*], le plan optimal de production ne change pas. Par contre, les revenus espérés augmentent de $10 \times 100 = 1\,000$ dollars.

Question 6: Le coefficient c_2 de x_2 dans la fonction-objectif deviendrait 545,5 :

$$(525 \times 0{,}30) + (550 \times 0{,}40) + (560 \times 0{,}30) = 545{,}5.$$

Comme le nouveau coefficient 545,5 appartient à l'intervalle de variation [400; *Infini*], le plan optimal de production ne change pas. Par contre, les revenus espérés diminuent de $0{,}75 \times 100 = 75$ dollars.

Question 7: Il s'agit d'écrire la 4e contrainte sous la forme

$$\cdots \leq 500 + \Delta \qquad\qquad \text{où } \Delta = 100.$$

Le nouveau membre droit 600 appartient à l'intervalle de variation [500; *Infini*] associé à la 4e contrainte. Par conséquent, le montant demandé se calcule à partir du tableau final de l'énoncé : comme le coût marginal de la variable d'écart e_4 est nul, St-Gilles n'accepterait pas de débourser un sou pour enfreindre ainsi les normes.

Question 8: Il s'agit d'écrire la 3e contrainte sous la forme

$$\cdots \leq 600 + \Delta \qquad\qquad \text{où } \Delta = -75.$$

Le nouveau membre droit 525 appartient à l'intervalle de variation [400; 600] associé à la 3e contrainte. Par conséquent, la réponse se calcule à partir du tableau final de l'énoncé. Les émissions de chlore chuteraient à 425 unités et les revenus espérés, à un peu moins de 114 141 dollars :

$$x_1 = 200 - (75 \times 0) = 200$$

$$x_2 = 100 - (75 \times 0,5) = 62,5$$

$$\text{Émissions} = 1,5\,x_1 + 2\,x_2 = (1,5 \times 200) + (2 \times 62,5) = 425$$

$$z = 400\,x_1 + 546,25\,x_2 = (400 \times 200) + (546,25 \times 62,5) = 114\,140,625.$$

Question 9: Selon la solution optimale, St-Gilles aurait intérêt à sous-utiliser la capacité de production actuelle de son usine : en effet, la variable d'écart e_2 prend la valeur 4 500 dans la solution de base associée au tableau final de l'énoncé. Il ne serait donc pas rentable pour St-Gilles de recourir à des unités supplémentaires de production.

12. La société Érol

Question 1: Comme 40 appartient à l'intervalle de variation associé à la variable y, le plan optimal resterait le même. Et le profit maximal diminuerait à 266 400 dollars :

$$z' = 394\,400 + (40 - 50) \times 12\,800 = 394\,400 - 128\,000 = 266\,400.$$

Question 2: La fonction-objectif s'écrirait alors :

$$z' = z - 1\,x_{11} - 0,4\,x_{21} - 0,6\,x_{31}.$$

La solution de base associée au tableau de l'énoncé est optimale pour z' car, comme l'illustre le tableau suivant, les coûts marginaux $c_j' - z_j'$ des variables hors base sont tous non négatifs.

Base	-10 x_{12}	$-6-0,6$ x_{31}	0 e_1	0 e_2	0 e_3	0 e_4	0 e_5
$\vdots$ $\quad\vdots$	$\vdots$	$\vdots$	$\vdots$	$\vdots$	$\vdots$	$\vdots$	$\vdots$
$\cdots -1 \quad x_{11}$	$1,2$	$0,2$	$0,100$	$0,100$	$-0,700$	$0,4$	$0,300$
$\cdots -0,4 \quad x_{21}$	$-0,9$	$1,1$	$0,175$	$-0,075$	$0,525$	$-0,3$	$-0,225$
z_j	$-4,9$	$2,1$	$3,175$	$2,925$	$19,525$	$16,7$	$13,775$
$c_j - z_j$	$-5,1$	$-8,1$	$-3,175$	$-2,925$	$-19,525$	$-16,7$	$-13,775$
z_j'	$-5,74$	$1,46$	$3,005$	$2,855$	$20,015$	$16,42$	$13,565$
$c_j' - z_j'$	$-4,26$	$-8,06$	$-3,005$	$-2,855$	$-20,015$	$-16,42$	$-13,565$

Voici, à titre d'exemple, comment a été obtenu le coefficient z_j' de la variable x_{12} :

$$z_j' = z_j + (-1)\times 1,2 + (-0,4)\times(-0,9) = -4,9 - 1,2 + 0,36 = -5,74.$$

Par conséquent, le plan optimal resterait le même. Et le profit maximal diminuerait à 377 440 dollars :

$$z' = z - (1 \times 12\ 800) - (0,4 \times 10\ 400) - (0,6 \times 0) = 377\ 440.$$

Question 3: La contrainte (2) s'écrirait

$$\cdots \leq 48\ 000 + \Delta \qquad\qquad \text{où } \Delta = 12\ 000.$$

La solution de base associée au tableau final se calculerait alors ainsi :

$$\begin{bmatrix} x_{32} \\ x_{22} \\ y \\ x_{11} \\ x_{21} \end{bmatrix} = \begin{bmatrix} 12\ 800 \\ 2\ 400 \\ 12\ 800 \\ 12\ 800 \\ 10\ 400 \end{bmatrix} + 12\ 000 \begin{bmatrix} 0,100 \\ 0,175 \\ 0,100 \\ 0,100 \\ -0,075 \end{bmatrix} = \begin{bmatrix} 14\ 000 \\ 4\ 500 \\ 14\ 000 \\ 14\ 000 \\ 9\ 500 \end{bmatrix}$$

On fabriquerait donc 14 000 composantes de chaque sorte : l'usine 1 fournirait toutes les composantes 1, l'usine 2, toutes les composantes 3; des 14 000 composantes 2, 9 500 proviendraient de l'usine 1 tandis que les 4 500 autres seraient produites à l'usine 2. Ce nouveau plan optimal assurerait un revenu net de 429 500 dollars :

$$z' = 394\ 400 + 12\ 000 \times 2,925 = 394\ 400 + 35\ 100 = 429\ 500.$$

Question 4: Plusieurs interprétations sont possibles. Par exemple :

* Réserver, à l'usine 2, 1 unité de production de plus pour la fabrication des 3 composantes permettrait d'augmenter de 2,925 $ le profit associé à ce contrat.

* Diminuer de 1 unité la capacité de production de l'usine 2 réservée aux 3 composantes entraînerait un manque à gagner de 2,925 $.

Question 5: Diminuer de 1 unité la capacité de production entraîne pour l'usine 1 un manque à gagner de 3,175 $ et pour l'usine 2 un manque à gagner de 2,925 $. L'écart provient des coûts de fabrication de la composante 2 qui diffèrent d'une usine à l'autre. En effet, si l'on pose $e_1 = 1$, alors

$$x_{32} \downarrow 0,1 \qquad x_{22} \uparrow 0,075 \qquad y \downarrow 0,1 \qquad x_{11} \downarrow 0,1 \qquad x_{21} \downarrow 0,175 \; ;$$

la variation $\Delta_1 z$ de la valeur optimale de z est donc égale à :

$$\Delta_1 z = (-0,1 \times -5) + (0,075 \times -5) + (-0,1 \times 50) + (-0,1 \times -10) + (-0,175 \times -4).$$

Par contre, si l'on pose $e_2 = 1$, alors

$$x_{32} \downarrow 0,1 \qquad x_{22} \downarrow 0,175 \qquad y \downarrow 0,1 \qquad x_{11} \downarrow 0,1 \qquad x_{21} \uparrow 0,075 \; ;$$

et

$$\Delta_2 z = (-0,1 \times -5) + (-0,175 \times -5) + (-0,1 \times 50) + (-0,1 \times -10) + (-0,075 \times -4).$$

Noter que l'effet de poser e_1 ou e_2 égal à 1 est le même sur les variables de base x_{32}, y et x_{11} mais diffère sur x_{22} et x_{21} : ainsi,

$$\begin{aligned} \Delta_1 z - \Delta_2 z \quad &= \quad (0,075 \times -5) - (-0,175 \times -5) + (-0,175 \times -4) - (0,075 \times -4) \\ &= \quad -5(0,075 + 0,175) - 4(-0,175 - 0,075) \\ &= \quad -0,250 \end{aligned}$$

Question 6: Dans le tableau optimal de l'énoncé, les coûts marginaux des variables hors base sont tous différents de 0. Par conséquent, le modèle admet une seule solution optimale et il ne serait pas optimal de mettre les deux usines à contribution pour la fabrication de chacune des composantes. Forcer la production de la composante 1 dans l'usine 2 entraîne marginalement un manque à gagner de 5,10 $/unité; le manque à gagner s'établirait à 8,10 $/unité si Érol s'obligeait à produire la composante 3 à l'usine 1.

13. Macadam

Question 1: Parce que les coûts marginaux des variables hors base sont tous ≥ 0.

Question 2: C a raison : il suffit, en effet, de considérer e_6 comme variable entrante et de lui donner sa valeur limite de 5 000. La solution obtenue

$$x_A = 32\ 000 \quad \text{et} \quad x_B = 32\ 000 \quad \text{et} \quad x_C = 21\ 500$$

est optimale également puisque dans le tableau de l'énoncé, le coût marginal de e_6 est nul.

Question 3: Toute solution optimale du modèle s'écrit comme combinaison linéaire convexe de la solution de base associée au tableau de l'énoncé et de la solution de base obtenue à la question 2 :

$$\begin{bmatrix} x_A \\ x_B \\ x_C \end{bmatrix} = \lambda \begin{bmatrix} 27\ 000 \\ 32\ 000 \\ 26\ 500 \end{bmatrix} + (1 - \lambda) \begin{bmatrix} 32\ 000 \\ 32\ 000 \\ 21\ 500 \end{bmatrix} \qquad \text{où} \quad 0 \leq \lambda \leq 1 \ .$$

Le pourvoyeur A cherche une valeur de λ telle que $x_C = (^{26}/_{31})\, x_A$, c'est-à-dire telle que

$$21\ 500 + 5\ 000\ \lambda = \frac{26}{31}\ (32\ 000 - 5\ 000\ \lambda)\ .$$

En résolvant cette équation, on obtient que $\lambda = 165,5 / (5 \times 57) = 0,5807$. L'arrangement souhaité par A est donc possible. La solution optimale découlant de cet arrangement est à peu près à mi-chemin des deux solutions optimales de base. Elle est cependant légèrement plus près de la solution de base associée au tableau final de l'énoncé, laquelle solution favorise C. On peut donc considérer que la suggestion de A est raisonnable.

Question 4: La solution considérée à la question 2 ne satisfait à la contrainte additionnelle et ne serait plus admissible. Par ailleurs, le partage de la question 3 (avec $\lambda = 0,5807$) constituerait une solution optimale de base du nouveau modèle, de même que la solution de base associée au tableau de l'énoncé. L'ensemble des solutions optimales du nouveau modèle est constitué des combinaisons linéaires convexes de ces deux solutions de base, c'est-à-dire des solutions qui s'écrivent sous la forme

$$\begin{bmatrix} x_A \\ x_B \\ x_C \end{bmatrix} = \lambda \begin{bmatrix} 27\ 000 \\ 32\ 000 \\ 26\ 500 \end{bmatrix} + (1 - \lambda) \begin{bmatrix} 29\ 096 \\ 32\ 000 \\ 24\ 404 \end{bmatrix} \qquad \text{où} \quad 0 \leq \lambda \leq 1 \ .$$

Question 5: Les contraintes (1) - (3) ne sont pas redondantes puisque la solution

$$x_A = 29\ 000 \qquad x_B = 40\ 000 \qquad x_C = 18\ 000$$

satisfait aux contraintes (4) - (10) tout en violant (2). Ainsi, les contraintes (1) - (3) contribuent à réduire la région admissible et la solution optimale ne serait pas la même en leur absence.

14. Gaz et plastiques

Question 1: D'après le tableau des intervalles de variation des c_j, il faudrait que ces coûts c_{GN} soient supérieurs à 51 $ l'unité : en effet, pourvu que $c_{GN} \geq -51$, la solution de base associée au tableau final demeure optimale, de sorte que la variable e_1 demeure hors base et, par conséquent, nulle. On vérifie, à l'aide du tableau final, que, pour un coût c_{GN} supérieur à 51 $, la variable e_1 entrerait dans la base et deviendrait positive, ce qui signifie qu'un certain nombre des 55 000 unités de gaz ne feraient l'objet d'aucun traitement.

Question 2: Le tableau des intervalles de variation des b_i indique qu'aucune itération n'est nécessaire pourvu que le membre droit de (7) soit compris entre 0 et 5 000. Comme la valeur 1 500 respecte cette condition, le coût marginal de 8 $ l'unité s'appliquerait : le profit chuterait donc de $8 \times 500 = 4\,000$ dollars.

Pour déterminer l'impact de la nouvelle commande sur le plan de production optimal, on écrit d'abord la contrainte (7) sous la forme :

$$A2 \geq 1\,000 - \Delta \qquad \text{où} \quad \Delta = -500$$

La solution de base dans le contexte de la nouvelle commande se calcule ainsi :

$$
\begin{bmatrix} GN \\ A \\ B \\ AV \\ BV \\ B3 \\ A2 \end{bmatrix}
=
\begin{bmatrix} 55\,000 \\ 165\,000 \\ 220\,000 \\ 164\,000 \\ 214\,000 \\ 6\,000 \\ 1\,000 \end{bmatrix}
- 500
\begin{bmatrix} 0 \\ 0 \\ 0 \\ 1 \\ -1,5 \\ 1,5 \\ -1 \end{bmatrix}
=
\begin{bmatrix} 55\,000 \\ 165\,000 \\ 220\,000 \\ 163\,500 \\ 214\,750 \\ 5\,250 \\ 1\,500 \end{bmatrix}
$$

Notons qu'aucun des nouveaux membres droits n'est négatif, ce qui confirme la conclusion, obtenue précédemment en considérant les intervalles de variation, qu'il n'est pas nécessaire de recourir à la technique des pivotages pour répondre à la question posée.

Si cette nouvelle commande était acceptée, les ventes des plastiques non transformés diminueraient de 500 unités dans le cas de A et augmenteraient de 750 unités dans le cas de B; la production de B3 chuterait de 750 unités; l'entreprise fabriquerait 1 500 unités de A2, soit le minimum exigé par le carnet de commandes.

Question 3: Le prix de vente de A2 deviendrait $40,50 \times 1,10 = 44,55$ dollars; le coefficient de A2 dans la fonction-objectif, qui est le prix de vente défalqué des dépenses de 5 $ engagées pour les opérations au laboratoire 2, passerait de 35,50 à 39,55. Le coefficient de AV, quant à lui, serait égal à $12 \times 1,10 = 13,20$.

(a) On ne peut recourir aux intervalles de variation puisqu'il est proposé de modifier plus d'un coefficient c_j. Il faut calculer les nouveaux coûts marginaux des variables hors base. Le tableau ci-dessous reproduit, dans ses sections de gauche et du centre, les éléments du tableau final pertinents à ce calcul :

- Pour e_1 : $z_j' = 29 + (3 \times 1{,}20) + (0 \times 4{,}05) > 0$ d'où $c_j' - z_j' = 0 - z_j' < 0$.

- Pour e_6, le coût marginal resterait le même car, dans le tableau final, les coefficients de la colonne associée à e_6 situés sur les lignes AV et A2 sont tous deux nuls.

- Pour e_7 : $z_j' = 8 + (1 \times 1{,}20) - (1 \times 4{,}05) > 0$ d'où $c_j' - z_j' = 0 - z_j' < 0$.

Par conséquent, aucun des coûts marginaux ne deviendrait positif : la discussion entreprise peut se poursuivre dans le cadre du tableau optimal actuel. Le profit optimal deviendrait :

$$z' = 2\,899\,500 + (1{,}20 \times 164\,000) + (4{,}05 \times 1\,000) = 3\,100\,350.$$

$c_j' - c_j$	c_j	V.B.	e_1	e_6	e_7	Valeur	Δ
	-22	GN	1	0	0	55 000	1
	0	A	3	0	0	165 000	3
	0	B	4	0	0	220 000	4
1,20	12	AV	3	0	1	164 000	3
	9	BV	5	$-0{,}5$	$-1{,}5$	214 000	5
	30	B3	-1	0,5	1,5	6 000	-1
4,05	35,50	A2	0	0	-1	1 000	0
Coût marg. pour z			-29	$-10{,}5$	-8		29

(b) Abandonner le traitement d'unités de gaz naturel revient à poser le membre droit de la contrainte (1) égal à $55\,000 + \Delta$, où $\Delta < 0$. Calculons d'abord la valeur de la fonction-objectif compte tenu des nouveaux prix et de la nouvelle répartition de la production induite par le changement du membre droit de (1) :

$$z' = -22(55000+\Delta) + 13{,}2(164000+3\Delta) + 9(214000+5\Delta) + 30(6000-\Delta) + (39{,}55 \times 1000).$$

On cherche la valeur de Δ pour laquelle $z' = 2\,899\,500$. Il vient que

$$\Delta = -6\,161{,}04 \doteq -6\,161 .$$

Il faut reporter cette valeur $-6\,161$ dans le tableau final et vérifier que chacune des variables de base resterait non négative :

GN = 48 839   A = 146 517   B = 195 356   A2 = 1 000   B3 = 12 161   AV = 145 517   BV = 183 195.

Le profit total s'élève alors à 2 899 501,40 dollars.

Question 4: La perte d'heures de main-d'oeuvre se traduit par une modification de la contrainte (6), qui devient :

$$2 \text{ GN} + 3 \text{ A2} + 2 \text{ B3} \leq 125\,000 + \Delta \qquad\qquad \text{où } \Delta = -5\,000.$$

La colonne e_6 du tableau final décrit les changements de la solution optimale induits par un changement unitaire du membre de droite de la contrainte (6). L'impact de la perte de 5 000 heures s'obtient en multipliant par $-5\,000$ cette colonne : si la banque de temps de main-d'oeuvre chutait de 5 000 heures, la production de BV augmenterait de 2 500 unités et celle de B3 baisserait de 2 500 unités. Le profit net baisserait de $10,5 \times 5\,000 = 52\,500$ dollars.

Pour compenser, le prix de vente unitaire des 3 500 unités de B3 devrait être augmenté de 52500 / 3500 = 15 dollars : B3 serait donc vendu 51 \$ l'unité au lieu de 36 \$ et le coefficient de B3 dans la fonction-objectif serait alors 45. Comme l'intervalle de variation pour ce coefficient est [24,67; 59] et contient la nouvelle valeur, la solution décrite ci-dessus resterait optimale.

Question 5: Le coût de la réaction passe donc de 22 \$ à 24,20 \$ par unité de gaz naturel, ce qui provoque une chute des profits égale à 121 000 dollars :

$$55\,000 \times 2,20 = 121\,000.$$

C'est cette chute de 121 000 dollars qu'il faut compenser par une augmentation du prix du plastique A et de son dérivé A2, selon un même pourcentage.

Soit Δ le pourcentage cherché : le coefficient de AV devient 12(1 + Δ); le prix de vente unitaire de A2 augmente de 40,50 Δ . Comme les revenus supplémentaires totaux doivent être de 121 000 dollars, il suffit de résoudre l'équation suivante :

$$(40,50 \ \Delta \times 1\,000) + (12 \ \Delta \times 164\,000) = 121\,000 .$$

Il vient que $\Delta = 6,0243$ %. Les nouveaux coefficients de A2 et AV dans la fonction-objectif seront 37,94 et 12,72 respectivement. La fonction-objectif s'écrira donc :

$$z' = -24,20 \text{ GN} + 37,94 \text{ A2} + 30 \text{ B3} + 12,72 \text{ AV} + 9 \text{ BV}$$

$$z' = z - 2,20 \text{ GN} + 2,44 \text{ A2} + + 0,72 \text{ AV}.$$

Il reste à vérifier qu'aucun des coûts marginaux ne change de signe à la suite de ces divers changements de la fonction-objectif. Vérifions, à titre d'exemple, celui de la variable e_1 :

$$z'_j = 29 + (1 \times (-2,20)) + (3 \times 0,72) + (0 \times 2,44) > 0 \quad \text{d'où} \quad c'_j - z'_j = 0 - z'_j < 0.$$

15. Le plan de production hebdomadaire de la firme HH

Question 1: La 3e ligne du tableau final constitue l'équation suivante :

$$HS + 0{,}5\,PA + 0{,}375\,e_1 + 0{,}375\,e_2 - 1\,e_3 + 0{,}125\,e_7 + 0{,}5\,e_8 = 30.$$

Toutes les variables apparaissant dans cette équation, sauf HS, sont hors base et, à ce titre, sont nulles dans la solution de base optimale associée au tableau final. Qu'adviendrait-il de la valeur prise à l'optimum par la variable de base HS si on imprimait tour à tour à chacune de ces variables une variation marginale ? La question 1 pose le cas de la variable PA; la question 2 qui suit, celui des variables d'écart e_1, e_7 et e_8.

Fixons donc PA à la valeur 1 tout en maintenant à 0 les autres variables hors base apparaissant dans l'équation ci-dessus. Selon l'équation ci-dessus, HS diminue de 0,5. La question 1 demande de retrouver cette modification de la valeur de HS à partir du modèle. On constate d'abord que PB passe de 65 à 64, puisqu'à l'optimum PB = 65 et que la contrainte (8) stipule que PA + PB $\leq$ 65. De plus, B ne peut alors atteindre que la valeur 316 puisque selon (7)

$$B \leq 60 + 4\,PB = 60 + (4 \times 64) = 316.$$

Cette diminution de B libère 4 unités de matériau, qui pourront servir à la fabrication de 2 unités du produit A, permettant ainsi à la variable A de passer de 40 à 42. Le nombre d'heures de main-d'oeuvre requis par ce nouveau plan de production est de 189,5 heures :

$$(0{,}75 \times 42) + (0{,}50 \times 316) = 189{,}5.$$

Le recours aux heures supplémentaires sera donc égal à

$$189{,}5 - 160 = 29{,}5.$$

Il suffit de comparer cette valeur modifiée à celle de HS = 30 donnée par le tableau final pour retrouver cette chute d'une demi-heure de la valeur de HS que nous cherchions à expliquer.

Déterminons maintenant l'effet net sur le profit optimal de tous ces changements. Les variations de PA et de PB s'annulent. La baisse de B entraîne un manque à gagner de $4 \times 41 = 164$ dollars, tandis que la hausse de A occasionne des revenus additionnels de $2 \times 60 = 120$ dollars. Enfin, on économise ainsi le coût d'une demi-heure de temps supplémentaire, soit 7,50 \$. L'effet net sur z est

$$-1 + 1 - (4 \times 41) + (2 \times 60) + (0{,}5 \times 15) = -36{,}50.$$

On retrouve le coût marginal de la variable PA dans le tableau final : ce coût marginal peut donc s'interpréter comme l'effet net sur la valeur optimale de z d'une augmentation marginale de la variable PA.

Note. Le coefficient 0,5 de PA dans la 3e ligne synthétise l'effet net sur la valeur de HS de tous les changements, dans la solution, découlant du fait d'exiger que la variable hors base PA soit non pas nulle mais égale à 1. La colonne PA du tableau final aurait permis de déterminer ces impacts directement, sans avoir à revenir au modèle : par exemple, le coefficient -2 de la 1re ligne indique que la variable de base A augmente de 2, c'est-à-dire que la fabrication du produit A augmente de 2 unités, lorsque PA passe de 0 à 1.

Question 2: On posera égale à 1, tour à tour, chacune des variables e_1 , e_7 et e_8, tout en maintenant à 0 les autres variables hors base apparaissant dans l'équation de la question 1.

Le cas de e_1: Poser e_1 égale à 1 implique d'écarter du circuit de production l'une des 400 unités de matériau. C'est la production de A qui en serait privée, puisque c'est elle qui éponge les surplus de ressources : en effet, $e_6 > 0$ et $e_7 = 0$ dans la solution de base associée au tableau optimal. La production de A chuterait donc d'une demi-unité. Or chaque unité de A réclame 3/4 d'heure. Il y aurait donc une diminution de $(1/2) \times (3/4) = 0{,}375$ heure dans les heures supplémentaires requises, étant donné que les 160 heures de temps régulier sont déjà toutes consacrées à la production.

Le cas de e_7: Donner à e_7 la valeur 1, c'est retrancher 1 du membre droit de la contrainte (7) :

$$B - 4\,PB = 60 - e_7 = 60 - 1 = 59$$

$$B = 59 + (4 \times 65) = 319 \, .$$

Cette baisse de 320 à 319 de la production de B libère une unité de matériau dont on se servira pour fabriquer 0,5 unité supplémentaire de A. Le compte des heures supplémentaires se fait alors comme suit :

$$(0{,}75 \times 40{,}5) + (0{,}50 \times 319) - 160 = 29{,}875 \, .$$

Le cas de e_8: Si e_8 passe de 0 à 1, alors 1 \$ est soustrait du budget de publicité. Ce qui revient, PA étant déjà nulle, à diminuer PB de 1. Il en résulte une baisse de 4 unités dans la production de B, ce qui libère 4 unités de matériau et permet la fabrication de 2 unités additionnelles de A. Le bilan des heures supplémentaires est alors le suivant :

$$(0{,}75 \times 42) + (0{,}5 \times 316) - 160 = 29{,}5 \, .$$

La chute de HS de 30 à 29,5, prédite par le coefficient 0,5 de e_8 dans la 3e ligne, s'explique ainsi.

Question 3: Comme les bornes associées à la variable A ont été enlevées du tableau des intervalles de variation, il faut retourner au tableau final pour répondre à cette question. Notons $60 + \Delta$, où $\Delta = -10$, le nouveau prix de vente unitaire du produit A. Et vérifions que les coûts marginaux du modèle modifié demeurent tous non positifs :

- Pour PA : $c_j' - z_j' = -(36{,}5 - 2\,\Delta) = -56{,}5 < 0$

- Pour e_1 : $c_j' - z_j' = -(24{,}375 + 0{,}5\,\Delta) = -19{,}375 < 0$

- Pour e_2 : $c_j' - z_j' = -(19{,}625 + 0{,}5\,\Delta) = -14{,}625 < 0$

- Pour e_3 : $c_j' - z_j' = -(15 + 0\,\Delta) = -15 < 0$

- Pour e_7 : $c_j' - z_j' = -(9{,}125 - 0{,}5\,\Delta) = -14{,}125 < 0$

- Pour e_8 : $c_j' - z_j' = -(35{,}5 - 2\,\Delta) = -55{,}5 < 0$

La solution décrite par le tableau final reste donc optimale : même si le prix de vente de A était fixé à 50 \$ l'unité, on s'en tiendrait au même plan de production. Mais le profit chuterait de $40 \times 10 = 400$ dollars.

Question 4: Notons $60 + \Delta$, où $\Delta > 0$, le prix de vente minimal de A à partir duquel il serait rentable pour HH de transférer des ressources du produit B au produit A. Pour qu'il soit intéressant de modifier le plan de production, il faut que le nouveau coefficient de la variable A force une ou plusieurs itérations.

Nous déterminons d'abord jusqu'où l'on peut pousser Δ sans qu'aucun des coûts marginaux des variables hors base ne change de signe. D'après les calculs effectués à la question précédente, il suffit de résoudre le système suivant où Δ est ≥ 0 :

$$36,5 \quad - 2 \; \Delta \; \geq \; 0 \tag{9}$$

$$24,375 + 0,5 \; \Delta \; \geq \; 0 \tag{10}$$

$$19,625 + 0,5 \; \Delta \; \geq \; 0 \tag{11}$$

$$15 \quad + 0 \; \Delta \; \geq \; 0 \tag{12}$$

$$9,125 - 0,5 \; \Delta \; \geq \; 0 \tag{13}$$

$$35,5 \quad - 2 \; \Delta \; \geq \; 0 \tag{14}$$

Les inéquations (10), (11) et (12) seront toujours satisfaites puisque Δ est ≥ 0 par définition. De plus (9) et (13) sont équivalentes et sont dominées par (14). Il suffit donc de résoudre (14) :

$$35,5 - 2 \, \Delta \geq 0$$

$$\Delta \leq 17,75 \;.$$

Si le prix de vente de A dépassait tout juste $60 + 17,75 = 77,75$ dollars, le coût marginal de e_8 deviendrait positif et cette variable entrerait dans la base. On vérifie aisément que la variable sortante serait e_6. Sous réserve qu'il n'y aura qu'un pivotage, on en déduit que la production de A grimperait à 50 unités puisque PA et e_6 seraient hors base et que, selon (6),

$$A \; = \; 50 + 8 \, \text{PA} - e_6 \; = \; 50 + (8 \times 0) - 0 \; = \; 50 \;.$$

Notes. Il est possible, en effectuant les calculs, de vérifier qu'un seul pivotage suffit lorsque le prix de vente de A est fixé à 77,76 \$. Si le prix de vente de A dépassait largement cette valeur, la cascade des pivotages pourrait se poursuivre jusqu'à ce que PA entre également dans la base et ainsi permette que la production de A franchisse le cap des 50 unités.

On peut envisager qu'en bout de compte, la production de A sera limitée soit par les 65 \$ de promotion (qui permettraient de pousser A jusqu'à $50 + 8 \times 65 = 570$ unités), soit par la disponibilité des ressources : la quantité de matériau limite la production à $400/2 = 200$ unités; la main-d'oeuvre disponible, à $195/0,75 = 260$ unités; le temps disponible pour l'usinage, à $320/1,5 = 213,3$ unités. Il apparaît donc que, par la seule augmentation de son prix de vente, il ne sera jamais possible de produire plus de 200 unités de A. On peut se demander quel est le prix de vente minimal de A qui provoquerait l'entrée de PA dans la base et la montée de A à 200 unités. Pour répondre à cette question, il faudrait procéder au premier pivotage déjà décrit, qui permet d'atteindre $A = 50$, puis reprendre, dans le tableau final obtenu, une analyse similaire à celle tout juste achevée. Il s'avère que ce prix de vente minimal serait 82,125 \$.

Question 5: Dans le tableau des intervalles de variation des c_j, la borne inférieure du coefficient de la variable HS est $-67,333$: pourvu que le tarif des heures supplémentaires ne dépasse pas 67,33 \$, il est préférable pour HH de ne pas modifier la solution décrite par le tableau final et de continuer à exiger 30 heures supplémentaires par semaine. À 25 \$ l'heure, HH devrait maintenir sa politique de recourir à des heures supplémentaires.

Question 6: Le membre droit de la contrainte (8) deviendrait 75, qui est la borne supérieure de l'intervalle de variation associé à (8). Le coût marginal donné dans le tableau final s'applique pour cette modification du budget de promotion : le profit hebdomadaire augmenterait de $10 \times 35,5 = 355$ dollars.

Question 7: Selon le tableau final, 1 unité supplémentaire de matériau permettrait d'augmenter le profit optimal de 19,625 \$: l'entreprise pourrait payer jusqu'à $4,75 + 19,625 = 24,375$ dollars l'unité. Ce prix est intéressant pour HH, pourvu que ne soit pas dépassée la borne supérieure 405,333 de l'intervalle de variation associé à la contrainte (2). En résumé, HH serait prête à se procurer $405,333 - 400 = 5,333$ unités supplémentaires à un prix unitaire égal ou légèrement inférieur à 24,375 \$.

Question 8: Cette différence correspond au coût d'une unité du matériau :

$$24,375 - 19,625 = 4,75 .$$

Augmenter de 1 le membre droit de la contrainte (1) revient à supposer que HH pourrait utiliser une unité supplémentaire de matériau pour la fabrication des produits A et B, et ce sans avoir à la payer. Selon le tableau final, le recours à une telle unité gratuite rapporterait 24,375 \$. Mais si l'unité supplémentaire était mise à la disposition de HH au prix courant de 4,75 \$, le gain net pour HH s'élèverait à $24,375 - 4,75 = 19,625$ dollars. Or, le coût marginal de la variable d'écart e_2 s'interprète justement comme la variation du profit optimal associée à une augmentation unitaire du membre droit de (2) aux conditions courantes, c'est-à-dire associée à un accroissement de 400 à 401 unités de la disponibilité du matériau au même prix de 4,75 \$.

Question 9: Si le budget promotionnel est limité à 64 \$ par semaine, alors, comme indiqué par la colonne e_8 du tableau final, la fabrication de B devra être révisée de 4 unités à la baisse et celle de A, de 2 unités à la hausse; l'effet net sur le profit hebdomadaire sera une diminution de 35,50 \$.

La variable PA est hors base et donc nulle dans la solution optimale : on ne dépense rien en promotion pour A. Si l'on tient à dépenser 1 \$ pour mousser la demande du produit A tout en maintenant le budget promotionnel à 65 \$ par semaine, alors PB chutera à 64 et la fabrication de B baissera de 4 unités. Le dollar investi en promotion pour A en poussera la demande à $50 + (8 \times 1) = 58$ unités, mais cette augmentation de la demande est inutile car la fabrication de A sera limitée par les ressources disponibles et ne dépassera pas 42 unités de toute façon.

Diminuer le budget promotionnel hebdomadaire total de 1 \$ ou forcer PA à prendre la valeur 1 sont des politiques qui ont le même effet sur le plan de production optimal, sauf que, dans le deuxième cas, on dépense inutilement 1 \$ en cadeaux pour les clients de A. C'est pourquoi les coûts marginaux associés à ces politiques diffèrent de 1 \$.

Question 10: Ajoutons au modèle une variable C, qui représentera le nombre d'unités du produit C. Dans le tableau initial du simplexe, la colonne [C] associée à cette variable C sera reliée aux colonnes des variables d'écart par la relation linéaire suivante :

$$[C] = 1 [e_1] + 2 [e_3] + 2 [e_5].$$

La même relation lie ces colonnes dans le tableau final.

Base	...	c C	0 e_1	0 e_3	0 e_5	Valeur	Limite
60 A		0,500	0,500	0	0	40	80
-4,75 UM		0	0	0	0	400	*
-15 HS		-1,625	0,375	-1	0	30	*
0 e_4		1,625	-0,375	1	0	5	3,0769
0 e_5		1,250	-0,750	0	1	4	3,2
0 e_6		-0,500	-0,500	0	0	10	*
41 B		0	0	0	0	320	*
-1 PB		0	0	0	0	65	*
z_j'		54,375	24,375	15	0		
$c_j' - z_j'$		c-54,375	-24,375	-15	0	13 105	

Il est rentable de mettre sur le marché le produit C seulement si son coût marginal $c - 54,375$ est non négatif : HH devrait fixer le prix unitaire de C à 54,375 \$ ou plus. Et, à ce prix, elle devrait en fabriquer un maximum de 3,0769 unités.

6. La programmation linéaire en nombres entiers - Solutions

1. Méthode SÉP et noeuds à éliminer

Question 1: La région admissible de la relaxation continue (P_0) est le polygone OABC représenté à la figure ci-dessous. La solution optimale de (P_0) correspond au sommet $B = (2,5; 5)$; en ce point, z atteint sa valeur maximale $z_0 = 210$.

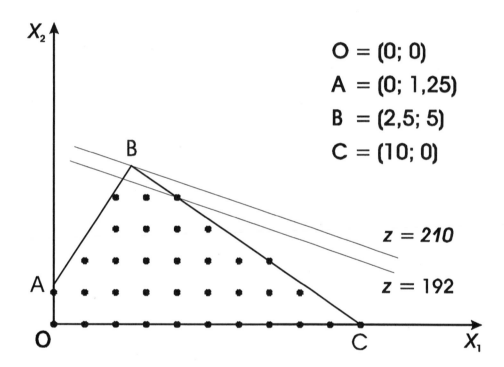

$$O = (0; 0)$$
$$A = (0; 1,25)$$
$$B = (2,5; 5)$$
$$C = (10; 0)$$

$z = 210$

$z = 192$

Question 2: La solution optimale de (P) est le point $x^* = (4; 4)$. La valeur maximale du modèle (P) en nombres entiers est $z^* = 192$.

Question 3: La figure de la page suivante décrit les séparations successives lorsque le modèle (P) est résolu à l'aide de la méthode SÉP. Elle donne également l'arbre d'énumération résultant de ces séparations. La première séparation correspond à enlever la bande

$$2 < x_1 < 3 \text{ et } x_2 \geq 0;$$

la seconde, à enlever la bande

$$4 < x_2 < 5 \text{ et } x_1 \geq 3.$$

PRO6-01. Méthode SÉP et noeuds à éliminer - Séquence des séparations et arbre d'énumération

Séparation		Valeurs optimales	Noeuds éliminés	$\underline{z} \leq z^* \leq \overline{z}$	Noeuds en attente
Noeud	Contraintes				
		$z_0 = 210$		$z^* \leq 210$	P_0
P_0	$x_1 \leq 2$	$z_1 = 177$		$z^* \leq 204$	$P_1 \quad P_2$
	$x_1 \geq 3$	$z_2 = 204$			
P_2	$x_2 \leq 4$	$z_3 = 192$	x_3^* adm	$z^* = 192$	Aucun
	$x_2 \geq 5$		$Adm = \varnothing$		

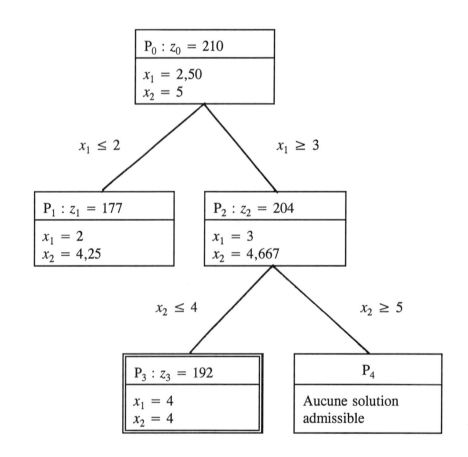

2. Résolution d'un modèle PLTE à deux variables

Question 1: La région admissible de la relaxation continue (P_0) est le polygone ABC représenté à la figure ci-dessous. La solution optimale de (P_0) correspond au sommet B = (4,5; 5); en ce point, z atteint sa valeur maximale $z_0 = 33$.

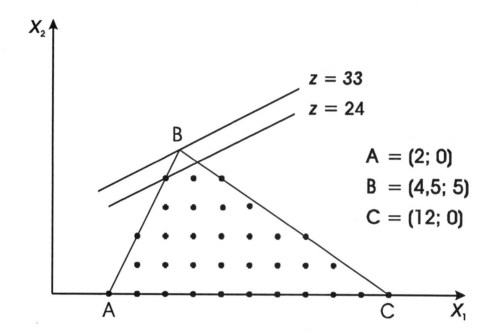

Question 2: La solution optimale de (P) est le point $x^* = (4; 4)$. La valeur maximale du modèle (P) en nombres entiers est $z^* = 24$.

Question 3: La figure de la page suivante décrit les séparations successives lorsque le modèle (P) est résolu à l'aide de la méthode SÉP. Elle donne également l'arbre d'énumération résultant de ces séparations. La première séparation correspond à enlever la bande

$$4 < x_1 < 5 \text{ et } x_2 \geq 0;$$

la seconde, à enlever la bande

$$4 < x_2 < 5 \text{ et } x_1 \geq 5.$$

PRO6-02. Résolution d'un modèle PLTE à deux variables - Séquence des séparations et arbre

Séparation		Valeurs optimales	Noeuds éliminés	$\underline{z} \leq z^* \leq \overline{z}$	Noeuds en attente
Noeud	Contraintes				
		$z_0 = 33$		$z^* \leq 33$	P_0
P_0	$x_1 \leq 4$	$z_1 = 24$	x_1^* adm	$24 \leq z^* \leq 26$	P_2
	$x_1 \geq 5$	$z_2 = 26$			
P_2	$x_2 \leq 4$	$z_3 = 18$	x_3^* adm	$z^* = 24$	Aucun
	$x_2 \geq 5$		$Adm = \varnothing$		

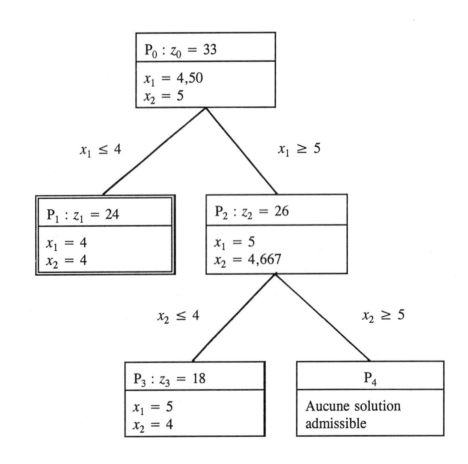

3.   Modèle à deux variables et critères de choix de la variable de séparation

Question 1:   La région admissible de la relaxation continue (P_0) est le polygone OABCD représenté à la figure ci-dessous. La solution optimale de (P_0) correspond au sommet C = (7,23; 2,31); en ce point, z atteint sa valeur maximale $z_0 = 62,15$.

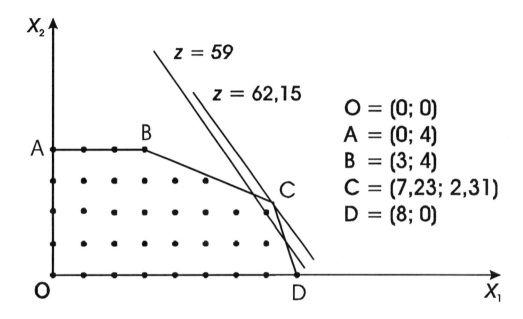

Question 2:   La solution optimale de (P) est le point $x^* = (7; 2)$. La valeur maximale du modèle (P) en nombres entiers est $z^* = 59$.

Question 3:   Le tableau ci-dessous décrit les séparations successives lorsque le modèle (P) est résolu par la méthode SÉP selon le critère du meilleur c_j. La première séparation correspond à enlever la bande

$$7 < x_1 < 8 \text{ et } x_2 \geq 0;$$

la seconde, à enlever la bande

$$2 < x_2 < 3 \text{ et } 0 \leq x_1 \leq 7.$$

Séparation		Solution optimale			Noeuds	$\underline{z} \leq z^* \leq \bar{z}$	Noeuds
Noeud	Contraintes	x_1	x_2	z	éliminés		en attente
		7,23	2,31	$z_0 = 62,15$		$z^* \leq 62,15$	P_0
P_0	$x_1 \leq 7$	7	2,4	$z_1 = 61$		$56 \leq z^* \leq 61$	P_1
	$x_1 \geq 8$	8	0	$z_2 = 56$	x_2^* adm		
P_1	$x_2 \leq 2$	7	2	$z_3 = 59$	x_3^* adm	$z^* = 59$	Aucun
	$x_2 \geq 3$	5,5	3	$z_4 = 53,5$	$z_4 \leq z_3$		

Question 4: Le tableau suivant décrit les séparations successives lorsque le critère de la variable la plus distante est utilisé. La première séparation correspond à enlever la bande

$$2 < x_2 < 3 \quad \text{et} \quad x_1 \geq 0;$$

la seconde, à enlever la bande

$$7 < x_1 < 8 \quad \text{et} \quad 0 \leq x_2 \leq 2.$$

Séparation		Solution optimale			Noeuds	$\underline{z} \leq z^* \leq \overline{z}$	Noeuds
Noeud	Contraintes	x_1	x_2	z	éliminés		en attente
		7,23	2,31	$z_0 = 62{,}15$		$z^* \leq 62{,}15$	P_0
P_0	$x_2 \leq 2$	7,33	2	$z_1 = 61{,}33$		$z^* \leq 61{,}33$	P_1 P_2
	$x_2 \geq 3$	5,50	3	$z_2 = 53{,}5$			
P_1	$x_1 \leq 7$	7	2	$z_3 = 59$	x_3^* adm	$z^* = 59$	Aucun
	$x_1 \geq 8$	8	0	$z_4 = 56$	x_4^* adm		

4.   Résolution d'un modèle PLTE de minimisation comportant deux variables

Question 1: La région admissible de la relaxation continue (P_0) est le polygone ABCD représenté à la figure ci-dessous. La solution optimale de (P_0) correspond au sommet A = (3,3; 2,8); en ce point, z atteint sa valeur minimale $z_0 = 37{,}1$.

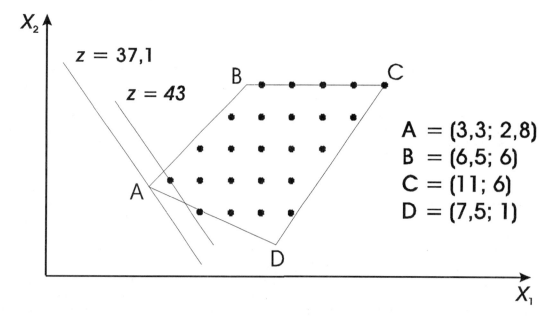

$$A = (3{,}3;\ 2{,}8)$$
$$B = (6{,}5;\ 6)$$
$$C = (11;\ 6)$$
$$D = (7{,}5;\ 1)$$

Question 2: La solution optimale de (P) est le point $x^* = (4; 3)$. La valeur minimale du modèle (P) en nombres entiers est $z^* = 43$.

Question 3: Le tableau ci-dessous décrit les séparations successives lorsque le modèle (P) est résolu par la méthode SÉP selon le critère du meilleur c_j. La première séparation correspond à enlever la bande

$$2 < x_2 < 3 \text{ et } x_1 \geq 0;$$

la seconde, à enlever la bande

$$3 < x_1 < 4 \text{ et } x_2 \geq 3.$$

Séparation		Solution optimale			Noeuds	$\underline{z} \leq z^* \leq \overline{z}$	Noeuds
Noeud	Contraintes	x_1	x_2	z	éliminés		en attente
		3,3	2,8	$z_0 = 37,1$		$37,1 \leq z^*$	P_0
P_0	$x_2 \leq 2$	5,167	2	$z_1 = 46,167$		$39,5 \leq z^*$	P_1 P_2
	$x_2 \geq 3$	3,5	3	$z_2 = 39,5$			
P_2	$x_1 \leq 3$				$Adm = \varnothing$	$z^* = 43$	Aucun
	$x_1 \geq 4$	4	3	$z_4 = 43$	x_4^* adm		

Question 4: Le tableau ci-dessous décrit les séparations successives lorsque le modèle (P) est résolu par la méthode SÉP selon le critère de la variable la plus distante. La première séparation correspond à enlever la bande

$$3 < x_1 < 4 \text{ et } x_2 \geq 0;$$

la seconde, à enlever la bande

$$2 < x_2 < 3 \text{ et } x_1 \geq 4.$$

Séparation		Solution optimale			Noeuds	$\underline{z} \leq z^* \leq \overline{z}$	Noeuds
Noeud	Contraintes	x_1	x_2	z	éliminés		en attente
		3,3	2,8	$z_0 = 37,1$		$37,1 \leq z^*$	P_0
P_0	$x_1 \leq 3$				$Adm = \varnothing$	$40,5 \leq z^*$	P_2
	$x_1 \geq 4$	4	2,5	$z_2 = 40,5$			
P_2	$x_2 \leq 2$	5,167	2	$z_3 = 46,167$	$z_3 \geq z_4$	$z^* = 43$	Aucun
	$x_2 \geq 3$	4	3	$z_4 = 43$	x_4^* adm		

5. Le critère du meilleur c_j et les problèmes de maximisation

Dans les deux premières questions, seul le tableau décrivant les séparations est donné. Il est facile de construire l'arbre d'énumération à partir des informations du tableau. Noter que les variables n'apparaissant pas explicitement dans les colonnes sous « Solution optimale » prennent la valeur 0 dans toutes les solutions optimales x_h^* : par exemple, dans la question 1, la variable x_4 est nulle dans les solutions optimales des noeuds (P_0), (P_1) et (P_2).

Question 1: La solution optimale correspond au noeud (P_2) :

$$x_1 = 2 \qquad x_3 = 4 \qquad x_2 = x_4 = 0 \qquad\qquad z^* = 20$$

Séparation		Solution optimale				Noeuds	$\underline{z} \leq z^* \leq \bar{z}$	Noeuds
Noeud	Contraintes	x_1	x_2	x_3	z	éliminés		en attente
		3,82	0	3,09	$z_0 = 20$		$z^* \leq 20$	P_0
P_0	$x_3 \leq 3$	3,7	0,1	3	$z_1 = 19,5$	$z_1 \leq z_2$	$z^* = 20$	Aucun
	$x_3 \geq 4$	2	0	4	$z_2 = 20$	x_2^* adm		

Question 2: La solution optimale correspond au noeud (P_3) :

$$x_2 = 5 \qquad x_5 = 10 \qquad x_1 = x_3 = x_4 = 0 \qquad\qquad z^* = 470$$

Séparation		Solution optimale				Noeuds	$\underline{z} \leq z^* \leq \bar{z}$	Noeuds
Noeud	Contraintes	x_1	x_2	x_5	z	éliminés		en attente
		0	7,1	9,4	$z_0 = 470,6$		$z^* \leq 470,6$	P_0
P_0	$x_5 \leq 9$	0	7,5	9	$z_1 = 459$		$z^* \leq 470,27$	P_1 P_2
	$x_5 \geq 10$	0,27	5	10	$z_2 = 470,27$			
P_2	$x_1 = 0$	0	5	10	$z_3 = 470$	x_3^* adm	$z^* = 470$	Aucun
	$x_1 \geq 1$	1	0	11	$z_4 = 452$	x_4^* adm		

Question 3: La solution optimale correspond au noeud (P_8) :

$$x_1 = 1 \qquad x_2 = 1 \qquad x_4 = 1 \qquad x_3 = x_5 = 0 \qquad z^* = 8$$

L'arbre d'énumération est reproduit à la page suivante; le tableau résumant la séquence des séparations se trouve immédiatement après l'arbre.

PRO6-05c. Le critère du meilleur c_j et les problèmes de maximisation - Arbre d'énumération

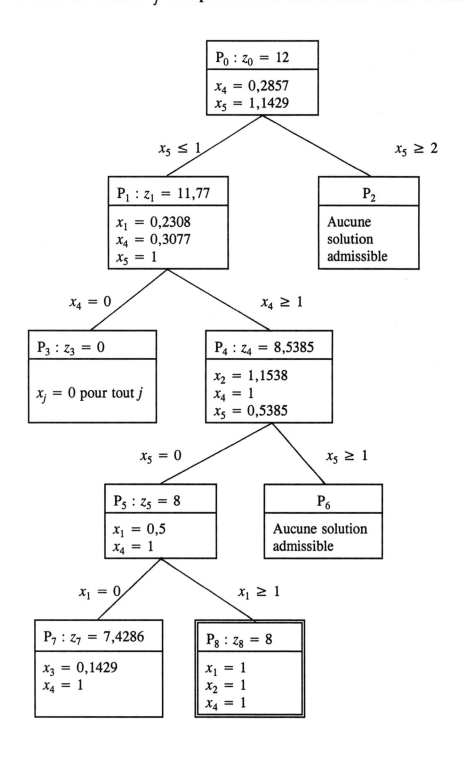

PRO6-05c. Le critère du meilleur c_j et les problèmes de maximisation - Séquence des séparations

Séparation		Valeurs optimales	Noeuds éliminés	$\underline{z} \leq z^* \leq \overline{z}$	Noeuds en attente
Noeud	Contraintes				
		$z_0 = 12$		$z^* \leq 12$	P_0
P_0	$x_5 \leq 1$	$z_1 = 11{,}77$		$z^* \leq 11{,}77$	P_1
	$x_5 \geq 2$		$Adm = \varnothing$		
P_1	$x_4 = 0$	$z_3 = 0$	x_3^* adm	$0 \leq z^* \leq 8{,}54$	P_4
	$x_4 \geq 1$	$z_4 = 8{,}54$			
P_4	$x_5 = 0$	$z_5 = 8$		$0 \leq z^* \leq 8$	P_5
	$x_5 \geq 1$		$Adm = \varnothing$		
P_5	$x_1 = 0$	$z_7 = 7{,}43$	$z_7 \leq z_8$	$z^* = 8$	Aucun
	$x_1 \geq 1$	$z_8 = 8$	x_8^* adm		

6.   Le critère de la variable la plus distante et les problèmes de maximisation

Question 1: Pour ce modèle, la suite des séparations dépend du critère retenu, mais la solution optimale obtenue est la même, qu'on utilise le critère de la variable la plus distante ou celui du meilleur c_j. Elle correspond, dans le cas du critère de la variable la plus distante, au noeud (P_4) :

$$x_1 = 2 \qquad x_3 = 4 \qquad x_2 = x_4 = 0 \qquad\qquad z^* = 20$$

Séparation		Solution optimale				Noeuds éliminés	$\underline{z} \leq z^* \leq \overline{z}$	Noeuds en attente
Noeud	Contraintes	x_1	x_3	x_4	z			
		3,82	3,09	0	$z_0 = 20$		$z^* \leq 20$	P_0
P_0	$x_1 \leq 3$	3	3,5	0	$z_1 = 20$		$z^* \leq 20$	P_1
	$x_1 \geq 4$					$Adm = \varnothing$		
P_1	$x_3 \leq 3$	3	3	0,2	$z_3 = 19$	$z_3 \leq z_4$	$z^* = 20$	Aucun
	$x_3 \geq 4$	2	4	0	$z_4 = 20$	x_4^* adm		

Question 2: Pour ce modèle, la suite des séparations est la même, qu'on utilise le critère de la variable la plus distante ou celui du meilleur c_j. On se reportera donc à la question 2 du problème 5 pour la solution optimale et le tableau résumant la séquence des séparations.

Question 3: Pour ce modèle, la suite des séparations dépend du critère retenu, mais la solution optimale obtenue est la même, qu'on utilise le critère de la variable la plus distante ou celui du meilleur c_j. Elle correspond, dans le cas du critère de la variable la plus distante, au noeud (P_6) :

$$x_1 = 1 \qquad x_2 = 1 \qquad x_4 = 1 \qquad x_3 = x_5 = 0 \qquad z^* = 8$$

L'arbre d'énumération est reproduit à la page suivante; le tableau résumant la séquence des séparations est donné ci-dessous.

Séparation		Valeurs optimales	Noeuds éliminés	$\underline{z} \leq z^* \leq \overline{z}$	Noeuds en attente
Noeud	Contraintes				
		$z_0 = 12$		$z^* \leq 12$	P_0
P_0	$x_4 = 0$	$z_1 = 0$	x_1^* adm	$0 \leq z^* \leq 8{,}54$	P_2
	$x_4 \geq 1$	$z_2 = 8{,}54$			
P_2	$x_5 = 0$	$z_3 = 8$		$0 \leq z^* \leq 8$	P_3
	$x_5 \geq 1$		$Adm = \varnothing$		
P_3	$x_1 = 0$	$z_5 = 7{,}43$	$z_5 \leq z_6$	$z^* = 8$	Aucun
	$x_1 \geq 1$	$z_6 = 8$	x_6^* adm		

PRO6-06c. Le critère de la variable la plus distante et les problèmes de maximisation - Séparations et arbre

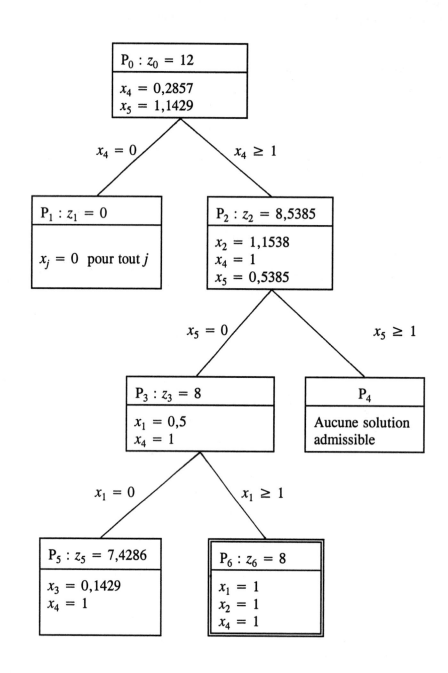

7. Le critère du meilleur c_j et les problèmes de minimisation

__Question 1__: La solution optimale correspond au noeud (P_2) :

$$x_2 = 52 \qquad x_3 = 36 \qquad x_1 = x_4 = 0 \qquad z^* = 524$$

Séparation		Solution optimale			Noeuds	$\underline{z} \leq z^* \leq \overline{z}$	Noeuds
Noeud Contraintes		x_2	x_3	z	éliminés		en attente
		51,43	35,71	$z_0 = 518,57$		$518,57 \leq z^*$	P_0
P_0	$x_3 \leq 35$	52,5	35	$z_1 = 525$	$z_1 \geq z_2$	$z^* = 524$	Aucun
	$x_3 \geq 36$	52	36	$z_2 = 524$	x_2^* adm		

__Question 2__: La solution optimale correspond au noeud (P_6) :

$$x_3 = 8 \qquad x_4 = 1 \qquad x_1 = x_2 = 0 \qquad z^* = 33$$

Séparation		Solution optimale				Noeuds	$\underline{z} \leq z^* \leq \overline{z}$	Noeuds
Noeud Contraintes		x_1	x_3	x_4	z	éliminés		en attente
		0	4,3	1,4	$z_0 = 18,6$		$18,6 \leq z^*$	P_0
P_0	$x_4 \leq 1$	0	7,5	1	$z_1 = 31$		$31 \leq z^* \leq 54$	P_1
	$x_4 \geq 2$	0	13	2	$z_2 = 54$	x_2^* adm		
P_1	$x_3 \leq 7$	1	7	1	$z_3 = 34$	x_3^* adm	$32,94 \leq z^* \leq 34$	P_4
	$x_3 \geq 8$	0	8	0,94	$z_4 = 32,94$			
P_4	$x_4 = 0$	0	15,5	0	$z_5 = 62$	$z_5 \geq z_6$	$z^* = 33$	Aucun
	$x_4 \geq 1$	0	8	1	$z_6 = 33$	x_6^* adm		

8.　Le critère de la variable la plus distante et les problèmes de minimisation

Question 1: Pour ce modèle, la suite des séparations dépend du critère retenu, mais pas la solution optimale, qui correspond, dans le cas du critère de la variable la plus distante, au noeud (P_4).

Séparation		Solution optimale			Noeuds	$\underline{z} \leq z^* \leq \bar{z}$	Noeuds
Noeud	Contraintes	x_2	x_3	z	éliminés		en attente
		51,43	35,71	$z_0 = 518,57$		$518,57 \leq z^*$	P_0
P_0	$x_2 \leq 51$				$Adm = \varnothing$	$522 \leq z^*$	P_2
	$x_2 \geq 52$	52	35,33	$z_2 = 522$			
P_2	$x_3 \leq 35$	52,5	35	$z_3 = 525$	$z_3 \geq z_4$	$z^* = 524$	Aucun
	$x_3 \geq 36$	52	36	$z_4 = 524$	x_4^* adm		

Question 2: Pour ce modèle, la suite des séparations est la même, qu'on utilise le critère de la variable la plus distante ou celui du meilleur c_j. On se reportera donc à la question 2 du problème 7 pour la solution optimale et le tableau résumant la séquence des séparations.

9.　La méthode SÉP et les cas d'égalité

Question 1: Ci-dessous sont décrits les séparations requises ainsi que l'arbre d'énumération résultant. La solution optimale du modèle correspond au noeud (P_4). Lors de la séparation du noeud (P_1), il y a égalité entre les variables x_1 et x_3, car leurs coefficients dans la fonction-objectif sont égaux. On recourt donc temporairement au critère de la variable la plus distante et la séparation se fait selon x_3.

Séparation		Valeurs	Noeuds	$\underline{z} \leq z^* \leq \bar{z}$	Noeuds
Noeud	Contraintes	optimales	éliminés		en attente
		$z_0 = 1353,75$		$1353,75 \leq z^*$	P_0
P_0	$x_2 \leq 17$	$z_1 = 1354,44$		$1354,44 \leq z^*$	$P_1 \ P_2$
	$x_2 \geq 18$	$z_2 = 1361,33$			
P_1	$x_3 \leq 44$	$z_3 = 1355,58$		$1355,58 \leq z^* \leq 1360$	P_3
	$x_3 \geq 45$	$z_4 = 1360$	x_4^* adm		
P_3	$x_2 \leq 16$	$z_5 = 1361,818$	$z_5 \geq z_4$	$1355,71 \leq z^* \leq 1360$	P_6
	$x_2 \geq 17$	$z_6 = 1355,714$			
P_6	$x_1 \leq 14$	$z_7 = 1370$	x_7^* adm	$z^* = 1360$	Aucun
	$x_1 \geq 15$	$z_8 = 1367,143$	$z_8 \geq z_4$		

PRO6-09a.   La méthode SÉP et les cas d'égalité - Arbre d'énumération

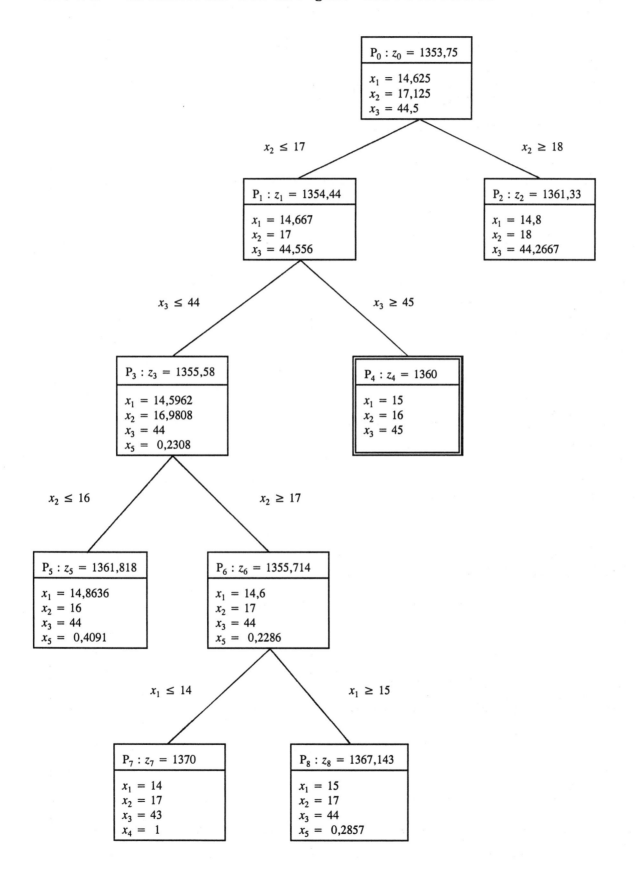

Question 2: La séquence des séparations est décrite au tableau ci-dessous; et l'arbre d'énumération associé est reproduit à la page suivante. La solution optimale du modèle (P) est :

$$x_2 = 18 \qquad x_3 = 3 \qquad x_5 = 3 \qquad x_1 = x_4 = 0 \qquad z^* = 588$$

Lors de la séparation du noeud (P$_3$), il y a égalité entre les variables x_3 et x_4, qui sont à la même distance de l'entier le plus près. On recourt donc temporairement au critère du meilleur c_j : c'est la variable x_4 qui sera retenue, car son coefficient dans la fonction-objectif est plus élevé et l'on cherche à maximiser.

Séparation		Valeurs optimales	Noeuds éliminés	$\underline{z} \leq z^* \leq \overline{z}$	Noeuds en attente
Noeud	Contraintes				
		$z_0 = 615,27$		$z^* \leq 615,27$	P$_0$
P$_0$	$x_2 \leq 18$	$z_1 = 606,86$		$z^* \leq 606,86$	P$_1$
	$x_2 \geq 19$		$Adm = \varnothing$		
P$_1$	$x_5 \leq 3$	$z_3 = 595,5$		$z^* \leq 595,5$	P$_3$ P$_4$
	$x_5 \geq 4$	$z_4 = 576$			
P$_3$	$x_4 = 0$	$z_5 = 588$	x_5^* adm	$z^* = 588$	Aucun
	$x_4 \geq 1$	$z_6 = 572,36$	$z_6 \leq z_5$		

Question 3: La séquence des séparations est décrite au tableau ci-dessous. La solution optimale du modèle (P) est :

$$x_2 = 8 \qquad x_5 = 9 \qquad x_1 = x_3 = x_4 = 0 \qquad z^* = 204$$

Lors de la séparation du noeud (P$_0$), il y a égalité entre les variables x_2 et x_5, car leurs coefficients dans la fonction-objectif sont égaux. De plus, ces deux variables sont dans la solution optimale x_0^* de (P$_0$) à la même distance de l'entier le plus près. On recourt donc temporairement au critère du plus petit indice : on retiendra donc x_2 comme variable selon laquelle séparer.

Séparation		Solution optimale			Noeuds éliminés	$\underline{z} \leq z^* \leq \overline{z}$	Noeuds en attente
Noeud	Contraintes	x_2	x_5	z			
		8,75	8,25	$z_0 = 204$		$z^* \leq 204$	P$_0$
P$_0$	$x_2 \leq 8$	8	9	$z_1 = 204$	x_1^* adm	$z^* = 204$	Aucun
	$x_2 \geq 9$				$Adm = \varnothing$		

PRO6-09b. **La méthode SÉP et les cas d'égalité - Arbre d'énumération**

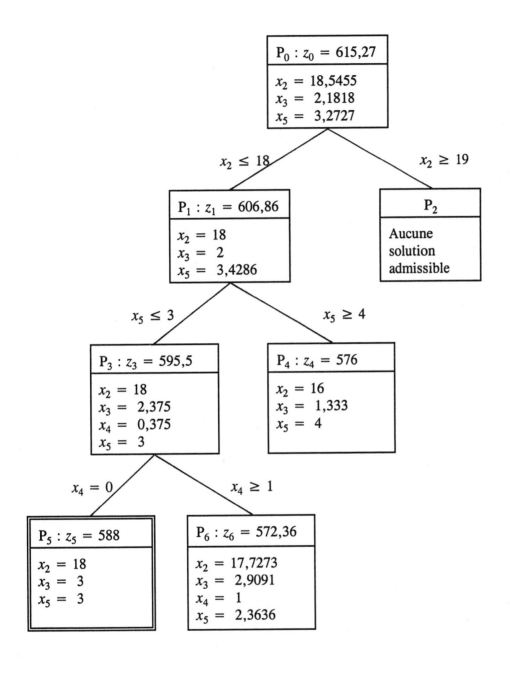

Question 4: La séquence des séparations est décrite au tableau ci-dessous. La solution optimale du modèle (P) est :

$$x_1 = 3 \qquad x_4 = 7 \qquad x_2 = x_3 = 0 \qquad z^* = 46$$

Lors de la 2e séparation, il y a égalité entre les noeuds (P_1) et (P_2), car $z_1 = z_2 = 45$. Pour les départager, on note que, parmi les coordonnées des solutions optimales x_1^* et x_2^*, la variable la plus distante de l'entier le plus près apparaît dans le noeud (P_1) : il s'agit en effet de x_1 qui, dans (P_1), prend la valeur 2,85. C'est donc le noeud (P_1) qui sera séparé à ce moment-là.

Séparation		Solution optimale				Noeuds	$\underline{z} \leq z^* \leq \bar{z}$	Noeuds
Noeud	Contraintes	x_1	x_2	x_4	z	éliminés		en attente
		2,40	0	6,45	$z_0 = 35{,}1$		$35{,}1 \leq z^*$	P_0
P_0	$x_4 \leq 6$	2,85	0	6	$z_1 = 45$		$45 \leq z^*$	$P_1 \ P_2$
	$x_4 \geq 7$	2,95	0	7	$z_2 = 45$			
P_1	$x_1 \leq 2$	2	0,57	6	$z_3 = 66{,}67$	$z_3 \geq z_4$	$45 \leq z^* \leq 48$	P_2
	$x_1 \geq 3$	3	0	6	$z_4 = 48$	x_4^* adm		
P_2	$x_1 \leq 2$	2	1,9	7	$z_5 = 159$	$z_5 \geq z_4$	$45{,}9 \leq z^* \leq 48$	P_6
	$x_1 \geq 3$	3	0	7,05	$z_6 = 45{,}9$			
P_6	$x_4 \leq 7$	3	0	7	$z_7 = 46$	x_7^* adm	$z^* = 46$	Aucun
	$x_4 \geq 8$	3,95	0	8	$z_8 = 63$	$z_8 \geq z_7$		

10.   Modèle PLTE et arbre d'énumération

Question 1: Les noeuds (P_2), (P_3) et (P_6) doivent être éliminés.

Question 2: $942 \leq z^* \leq 970$.

Question 3: La prochaine séparation s'effectue à partir du noeud (P_5), selon la variable x_5. Les contraintes à ajouter sur chacune des branches sont :

$$x_5 \leq 14 \quad \text{et} \quad x_5 \geq 15 .$$

11. Un arbre d'énumération partiel

Question 1: Les noeuds (P_4), (P_7), (P_9) et (P_{10}) doivent être éliminés.

Question 2: $50 \leq z^* \leq 51,5$.

Question 3: La prochaine séparation s'effectue à partir du noeud (P_6), selon la variable x_2 : en effet, selon la convention mentionnée au début de l'énoncé, on retient ici, en cas d'égalité entre plusieurs variables, celle de ces variables dont l'indice est le plus faible. Les contraintes à ajouter sur chacune des branches sont :

$$x_2 \leq 2 \quad \text{et} \quad x_2 \geq 3 .$$

12. Arbre d'énumération partiel et problème de minimisation

Question 1: Le noeud (P_4) doit être éliminé, car sa solution optimale x_4^* est entière. Les noeuds (P_3), (P_5) et (P_6) sont en attente.

Question 2: $4\ 697,75 \leq z^* \leq 4\ 729$.

Question 3: La prochaine séparation s'effectue à partir du noeud (P_5), selon la variable x_2. Les contraintes à ajouter sur chacune des branches sont :

$$x_2 \leq 17 \quad \text{et} \quad x_2 \geq 18 .$$

Question 4: Il ne reste aucun noeud en attente après cette 4e séparation. Et les inégalités relatives à z^* s'écrivent :

$$4\ 698 \leq z^* \leq 4\ 698 .$$

Note. La solution optimale x_8^* de (P_8) est donc une solution optimale du modèle (P). Et $z^* = 4\ 698$.

13. Un arbre dont les noeuds ne sont pas numérotés

Question 1: $z = (80 \times 2,444) + (140 \times 0) + (40 \times 5,111) + (60 \times 0) + (220 \times 7,778) = 2\ 111,1$

Question 2: Le tableau suivant décrit la séquence des séparations. Après la séparation de (P_3), le noeud (P_5) n'est plus en attente, car la solution optimale x_7^* de (P_7) est entière et donne à la fonction-objectif une valeur z_7 telle que $z_5 \leq z_7$.

Séparation		Valeurs optimales	Noeuds éliminés	$\underline{z} \leq z^* \leq \bar{z}$	Noeuds en attente
Noeud	Contraintes				
		$z_0 = 2111{,}1$		$z^* \leq 2111{,}1$	P_0
P_0	$x_1 \leq 2$	$z_1 = 2108{,}8$		$z^* \leq 2110$	P_1 P_2
	$x_1 \geq 3$	$z_2 = 2110$			
P_2	$x_5 \leq 7$	$z_3 = 2108$		$z^* \leq 2108{,}8$	P_1 P_3
	$x_5 \geq 8$		$Adm = \varnothing$		
P_1	$x_3 \leq 4$	$z_5 = 2100$		$z^* \leq 2108$	P_3 P_5 P_6
	$x_3 \geq 5$	$z_6 = 2104$			
P_3	$x_3 \leq 6$	$z_7 = 2100$	x_7^* adm	$2100 \leq z^* \leq 2104$	P_6
	$x_3 \geq 7$	$z_8 = 2094{,}3$	$z_8 \leq z_7$		

Question 3:   La prochaine séparation s'effectue à partir du noeud (P_6), selon la variable x_5 : en effet, puisque x_2 et x_5 sont à égale distance de l'entier le plus près, on recourt temporairement au critère du meilleur c_j; or, dans la fonction-objectif, le coefficient c_5 de x_5 est plus élevé que celui de x_2.   Les contraintes ajoutées sur chacune des branches sont

$$x_5 \leq 7 \quad \text{et} \quad x_5 \geq 8 \ .$$

Question 4:   Le noeud (P_6) est obtenu par l'ajout de l'inéquation « $x_3 \geq 5$ » au noeud (P_1), lequel est la relaxation (P_0) plus la contrainte « $x_1 \leq 2$ ».   Le modèle linéaire (P_6) s'écrit donc ainsi :

$$\text{Max } z = 80\, x_1 + 140\, x_2 + 40\, x_3 + 60\, x_4 + 220\, x_5$$

sous les contraintes :

$$
\begin{aligned}
x_1 + 2\, x_2 \qquad\quad + \ x_4 + 2\, x_5 &\leq 18 \\
4\, x_2 + 2\, x_3 + 2\, x_4 + \ x_5 &\geq 18 \\
x_1 + \ x_2 + \ x_3 \qquad\qquad &\leq 12 \\
2\, x_2 + 5\, x_3 + 4\, x_4 + 7\, x_5 &\leq 80 \\
x_1 \qquad\qquad\qquad\qquad &\leq 2 \\
x_3 \qquad\qquad\qquad &\geq 5 \\
x_1,\ x_2,\ x_3,\ x_4,\ x_5 &\geq 0
\end{aligned}
$$

Note. (P_6), comme d'ailleurs tous les (P_h) de l'arbre, est un modèle linéaire continu.

7. Les problèmes de réseaux - Solutions

1. La Société nationale de niobium de Laputa

Question 1: Le réseau complété est donné à la figure 1. Les coûts sur les arcs sont exprimés en dollars laputiens. Les coûts entre une usine et un marché, c'est-à-dire ceux sur les arcs V → B, U → B, ..., W → Y, représentent les coûts de transport (en 000$) de 1 tonne de métal pur. Pour les autres arcs, il faut convertir les coûts fournis dans l'énoncé, qui ont trait aux minerais. Il faut 25 tonnes de minerai de la mine M pour obtenir 1 tonne de métal pur : par conséquent, les coûts reportés sur les arcs • → M, M → V et M → U sont obtenus en multipliant par 25 les coûts mentionnés dans l'énoncé. Enfin, il faut multiplier par 20 les coûts associés à la mine N. De même, les bornes des arcs virtuels • → M et • → N tiennent compte de la conversion des minerais en équivalents de métal pur.

Question 2: Il suffit, par exemple, de reporter ces prix de vente sur les arcs virtuels B → •, L → • et Y → • . Ces revenus sont affectés d'un signe négatif.

Figure 1. Réseau pour les questions 1 et 2

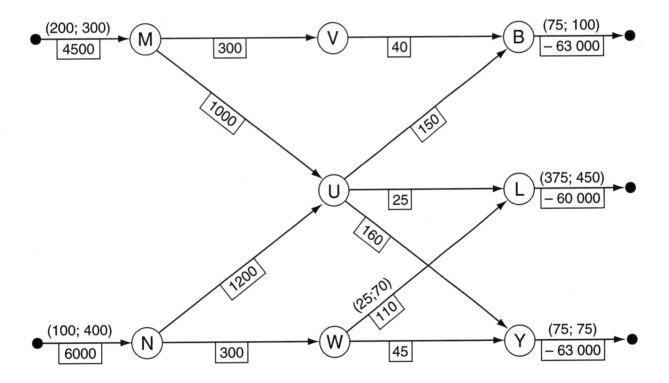

Question 3: Il suffit de dédoubler les noeuds associés aux usines et de reporter les coûts et les bornes appropriés sur les arcs V → V', U → U' et W → W'. Le réseau résultant est donné à la page suivante.

La Société nationale de niobium de Laputa   Réseau pour la question 3

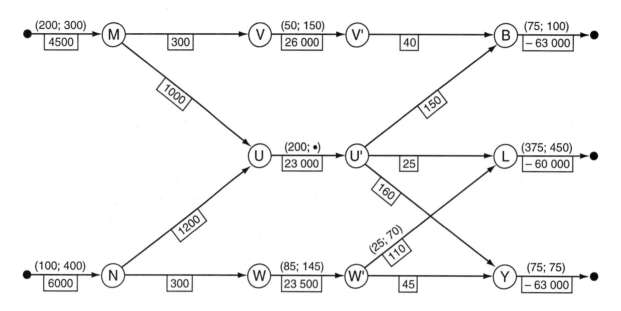

2. Les perruques Sanchez

L'unité de flot est le kilogramme de cheveux. Comme 1 perruque exige 0,25 kg de cheveux, les données qui, dans l'énoncé, sont exprimées en termes de perruques doivent être multipliées ou divisées par 4 avant d'être reportées sur les arcs du réseau : les capacités des ateliers, les ventes minimales et maximales sont divisées par 4, les coûts sont multipliés par 4.

Un réseau pour ce problème est reproduit ci-dessous. Les sommets B, P et L associés aux ateliers ont été dédoublés afin de reporter sur les arcs B → B', P → P' et L → L' les capacités des ateliers ainsi que les coûts de fabrication qui diffèrent d'un atelier à l'autre. Une solution optimale a été reportée en gras sur la figure; les frères Sanchez retireront 7 150 300 euros l'an prochain de leur commerce s'ils appliquent cette stratégie.

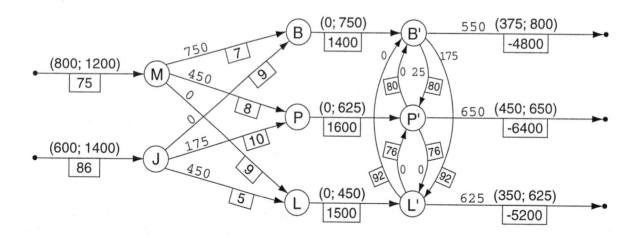

3. La compagnie Chimex

Question 1: Le modèle graphique demandé est donné ci-dessous. On notera qu'il est composé de deux sous-réseaux indépendants, l'un pour l'engrais P_1, l'autre pour P_2.

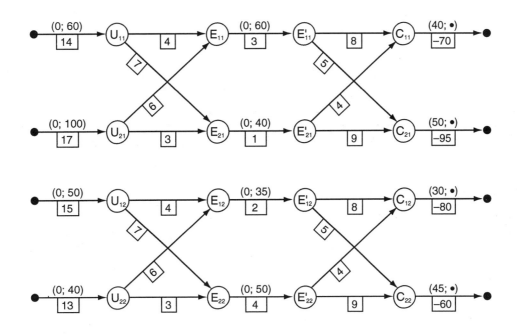

Question 2: Le sommet E_{12} est un sommet de transbordement. Voici la contrainte linéaire associée, qui indique que le flot net émergeant de ce sommet est nul :

$$x_{E_{12}\,E'_{12}} - x_{U_{12}\,E_{12}} - x_{U_{22}\,E_{12}} = 0$$

Question 3: Le sommet U_{12} est un sommet émetteur. Voici la contrainte linéaire associée, qui indique que le flot net émergeant de ce sommet satisfait aux bornes reportées dans le modèle :

$$0 \leq x_{U_{12}\,E_{12}} + x_{U_{12}\,E_{22}} \leq 50$$

Question 4: Non. Un modèle graphique modifié est donné à la page suivante. Les deux portions du réseau sont reliées cette fois, car l'espace disponible dans les entrepôts est utilisé pour les deux engrais conjointement. Mais, le modèle graphique ne peut à lui seul garantir que le flot reçu en C_{11} représente bien de l'engrais P_1 : en effet, les engrais P_1 et P_2 expédiés séparément à l'entrepôt E_1 sont, du point de vue du réseau, indiscernables à la sortie du sommet E_1. Pour traduire correctement le problème modifié, il faut ajouter au modèle linéaire associé au réseau les contraintes d'équilibre suivantes :

$$x_{U_{11}\,E_1} + x_{U_{21}\,E_1} = x_{E'_1\,C_{11}} + x_{E'_1\,C_{21}}$$

$$x_{U_{11}\,E_2} + x_{U_{21}\,E_2} = x_{E'_2\,C_{11}} + x_{E'_2\,C_{21}}$$

$$x_{U_{12}\,E_1} + x_{U_{22}\,E_1} = x_{E'_1\,C_{12}} + x_{E'_1\,C_{22}}$$

$$x_{U_{12}\,E_2} + x_{U_{22}\,E_2} = x_{E'_2\,C_{12}} + x_{E'_2\,C_{22}}$$

La compagnie Chimex : figure pour la question 4

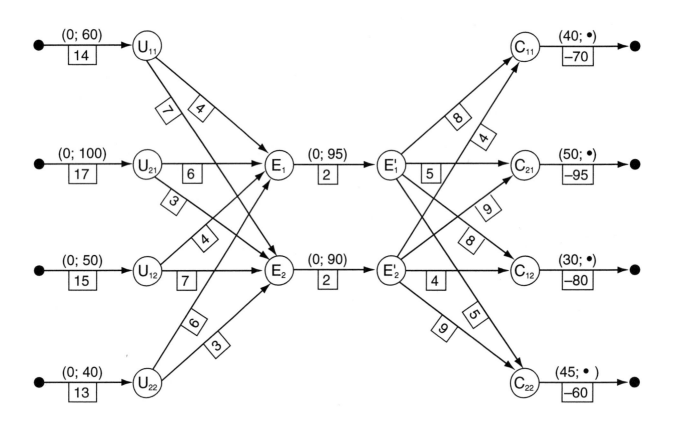

4. La planification de la production chez Assemblor

Question 1: Le flot sur l'arc $F_1 \rightarrow A_1$ représente le nombre d'unités du produit P assemblées durant la semaine 1. Les arcs $F_1 \rightarrow F_2$ et $A_1 \rightarrow A_2$ donnent respectivement le nombre de paires de pièces X et le nombre d'unités assemblées de P stockées à l'usine de Longueuil à la fin de la semaine 1.

Question 2: La figure de la page suivante donne le réseau complété.

Question 3: Il s'agit de dédoubler les arcs virtuels $A_i \rightarrow \bullet$ et de reporter négativement les deux prix. La figure de gauche ci-dessous indique, à titre d'exemple, ce qu'on obtient pour le sommet A_1.

La planification de la production chez Assemblor - Figure pour la question 2

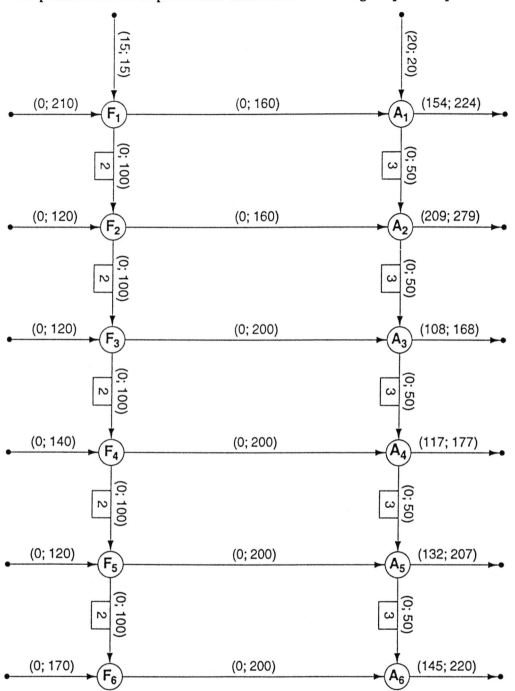

Question 4: Il s'agit d'ajouter, pour $i = 3, 4, 5, 6$, un deuxième arc virtuel • → F_i, sur lequel sont reportés un coût de 40 et des bornes (0; 10). La figure de droite au bas de la page 274 indique, à titre d'exemple, ce qu'on obtient pour F_3.

Question 5: Il s'agit d'ajouter, entre les sommets A_i et F_i, un deuxième arc sur lequel sont reportés un coût de 43 et des bornes (0; 28) ou (0; 35).

À la page suivante est donné un réseau modifié qui tient compte des contraintes des questions 3 à 5.

La planification de la production chez Assemblor - Figure pour les questions 3 à 5

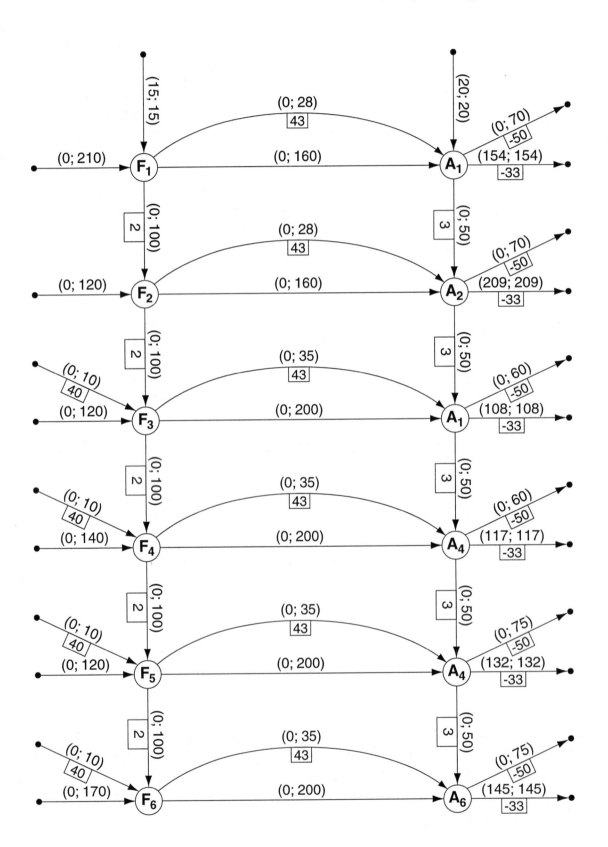

5. Hatitudes, la multinationale du chapeau de feutre de luxe

L'unité de flot choisie est le quintal (100 kg) de bourre. Comme une cloche pèse 200 g, 1 quintal de bourre permet de fabriquer 500 cloches, puis 500 chapeaux. Par conséquent, les données qui, dans l'énoncé, sont exprimées en termes de cloches ou de chapeaux doivent être converties avant d'être reportées sur les arcs du réseau : les quantités sont divisées par 500, les coûts sont multipliés par 500.

Un réseau traduisant ce problème est reproduit ci-dessous. Le flot est émis par les ports où Hatitudes achète sa matière première, lesquels ports sont représentés dans le réseau par les sommets C, D, G et A. Les sommets P et NY associés aux usines ont été dédoublés afin de reporter sur les arcs P → P' et NY → NY' les capacités des usines ainsi que les coûts des dernières opérations qui diffèrent d'une usine à l'autre. Enfin, un sommet additionnel P_0 est placé en amont de P, afin de séparer le mélange produit à Paris en 2 parties, l'une expédiée à New York, l'autre traitée sur place à Paris.

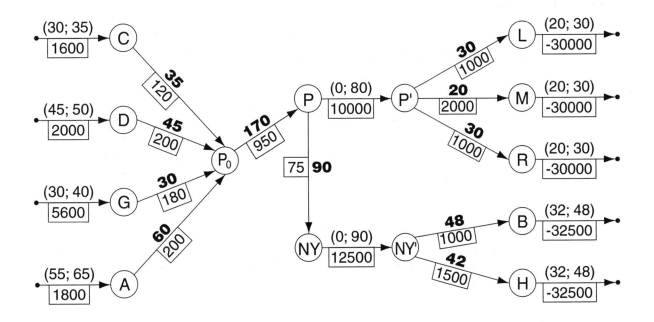

Une solution optimale a été reportée en gras sur la figure ci-dessus : Hatitudes achètera 35 quintaux de bourre à Casablanca, 45 à Dawson, 30 à Guayaquil et 60 à Auckland; elle vendra 30 × 500 = 15 000 chapeaux aux détaillants de Londres, 10 000 chapeaux à ceux de Milan, 15 000 à ceux de Reims, 24 000 à ceux de Boston et enfin 21 000 à ceux de Houston. Hatitudes retirera 2 568 150 euros de ces opérations.

6. Les plaques tournantes

Question 1 : Comme le nombre d'unités de courrier n'influe pas sur la décision, on recourt au réseau simplifié reproduit au bas de cette page.

Sommets émetteurs : Le réseau comprend $6 \times 5 / 2 = 15$ sommets émetteurs, un pour chaque couple $(I; J)$, où I et J parcourent l'ensemble {A, B, C, D, E, F} et où I précède J. Il est en effet inutile ici de différencier $(I; J)$ et $(J; I)$ car si l'un est affecté à Ph, l'autre le sera aussi à cause de la symétrie du problème. Sur les arcs virtuels $\bullet \rightarrow (I; J)$ sont reportées des bornes (1; 1).

Sommets récepteurs : Le réseau comprend 2 sommets récepteurs, P1 et P2. Les arcs virtuels P$h \rightarrow \bullet$ n'ont ni bornes ni coût unitaire.

Sommets de transbordement : il n'y a aucun sommet de transbordement.

Outre les arcs virtuels, le réseau comprend des arcs $(I; J) \rightarrow$ Ph, dont les coûts unitaires sont donnés dans le tableau ci-dessous. Les nombres au-dessus de la diagonale représentent les coûts à reporter sur les arcs $(I; J) \rightarrow$ P1; au-dessous de la diagonale sont donnés les coûts associés aux arcs $(I; J) \rightarrow$ P2. Illustrons comment calculer ces coûts à l'aide d'un cas particulier :

$$\text{pour l'arc (A; B)} \rightarrow \text{P1,} \quad \text{coût} = d(A; P1) + d(B; P1) = 9 + 28 = 37$$

$$\text{pour l'arc (A; B)} \rightarrow \text{P2,} \quad \text{coût} = d(A; P2) + d(B; P2) = 55 + 36 = 91.$$

	A	B	C	D	E	F
A	-	37	83	84	63	16
B	91	-	102	103	82	35
C	93	74	-	149	128	81
D	66	47	49	-	129	82
E	77	58	60	33	-	61
F	112	93	95	68	79	-

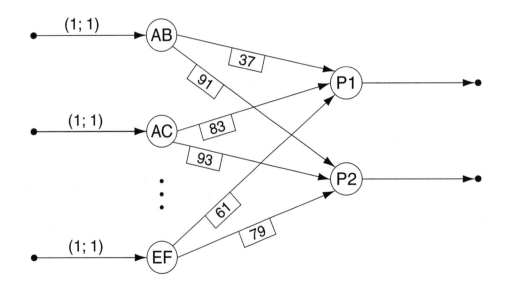

Une solution optimale consiste à faire transiter par la plaque P1 tout le courrier associé aux sommets AB, AC, AE, AF, BF, CF et EF, et par P2 le courrier associé aux 8 autres sommets. La longueur totale des déplacements est de $2 \times 831 = 1\ 662$ hm, le facteur 2 reflétant le fait que la distance sur l'arc $(I;\ J) \rightarrow Ph$ doit être parcourue 2 fois en pratique, la première fois pour livrer le courrier de I à destination de J, la seconde pour livrer celui de J à destination de I.

Question 2: Cette fois le problème posé n'est pas tout à fait symétrique, à cause de la condition sur le nombre minimal de charges à peser en P1. Il faudra donc différencier ici $(I;\ J)$ et $(J;\ I)$, et le réseau comprendra 30 sommets émetteurs. Sur l'arc virtuel $\bullet \rightarrow (I;\ J)$ sont reportées des bornes $(a_{ij};\ a_{ij})$, où a_{ij} est le nombre de charges complètes à transporter de I vers J, nombre apparaissant à l'intersection de la ligne I et de la colonne J dans le tableau de l'énoncé de la question 2. Sur l'arc virtuel P1 $\rightarrow \bullet$ sont reportées des bornes (125; 135); l'arc virtuel P2 $\rightarrow \bullet$ n'admet pas de bornes. Enfin, le coût unitaire utilisé à la question 1 pour l'arc $(I;\ J) \rightarrow Ph$ est repris ici pour les arcs $(I;\ J) \rightarrow Ph$ et $(J;\ I) \rightarrow Ph$.

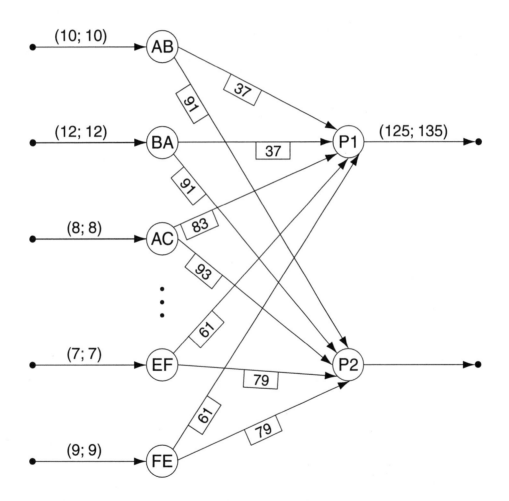

Une solution optimale consiste à affecter à la plaque P1 toutes les charges sur les routes AB, BA, AC, CA, AE, EA, AF, FA, BF, FB, CF, FC, FD, EF et FE; quant à la route DF, 6 des 14 charges transiteront par P1 et 8, par P2; enfin, seront affectées à P2 toutes les charges sur les 14 autres routes. Au total, 125 charges seront pesées en P1 et 134, en P2. La distance totale parcourue en charge par les camions sera de 14 158 hm.

Question 3: Il s'agit d'affecter conjointement les couples IJ et JI à l'une des plaques. On définit donc 15 variables binaires v_{IJ} , où $I < J$, de la façon suivante :

$$v_{IJ} = 1 \quad \text{si les charges de } I \text{ vers } J \text{ et de } J \text{ vers } I \text{ passent par P1.}$$

La distance totale z, que l'on cherche à minimiser, se calcule ainsi :

$$z = 37(10+12)\, v_{AB} + 91(10+12)(1 - v_{AB}) + 83(8+7)\, v_{AC} + 93(8+7)\,(1 - v_{AC}) + \text{etc.}$$

$$z = 2002 - 1188\, v_{AB} + 1395 - 150\, v_{AC} + \text{etc.}$$

La fonction-objectif z se réécrit donc sous la forme linéaire :

$$z = C - 1188\, v_{AB} - 150\, v_{AC} + \text{etc.}$$

où $C = 2002 + 1395 + \text{etc.} = 18\,442$ serait la distance totale à parcourir si toutes les charges transitaient par P2 et où le coefficient c_{IJ} de v_{IJ} représente l'écart entre affecter à P1 ou à P2 toutes les charges de I vers J et de J vers I. Le tableau suivant résume ces coefficients c_{IJ}.

AB	AC	AD	AE	AF	BC	BD	BE	BF	CD	CE	CF	DE	DF	EF
-1188	-150	342	-182	-1824	420	896	360	-638	1900	1020	-210	2592	308	-288

Le modèle comprend 3 contraintes technologiques. La 1${}^{\text{re}}$ fixe la constante C à la valeur 18 442. Les 2 autres forcent le nombre total de charges à peser en P1 à appartenir à la fourchette 125-135 :

$$125 \leq 22\, v_{AB} + 15\, v_{AC} + \cdots + 16\, v_{EF} \leq 135.$$

Une solution optimale consiste à affecter à la plaque P1 les charges associées aux routes AB, BA, AC, CA, AE, EA, AF, FA, BF, FB, CF, FC, DF, FD, EF et FE; par P2 transiteront les charges associées aux autres routes. Au total, 133 charges seront pesées en P1 et 126, en P2. La distance totale parcourue en charge par les camions sera de 14 270 hm.

7. L'importation de grenadilles

Un sommet émetteur est associé à tout jour j de la période considérée. Sur l'arc virtuel $\bullet \rightarrow j$ sont reportés des bornes $(0;\, m_j)$ et un coût unitaire c_j, où m_j et c_j sont les données du 1${}^{\text{er}}$ tableau associées au jour j. Un arc $j \rightarrow j{+}1$ reliant les sommets correspondant à deux jours consécutifs traduit la possibilité de garder sous réfrigération les fruits en surplus durant le jour j.

Les commandes du jour j sont représentées par un arc virtuel $j \rightarrow \bullet$ qui émerge non pas du sommet j, mais d'un sommet j' relié à j par un arc $j \rightarrow j'$. Ce dédoublement de j permet de traiter séparément les commandes prévues pour le jour j mais que Gilles honorera le lendemain ou le surlendemain : en effet, la remise de 3 euros/quintal pour un retard de 1 jour est reportée sur les arcs de la forme $j{+}1 \rightarrow j'$; de même les arcs de la forme $j{+}2 \rightarrow j'$ traduisent la possibilité de remplir certaines commandes 2 jours après la date convenue.

Le réseau est reproduit à la page suivante. Une solution optimale a été reportée en gras sur la figure; Gilles de Paris retirera 100 400 euros s'il applique cette stratégie.

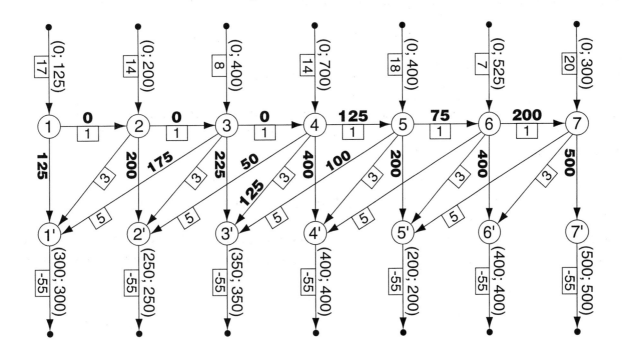

8. Un réseau abstrait

Question 1: Le sommet 1 est l'unique sommet émetteur du réseau. Les sommets récepteurs sont les sommets 2, 4, 5 et 6.

Question 2: Si on utilise des variables d'étape x_4, x_5 et x_6 pour le flot net incident aux sommets récepteurs 4, 5 et 6, la fonction-objectif s'écrit ainsi :

$$z = 1x_{12} + 2x_{13} + 3x_{14} + 4x_{23} + 8x_{25} + 5x_{34} + 7x_{35} + 6x_{36} + 10x_{46} + 9x_{56} + 15x_4 + 30x_5 + 20x_6$$

Sinon, les coûts sur les arcs virtuels $4 \rightarrow \bullet$, $5 \rightarrow \bullet$ et $6 \rightarrow \bullet$ doivent être imputés aux arcs incidents et émergents des sommets 4, 5 et 6 : par exemple, le terme « $+ 15x_4$ » représentant le coût associé à l'arc virtuel $4 \rightarrow \bullet$ sera remplacé par « $15(x_{14} + x_{34} - x_{46})$ ». Dans ce contexte, la fonction-objectif s'écrit:

$$z = 1x_{12} + 2x_{13} + 18x_{14} + 4x_{23} + 38x_{25} + 20x_{34} + 37x_{35} + 26x_{36} + 15x_{46} - 1x_{56}$$

Question 3: Le sommet 1 est un sommet émetteur : les contraintes associées indiquent que le flot net émergeant de 1 doit appartenir à l'intervalle [0 ; 500] reporté sur l'arc virtuel $\bullet \rightarrow 1$:

$$0 \leq x_{12} + x_{13} + x_{14} \leq 500$$

Le sommet 3 est un sommet de transbordement et le flot net émergeant de 3 doit être nul :

$$- x_{13} - x_{23} + x_{34} + x_{35} + x_{36} = 0$$

Enfin, le sommet 5 est un sommet récepteur : les contraintes associées indiquent que le flot net incident à 5 doit appartenir à l'intervalle [40 ; 100] reporté sur l'arc virtuel $5 \rightarrow \bullet$:

$$40 \leq x_{25} + x_{35} - x_{56} \leq 100$$

Note. Si on utilise des variables d'étape pour les flots nets des sommets émetteurs et récepteurs, les contraintes associées au sommet 1 se réécrivent

$$0 \leq x_1 \leq 500 \quad \text{où} \quad x_1 = x_{12} + x_{13} + x_{14}$$

et celles associées au sommet 5 se réécrivent

$$40 \leq x_2 \leq 100 \quad \text{où} \quad x_2 = x_{25} + x_{35} - x_{56}$$

Question 4: Le sommet 1 est l'unique sommet émetteur du réseau et tout le flot émis par 1 passera par l'un ou l'autre des arcs 1 → 2, 1 → 3 et 1 → 4. Or, les sommets récepteurs doivent recevoir au moins 70 unités de flot :

$$min \; = \; 0 + 20 + 40 + 10 \; = \; 70$$

Par conséquent, au moins 70 unités de flot circuleront sur les arcs 1 → 2, 1 → 3 et 1 → 4.

Question 5: Il suffit de dédoubler le noeud 3 et de reporter des bornes (0 ; 50) sur l'arc 3 → 3'. Les arcs dont 3 est le sommet initial dans le réseau de l'énoncé émergeront du sommet 3' dans le réseau modifié.

9. Le voyagiste et les forfaits dans les Rocheuses

Question 1: Voici un réseau où l'on ne tient pas compte des pénalités.

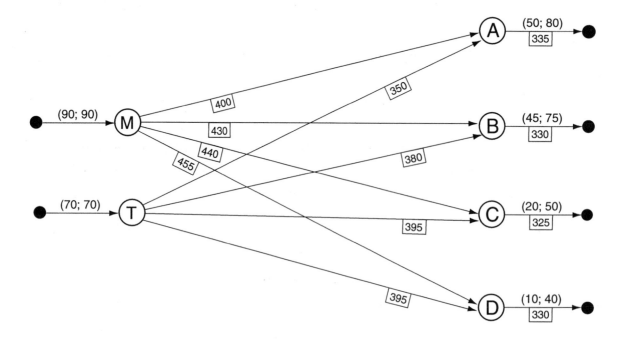

Question 2: L'arc virtuel A → • associé au site A est remplacé par l'ensemble des 3 arcs virtuels qui est reproduit à droite. Le coût −290 sur l'arc • → A est fixé de façon à ce que la somme −290 + 335 = 45 sur le chemin • → A → • soit égale à la pénalité par client en deçà de la cible en A. Une substitution analogue est faite pour les arcs virtuels B → •, C → • et D → • émergeant des autres sites.

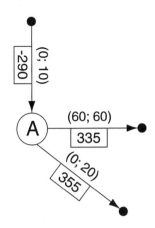

Notes. Le coût minimal engagé par le voyagiste est de 116 350 $ dans le cas du réseau de la question 1. Ce coût minimal augmente à 117 075 $ quand on tient compte des pénalités. Voici une solution optimale du réseau de la question 2 :

$$x_{MA} = 60 \quad \text{et} \quad x_{MC} = 30 \quad \text{et} \quad x_{TA} = 5 \quad \text{et} \quad x_{TC} = 55 \quad \text{et} \quad x_{TD} = 10.$$

Cette solution implique un surplus de 5 voyageurs en A et une pénurie de 10 voyageurs en D.

Il existe plusieurs autres façons de modéliser ce problème. Quelques-unes sont données ci-dessous.

Solution 2. Le réseau de la question 1 reste le même. À la question 2, on remplace l'arc virtuel A → • associé au site A par l'ensemble des arcs qui est reproduit à droite. L'arc A → A' force le nombre de voyageurs présents à respecter la fourchette (50; 80). L'arc virtuel • → A' fait entrer des voyageurs virtuels dans le réseau si le nombre de voyageurs présents est inférieur à la cible 60. Enfin, les 2 arcs A' → • permettent de traiter séparément les voyageurs en sus de la cible et de leur imputer une pénalité. Dans cette approche, contrairement à la précédente, le coût du forfait est reporté sur l'arc A → A' et est séparé des pénalités qui, elles, sont reportées sur les arcs virtuels • → A' et A' → •.

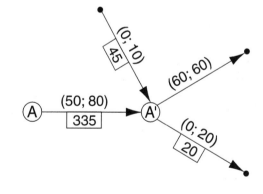

Solution 3. Dans le réseau de la question 1, le coût unitaire sur les arcs entre villes et sites correspond au total du prix du billet et de celui du forfait. Par exemple, sur l'arc M → A est reporté un coût de 400 + 335 = 735. Évidemment, aucun coût n'est alors associé à l'arc virtuel A → •. À la question 2, on ajoute un 3ᵉ sommet émetteur P, lié à chacun des 4 sites par un arc de bornes (0; 10) sur lequel est reporté comme coût unitaire la pénalité exigée par le site pour chaque voyageur en deçà de la cible. Enfin, à chaque site sont associés 2 arcs virtuels, l'un de bornes (c; c) où c est la cible déterminée par les gens du site, l'autre de bornes (0; 20) et dont le coût unitaire est égal à la pénalité par voyageur en sus de la cible. Le réseau résultant est reproduit à la page suivante.

Le voyagiste et les forfaits dans les Rocheuses - Réseau pour la solution 3

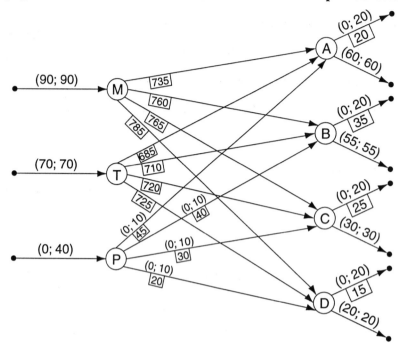

10. Réparation des quais d'un entrepôt

Question 1: Le réseau comprend 7 sommets, numérotés 0, 1, ..., 6, et des arcs $i \rightarrow j$ pour tout $(i; j)$ tel que $i < j$ et $(i; j) \neq (0; 6)$. Sur l'arc $i \rightarrow j$, où $j < 6$, est reporté le coût de réparation (en 000 $) apparaissant à l'intersection de la ligne i et de la colonne j dans le tableau de l'énoncé : par exemple, le coût unitaire associé à l'arc $0 \rightarrow 2$ est 26. Sur l'arc $i \rightarrow j$, où $j = 6$, est reportée la provision (en 000 $) mentionnée sur la dernière ligne du tableau : par exemple, le coût unitaire associé à l'arc $3 \rightarrow 6$ est 11. Enfin, tout le flot circulant dans le réseau est émis par le sommet 0 et reçu par le sommet 6 : on ajoute donc des arcs virtuels $\bullet \rightarrow 0$ et $6 \rightarrow \bullet$ sur lesquels sont reportées des bornes (3; 3).

Une solution optimale consiste à réparer chacun des quais en l'an 3, pour un coût total de 132 milliers de dollars :

$$(33 + 11) \times 3 = 132 .$$

Question 2: Limiter le nombre de quais réparés une année donnée revient à contrôler le flot passant par le sommet associé. Par conséquent, les sommets i, où $1 \leq i \leq 5$, sont dédoublés et sur l'arc $i \rightarrow i'$ sont reportées des bornes (0; 1).

Une solution optimale consiste à réparer l'un des quais en l'an 3, ce qui revient à $33 + 11 = 44$ milliers de dollars, un autre quai en l'an 2, ce qui revient à $26 + 30 = 56$ milliers de dollars, et à réparer le 3e et dernier quai deux fois, en l'an 1 et en l'an 4, ce qui revient à $20 + 35 + 8 = 63$ milliers de dollars. Le total des coûts de réparation et des provisions pour la période de 5 ans considérée s'élève donc à 163 000 dollars.

11. Les monteurs de ligne

Question 1: Voici un réseau qui représente le problème auquel est confronté Hydro-Québec.

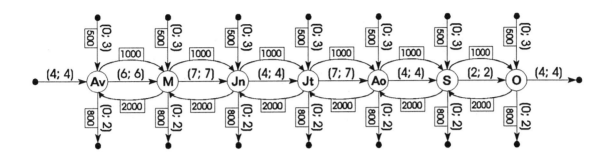

Une solution optimale est décrite par le réseau ci-dessous. Les coûts reliés à la présence des monteurs pour la période de mai à septembre seront de 9 900 $ si Hydro-Québec implante cette solution optimale.

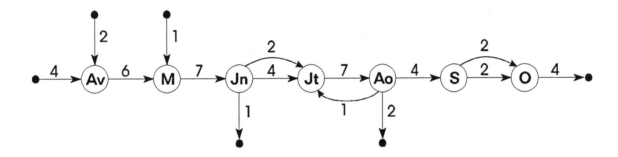

Question 2: Il suffit de reporter des bornes (0; 1) sur tous les arcs de coût 1 000 ou 2 000. La présence des monteurs de mai à septembre entraînera une dépense de 10 500 $ si Hydro-Québec implante la solution optimale suivante, qui assure un maximum de 1 personne en sus ou en deçà du nombre requis pendant un mois donné.

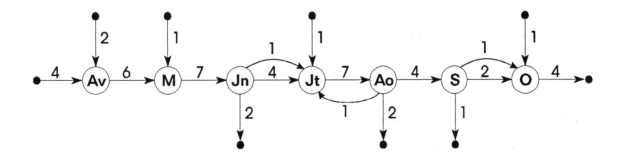

12. Les arbres de Noël

Le flot est constitué d'arbres de Noël, sous forme soit de jeunes pousses provenant de la pépinière, soit d'arbres qui vieillissent de 1 an à chaque saison de croissance, soit d'arbres de différents âges abattus pour les mettre sur le marché.

Sommets émetteurs : 698, 798 et 898. Le flot émis par ces 3 sommets représente les arbres de différents âges présents dans la plantation à la date d'achat, en octobre 1998. On regroupe dans le réseau les arbres de 8 ans et plus, car ils sont vendus au même prix.

Sommets récepteurs : V98', V99', V00' et V01. Le flot reçu par ces sommets représente les arbres abattus et non remplacés par des jeunes pousses provenant du pépiniériste.

Le sommet 698 injecte dans le réseau les 9 000 pousses de 6 ans présentes dans la plantation en octobre 1998. Ce flot se partage en deux parties à la sortie du sommet 698 : l'arc 698 → V98 correspond aux arbres de 6 ans abattus et vendus à l'automne 1998; l'arc 698 → 799, aux arbres de 6 ans conservés sur pied et qui auront 7 ans en 1999. Les arbres de différents âges vendus en 1998 sont regroupés au sommet V98 et transitent tous par l'arc V98 → V98', de façon à imposer une borne de 15 000 au nombre total d'arbres commercialisés cette année-là. De V98' émergent différents arcs : V98' → 699, V98' → 600 et V98' → 601 traduisent la possibilité de remplacer les arbres abattus en 1998 par des jeunes pousses dès l'année suivante, ou plus tard si cela est jugé à propos; l'arc V98' → • permet à PGL de laisser inutilisée une partie de l'espace libéré par abattage à l'automne 1998.

Le réseau est reproduit à la page suivante. Une solution optimale a été reportée en gras sur la figure; PGL retirera 352 710 $ si elle applique cette stratégie.

Note. Le réseau comprend également un arc V98' → 699 sur lequel est reporté un coût unitaire de 4,50, des arcs V98' → 600 et V99' → 600 de coût unitaire 4,09 ainsi que des arcs V98' → 601, V99' → 601 et V00' → 601 de coût unitaire 3,72. Les coûts reportés sur les arcs devront être multipliés par 100 avant d'être entrés dans le chiffrier STORM, le progiciel n'acceptant pas de coûts fractionnaires dans le module FLOW NETWORKS.

Dans la stratégie optimale décrite sur la figure, le flot sur l'arc V98' → 699 est de 10 500 arbres; il est de 9 000 et 6 000 unités respectivement sur les arcs V99' → 600 et V00' → 601; enfin, il est nul sur V98' → 600, V98' → 601 et V99' → 601.

13. Livraison sans anticipation ni retard

À chaque mandat j est associé un arc $j → j'$ sur lequel sont reportées des bornes (1; 1) qui traduisent l'obligation pour la firme d'effectuer la livraison correspondante. On ajoute ensuite :

- des arcs virtuels • → j de coût unitaire 1;

- des arcs virtuels $j' → •$ sans bornes et de coût nul;

- des arcs $i' → j$ lorsqu'un même camion peut, après livraison du chargement i, être affecté au mandat j. Le tableau suivant indique, pour chaque i, la liste des sommets j tels que l'arc $i' → j$ apparaît dans le réseau.

Les arbres de Noël - Réseau et solution optimale

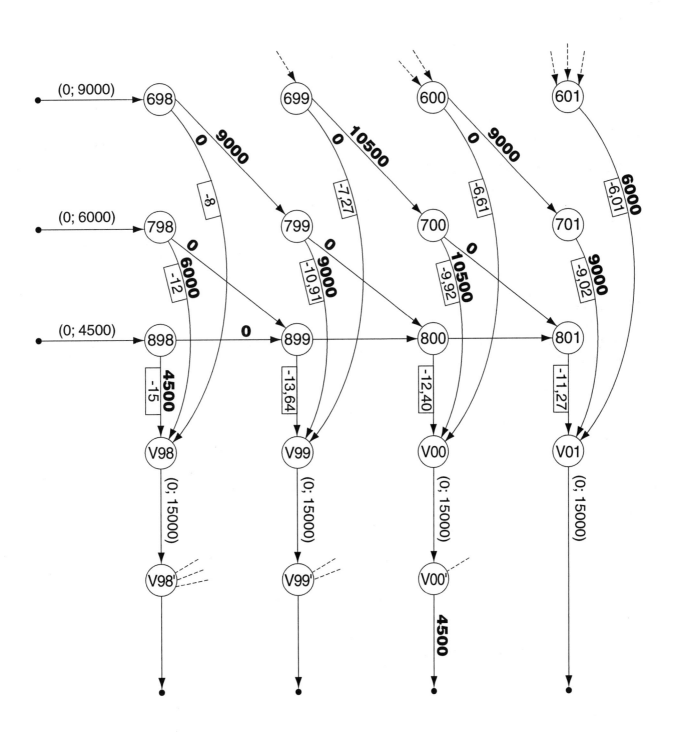

Mandat	0	1	2	3	4	5	6	7	8	9
Successeurs	5	5	0	5	5	-	0	-	5	0
	7	7	5		7		1		7	2
			7				2			3
							3			5
							5			7
							7			8

La firme devra faire appel à 5 camionneurs pour ces 10 mandats. Une solution optimale répartit ainsi les mandats : les chargements 0, 2 et 6 sont confiés à un même camion; les chargements 3, 5 et 9, à un 2e camion; les chargements 4 et 7, à un 3e; enfin, les 2 derniers camions se voient affecter à un seul mandat, le numéro 1 dans un cas et le 8 dans l'autre.

Note. On doit ajouter des bornes (0; 1) sur les arcs virtuels • → *j*, sinon STORM considère que le flot potentiel dans le réseau est infini et donne un message d'erreur.

14. La Sonel

Question 1: Voici un réseau qui représente le problème de la Sonel. L'unité de flot est l'équipe de 8 personnes.

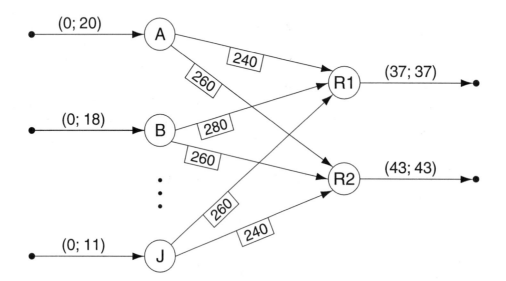

Question 2: Au réseau de la question 1 ajouter des sommets S1 et S2, ainsi que des arcs virtuels S1 → • et S2 → • de bornes (1; 1). Relier les sommets Sj (où j = 1, 2) et X (où X = A, B, C, D) par un arc X → Sj sur lequel est reporté le même coût que sur l'arc X → Rj. Enfin, modifier ainsi les bornes des sommets récepteurs : reporter (36; 36) sur l'arc R1 → • et (42; 42) sur l'arc R2 → •

Question 3: À nouveau, nous prenons comme point de départ le réseau de la question 1, que nous modifions de la façon suivante. Tout d'abord, le sommet émetteur X (où X = A, B, ..., J) n'est plus relié directement aux régions R1 et R2 : des sommets intermédiaires X1 et X2 sont ajoutés, ainsi que des arcs X → X1 et X → X2 sur lesquels sont reportés comme coût unitaire les forfaits annuels exigés par l'entreprise X pour 1 équipe dans les régions 1 et 2 respectivement. La figure ci-dessous représente la portion du réseau ainsi associée à l'entreprise A.

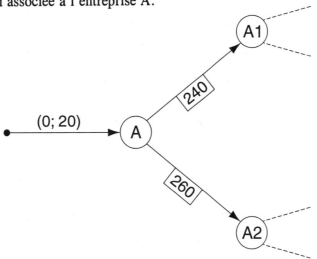

Par la suite, le réseau est scindé en deux strates, une pour chaque région. La figure ci-dessous représente celle pour la région 1. L'arc virtuel S1 → • force le choix d'au moins 1 entreprise dans le groupe {A, B, C, D}. Quant à l'arc T1 → • , il garantit que La Sonel fera affaire dans la région 1 avec au moins 4 entreprises autres que celle associée à l'arc S1 → • , c'est-à-dire avec au moins 5 entreprises en tout. Les bornes (0; 1) sur les arcs X1 → S1 (où X = A, B, C, D) et X1 → T1 (où X = E, F, G, H, I, J) assurent que les unités de flot ou équipes passant par T1 → • proviennent d'entreprises différentes. Enfin, l'arc S1 → T1 est nécessaire, sinon 4 des 5 entreprises à retenir devraient appartenir au groupe {E, F, G, H, I, J}, alors que rien dans l'énoncé n'interdit d'en choisir 3 dans ce groupe et 2 dans {A, B, C, D}.

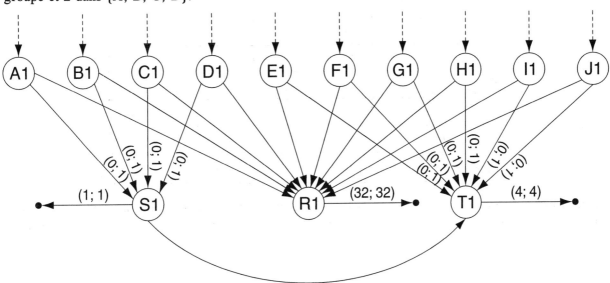

15. Problèmes de transport

Question 1: **Solution de base obtenue par la méthode du coin nord-ouest** : *Coût* = 420.

	E1	E2	E3	E4	S_i
U1	2 **40**	4	9	6	40
U2	3 **15**	3 **5**	2	5	20
U3	1	3 **20**	4 **45**	8 **5**	70
D_j	55	25	45	5	130

Solution de base obtenue par la méthode des coûts minimaux : *Coût* = 435.

	E1	E2	E3	E4	S_i
U1	2	4 **10**	9 **25**	6 **5**	40
U2	3	3	2 **20**	5	20
U3	1 **55**	3 **15**	4	8	70
D_j	55	25	45	5	130

Solution de base obtenue par la méthode des pénalités : *Coût* = 375.

	E1	E2	E3	E4	S_i
U1	2	4 **25**	9 **10**	6 **5**	40
U2	3	3	2 **20**	5	20
U3	1 **55**	3	4 **15**	8	70
D_j	55	25	45	5	130

Calcul d'une solution optimale. Si l'on part de la solution de base obtenue par la méthode des coûts minimaux, la variable entrante x_{33} prend la valeur $\Delta = 15$ et x_{32} sort de la base; le tableau résultant de ce pivotage coïncide avec le tableau numéro 0 obtenu par la méthode des pénalités. Ce tableau est reproduit ci-dessous, avec les valeurs des variables duales u_i et v_j, ainsi que les coûts marginaux des variables hors base.

	$v_1 = 6$	$v_2 = 4$	$v_3 = 9$	$v_4 = 6$	S_i
$u_1 = 0$	-4 | 2 ; Δ	4 ; 25	9 ; 10 − Δ	6 ; 5	40
$u_2 = -7$	4 | 3	6 | 3	2 ; 20	6 | 5	20
$u_3 = -5$	1 ; 55 − Δ	4 | 3	4 ; 15 + Δ	7 | 8	70
D_j	55	25	45	5	130

Comme l'indique le tableau ci-dessus, x_{11} entre dans la base et x_{13} en sort. La solution de base résultant du pivotage est décrite ci-dessous. Le coût de cette solution est $375 - (4 \times 10) = 335$.

	$v_1 = 2$	$v_2 = 4$	$v_3 = 5$	$v_4 = 6$	S_i
$u_1 = 0$	2 ; 10	4 ; 25	4 | 9	6 ; 5	40
$u_2 = -3$	4 | 3	2 | 3	2 ; 20	2 | 5	20
$u_3 = -1$	1 ; 45	0 | 3	4 ; 25	3 | 8	70
D_j	55	25	45	5	130

Cette solution est optimale car les coûts marginaux des variables hors base sont tous non négatifs. Il existe d'autres solutions optimales : l'une d'entre elles, obtenue en entrant dans la base la variable x_{32} de coût marginal nul, est décrite ci-dessous.

					S_i
	2 ; 35	4	9	6 ; 5	40
	3	3	2 ; 20	5	20
	1 ; 20	3 ; 25	4 ; 25	8	70
D_j	55	25	45	5	130

Chapitre 7 - Solutions

Question 2: **Solution de base obtenue par la méthode des coûts minimaux** : *Coût* = 685. Cette solution est dégénérée car les variables de base x_{21} et x_{32} sont nulles. Dans le tableau sont reportés les valeurs des variables u_i et v_j, les coûts marginaux des variables hors base et le cycle de changement.

	$v_1 = 2$	$v_2 = 2$	$v_3 = 1$	$v_4 = 6$	S_i
$u_1 = 0$	2, **30**	(1) 3	(5) 6	(-1) 5	30
$u_2 = 1$	3, **0**	(1) 4	(2) 4	7, **25**	25
$u_3 = 1$	(4) 7	3, **0 − Δ**	2, **45**	(-4) 3, **Δ**	45
$u_4 = 2$	(2) 6	4, **60 + Δ**	(6) 9	8, **15 − Δ**	75
D_j	30	60	45	40	175

Comme l'indique le tableau ci-dessus, x_{34} entre dans la base et x_{32} en sort. La valeur maximale de Δ étant 0, le coût reste inchangé à 685. La solution de base résultant du pivotage est décrite ci-dessous.

	$v_1 = 2$	$v_2 = 2$	$v_3 = 5$	$v_4 = 6$	S_i
$u_1 = 0$	2, **30**	(1) 3	(1) 6	(-1) 5	30
$u_2 = 1$	3, **0**	(1) 4	(-2) 4, **Δ**	7, **25 − Δ**	25
$u_3 = -3$	(8) 7	(4) 3	2, **45 − Δ**	3, **0 + Δ**	45
$u_4 = 2$	(2) 6	4, **60**	(2) 9	8, **15**	75
D_j	30	60	45	40	175

Comme l'indique le tableau ci-dessus, x_{23} entre dans la base et x_{24} en sort. La solution de base résultant du pivotage est décrite ci-dessous. Le coût de cette solution est $685 - (2 \times 25) = 635$.

	$v_1 = 2$	$v_2 = 0$	$v_3 = 3$	$v_4 = 4$	S_i
$u_1 = 0$	2, **30**	(3) 3	(3) 6	(1) 5	30
$u_2 = 1$	3, **0 − Δ**	(3) 4	4, **25 + Δ**	(2) 7	25
$u_3 = -1$	(6) 7	(4) 3	2, **20 − Δ**	3, **25 + Δ**	45
$u_4 = 4$	(0) 6, **Δ**	4, **60**	(2) 9	8, **15 − Δ**	75
D_j	30	60	45	40	175

Cette solution est optimale car les coûts marginaux des variables hors base sont tous non négatifs. Il n'existe pas d'autres solutions optimales, car la valeur de Δ doit être 0.

Question 3: **Solution de base obtenue par la méthode des coûts minimaux** : *Coût* = 650. Dans le tableau sont reportés les valeurs des variables duales u_i et v_j, les coûts marginaux des variables hors base, ainsi que le cycle de changement.

	$v_1=3$	$v_2=1$	$v_3=6$	$v_4=0$	$v_5=1$	S_i
$u_1=0$	3 · **50**	5 (4)	5 (−1)	6 (6)	6 (5)	50
$u_2=3$	6 · **31+Δ**	5 (1)	9 · **22−Δ**	3 · **14**	9 (5)	67
$u_3=1$	4 · **4−Δ**	2 · **13**	5 (−2)	8 (7)	2 · **16**	33
D_j	85	13	22	14	16	150

Comme l'indique le tableau ci-dessus, x_{33} entre dans la base et x_{31} en sort. La solution de base résultant du pivotage est décrite ci-dessous. Le coût de cette solution est $650 - (2 \times 4) = 642$.

	$v_1=3$	$v_2=3$	$v_3=6$	$v_4=0$	$v_5=3$	S_i
$u_1=0$	3 · **50−Δ**	5 (2)	5 (−1) · **Δ**	6 (6)	6 (3)	50
$u_2=3$	6 · **35+Δ**	5 (−1)	9 · **18−Δ**	3 · **14**	9 (3)	67
$u_3=-1$	4 (2)	2 · **13**	5 · **4**	8 (9)	2 · **16**	33
D_j	85	13	22	14	16	150

Comme l'indique le tableau ci-dessus, x_{13} entre dans la base et x_{23} en sort. La solution de base résultant du pivotage est décrite ci-dessous. Le coût de cette solution est $642 - (1 \times 18) = 624$.

	$v_1=3$	$v_2=2$	$v_3=5$	$v_4=0$	$v_5=2$	S_i
$u_1=0$	3 · **32+Δ**	5 (3)	5 · **18−Δ**	6 (6)	6 (4)	50
$u_2=3$	6 · **53−Δ**	5 (0) · **Δ**	9 (1)	3 · **14**	9 (4)	67
$u_3=0$	4 (1)	2 · **13−Δ**	5 · **4+Δ**	8 (8)	2 · **16**	33
D_j	85	13	22	14	16	150

Cette solution est optimale car les coûts marginaux des variables hors base sont tous non négatifs. Il existe d'autres solutions optimales : il suffit de donner à la variable x_{22} une valeur non négative ne dépassant pas 13.

Question 4: Il faut d'abord ajouter une usine fictive dont la « capacité » est de 45 unités pour équilibrer le problème. Voici une solution de base obtenue par la méthode du coin nord-ouest et dont le coût total est égal à 860. Dans le tableau décrivant cette solution de base initiale sont reportés les valeurs des variables duales u_i et v_j, les coûts marginaux des variables hors base, ainsi que le cycle de changement.

	$v_1=3$	$v_2=4$	$v_3=2$	$v_4=0$	S_i
$u_1=0$	3 ; **10**	4 ; **43**	1 / 3	1 / 1	53
$u_2=2$	1 / 6	6 ; **37 − Δ**	4 ; **5 + Δ**	0 / 2	42
$u_3=4$	-5 / 2	-7 / 1 ; **Δ**	6 ; **27 − Δ**	0 / 4	27
$u_4=6$	-4 / 5	-2 / 8	8 ; **28**	6 ; **5**	33
$u_5=0$	-3 / 0	-4 / 0	-2 / 0	0 ; **45**	45
D_j	10	80	60	50	200

Comme l'indique le tableau ci-dessus, x_{32} entre dans la base et x_{33} en sort. La solution de base résultant du pivotage est décrite ci-dessous. Le coût de cette solution est $860 − (7 \times 27) = 671$.

	$v_1=3$	$v_2=4$	$v_3=2$	$v_4=0$	S_i
$u_1=0$	3 ; **10**	4 ; **43**	1 / 3	1 / 1	53
$u_2=2$	1 / 6	6 ; **10 − Δ**	4 ; **32 + Δ**	0 / 2	42
$u_3=-3$	2 / 2	1 ; **27**	7 / 6	7 / 4	27
$u_4=6$	-4 / 5	-2 / 8	8 ; **28 − Δ**	6 ; **5 + Δ**	33
$u_5=0$	-3 / 0	-4 / 0 ; **Δ**	-2 / 0	0 ; **45 − Δ**	45
D_j	10	80	60	50	200

Il y a cette fois 2 candidates au titre de variable entrante, x_{41} et x_{52}; on choisit x_{52} car $c_{52} < c_{41}$. Et alors x_{22} sort de la base. La solution de base résultant du pivotage est décrite ci-dessous. Le coût de cette solution est $671 − (4 \times 10) = 631$.

	$v_1 = 3$	$v_2 = 4$	$v_3 = 6$	$v_4 = 4$	S_i
$u_1 = 0$	3 / **10**	4 / **43 − Δ**	-3 | 3	-3 | 1 / **Δ**	53
$u_2 = -2$	5 | 6	4 | 6	4 / **42**	0 | 2	42
$u_3 = -3$	2 | 2	1 / **27**	3 | 6	3 | 4	27
$u_4 = 2$	0 | 5	2 | 8	8 / **18**	6 / **15**	33
$u_5 = -4$	1 | 0	0 / **10 + Δ**	-2 | 0	0 / **35 − Δ**	45
D_j	10	80	60	50	200

À nouveau, il y a 2 candidates au titre de variable entrante, x_{13} et x_{14}; on choisit x_{14} car $c_{14} < c_{13}$. Et alors x_{54} sort de la base. La solution de base résultant du pivotage est décrite ci-dessous. Le coût de cette solution est $631 − (3 \times 35) = 526$.

	$v_1 = 3$	$v_2 = 4$	$v_3 = 3$	$v_4 = 1$	S_i
$u_1 = 0$	3 / **10 − Δ**	4 / **8**	0 | 3	1 / **35 + Δ**	53
$u_2 = 1$	2 | 6	1 | 6	4 / **42**	0 | 2	42
$u_3 = -3$	2 | 2	1 / **27**	6 | 6	6 | 4	27
$u_4 = 5$	-3 | 5 / **Δ**	-1 | 8	8 / **18**	6 / **15 − Δ**	33
$u_5 = -4$	1 | 0	0 / **45**	1 | 0	3 | 0	45
D_j	10	80	60	50	200

Comme l'indique le tableau ci-dessus, x_{41} entre dans la base et x_{11} en sort. La solution de base résultant du pivotage est décrite ci-dessous. Le coût de cette solution est $526 - (3 \times 10) = 496$.

	$v_1 = 0$	$v_2 = 4$	$v_3 = 3$	$v_4 = 1$	S_i
$u_1 = 0$	3 3	4 **8 − Δ**	0 3	1 **45 + Δ**	53
$u_2 = 1$	5 6	1 6	4 **42**	0 2	42
$u_3 = -3$	5 2	1 **27**	6 6	6 4	27
$u_4 = 5$	5 **10**	-1 8 **Δ**	8 **18**	6 **5 − Δ**	33
$u_5 = -4$	4 0	0 **45**	1 0	3 0	45
D_j	10	80	60	50	200

Comme l'indique le tableau ci-dessus, x_{42} entre dans la base et x_{44} en sort. La solution de base résultant du pivotage est décrite ci-dessous. Le coût de cette solution est $496 - (1 \times 5) = 491$.

	$v_1 = 1$	$v_2 = 4$	$v_3 = 4$	$v_4 = 1$	S_i
$u_1 = 0$	2 3	4 **3 − Δ**	-1 3 **Δ**	1 **50**	53
$u_2 = 0$	5 6	2 6	4 **42**	1 2	42
$u_3 = -3$	4 2	1 **27**	5 6	6 4	27
$u_4 = 4$	5 **10**	8 **5 + Δ**	8 **18 − Δ**	1 6	33
$u_5 = -4$	3 0	0 **45**	0 0	3 0	45
D_j	10	80	60	50	200

Comme l'indique le tableau ci-dessus, x_{13} entre dans la base et x_{12} en sort. La solution de base résultant du pivotage est décrite ci-dessous. Le coût de cette solution est $491 - (1 \times 3) = 488$.

	$v_1=0$	$v_2=3$	$v_3=3$	$v_4=1$	S_i
$u_1=0$	3 ⟨ 3	1 ⟨ 4	3 **3**	1 **50**	53
$u_2=1$	5 ⟨ 6	2 ⟨ 6	4 **42**	0 ⟨ 2	42
$u_3=-2$	4 ⟨ 2	1 **27**	5 ⟨ 6	5 ⟨ 4	27
$u_4=5$	5 **10**	8 **8**	8 **15**	0 ⟨ 6	33
$u_5=-3$	3 ⟨ 0	0 **45**	0 ⟨ 0	2 ⟨ 0	45
D_j	10	80	60	50	200

Cette solution est optimale car les coûts marginaux des variables hors base sont tous non négatifs. Il existe d'autres solutions optimales : il suffit, par exemple, de donner à x_{24} une valeur non négative ne dépassant pas 42.

Question 5 : Il faut d'abord ajouter un entrepôt fictif dont la « demande » est de 70 unités pour équilibrer le problème. Voici une solution de base (dégénérée) obtenue par la méthode des coûts minimaux et dont le coût total est 575. Dans le tableau décrivant cette solution de base initiale sont reportés les valeurs des variables duales u_i et v_j, les coûts marginaux des variables hors base, ainsi que le cycle de changement.

	$v_1=3$	$v_2=4$	$v_3=-2$	$v_4=0$	S_i
$u_1=0$	3 ⟨ 6	4 **30 + Δ**	10 ⟨ 8	0 **70 − Δ**	100
$u_2=5$	0 ⟨ 8	9 **35 − Δ**	3 **40**	-5 ⟨ 0 **Δ**	75
$u_3=-2$	1 **20**	2 **0**	12 ⟨ 8	2 ⟨ 0	20
D_j	20	65	40	70	195

Comme l'indique le tableau ci-dessus, x_{24} entre dans la base et x_{22} en sort. La solution de base résultant du pivotage est décrite ci-dessous. Le coût de cette solution est $575 - (5 \times 35) = 400$.

	$v_1=3$	$v_2=4$	$v_3=3$	$v_4=0$	S_i
$u_1=0$	[3] 6	4 / **65**	[5] 8	0 / **35**	100
$u_2=0$	[5] 8	[5] 9	3 / **40**	0 / **35**	75
$u_3=-2$	1 / **20**	2 / **0**	[7] 8	[2] 0	20
D_j	20	65	40	70	195

Cette solution est optimale et unique, car les coûts marginaux des variables hors base sont tous positifs. Elle est également dégénérée, car la variable de base x_{32} prend la valeur 0.

16. Problèmes de transport et maximisation

Voici la solution de base demandée, dont le coût total est 2 211. Dans le tableau décrivant cette solution de base initiale sont reportés les valeurs des variables duales u_i et v_j, les coûts marginaux des variables hors base, ainsi que le cycle de changement.

	$v_1=17$	$v_2=12$	$v_3=24$	$v_4=17$	S_i
$u_1=0$	[-14] 3	12 / **6 + Δ**	[-13] 11	17 / **39 − Δ**	45
$u_2=-10$	7 / **66**	2 / **25 − Δ**	14 / **17**	[9] 16 / **Δ**	108
$u_3=5$	[-12] 10	[-9] 8	[-18] 11	22 / **33**	33
D_j	66	31	17	72	186

Comme l'indique le tableau ci-dessus, x_{24} entre dans la base et x_{22} en sort. La solution de base résultant du pivotage est décrite ci-dessous. Le coût de cette solution est $2\ 211 + (9 \times 25) = 2\ 436$.

	$v_1=8$	$v_2=12$	$v_3=15$	$v_4=17$	S_i
$u_1=0$	[-5] 3	12 / **31**	[-4] 11	17 / **14**	45
$u_2=-1$	7 / **66**	[-9] 2	14 / **17**	16 / **25**	108
$u_3=5$	[-3] 10	[-9] 8	[-9] 11	22 / **33**	33 .
D_j	66	31	17	72	186

Cette solution est optimale et unique, car les coûts marginaux des variables hors base sont tous négatifs.

8. La gestion de projets - Solutions

1.   Réseau-1

Question 1: Le réseau est représenté ci-dessous. (Le moment au plus tôt E(s) et, lorsqu'il diffère, le moment au plus tard L(s) de chaque étape s ont été reportés sur le réseau, afin d'illustrer les calculs requis pour répondre aux questions subséquentes.)

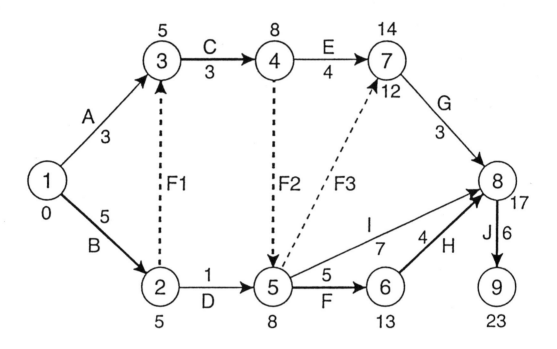

Question 2: La durée minimale du projet est 23 semaines.

Question 3: Les marges sont données dans le tableau ci-dessous. Rappelons que la marge d'une tâche $t : s \to s'$ se calcule comme suit :

$$\text{marge de } t = L(s') - E(s) - (\text{durée de } t).$$

Tâche	A	B	C	D	E	F	G	H	I	J	F1	F2	F3
Marge	2	0	0	2	2	0	2	0	2	0	0	0	6

Il existe un seul chemin critique : B → F1 → C → F2 → F → H → J.

2.   Réseau-2

Question 1: Le réseau est représenté ci-dessous. (Conformément à la convention mentionnée au problème 1, le moment au plus tôt E(*s*) et, lorsqu'il diffère, le moment au plus tard L(*s*) de l'étape *s* ont été reportés sur le réseau.)

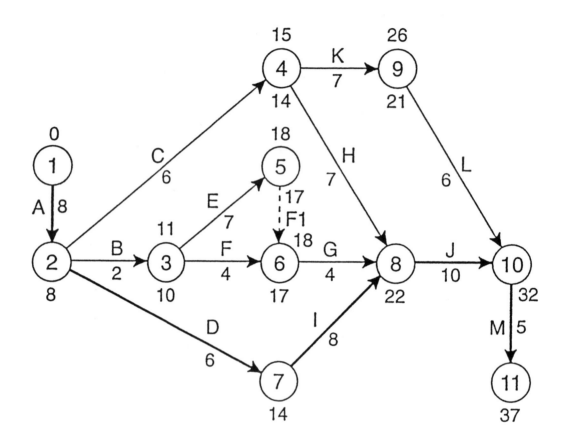

Question 2: La durée minimale du projet est 37 jours.

Question 3: Les marges sont données dans le tableau ci-dessous.

Tâche	A	B	C	D	E	F	G	H	I	J	K	L	M	F1
Marge	0	1	1	0	1	4	1	1	0	0	5	5	0	1

Il existe un seul chemin critique :   A → D → I → J → M.

3. Réseau-3

Question 1: Le réseau est représenté ci-dessous. (Conformément à la convention mentionnée au problème 1, le moment au plus tôt E(*s*) et, lorsqu'il diffère, le moment au plus tard L(*s*) de l'étape *s* ont été reportés sur le réseau.)

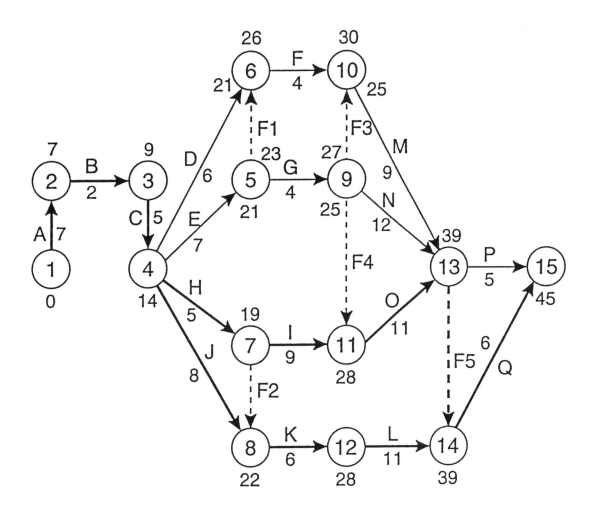

Question 2: La durée minimale du projet est 45 jours.

Question 3: Les marges sont données dans le tableau ci-dessous.

Tâche	A	B	C	D	E	F	G	H	I	J	K	L	M	N	O	P	Q	F1	F2	F3	F4	F5
Marge	0	0	0	6	2	5	2	0	0	0	0	0	5	2	0	1	0	5	3	5	3	0

Il existe deux chemins critiques :

$$A \to B \to C \to J \to K \to L \to Q$$
$$A \to B \to C \to H \to I \to O \to F5 \to Q.$$

4.   CPM

Question 1: Tel que l'indique la figure ci-dessous, la durée minimale du projet est de 19 périodes.

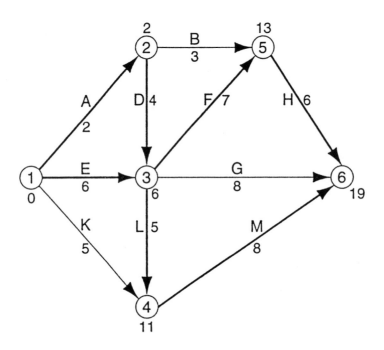

Note. Les moments au plus tôt et au plus tard de tous les sommets sont égaux. Cependant, les tâches B, G et K ont une marge non nulle et ne sont pas critiques.

Question 2: Il existe 4 chemins critiques :

$A \to D \to F \to H$ et $A \to D \to L \to M$ et $E \to F \to H$ et $E \to L \to M$.

Question 3: Comme les tâches B et K ne sont pas critiques, il est inutile de dépenser pour les accélérer.

Question 4: C'est inutile car la durée minimale du projet restera à 19 périodes puisque les 2e et 4e chemins critiques de la question 2, qui ne contiennent pas H, conserveront une longueur de 19 périodes.

Question 5: Ce déplacement de personnel permettra de réduire de 1 période la durée minimale du projet.

5.   CPM et conditions logiques

Question 1: La figure ci-dessous représente le projet, dont la durée minimale est de 30 périodes.

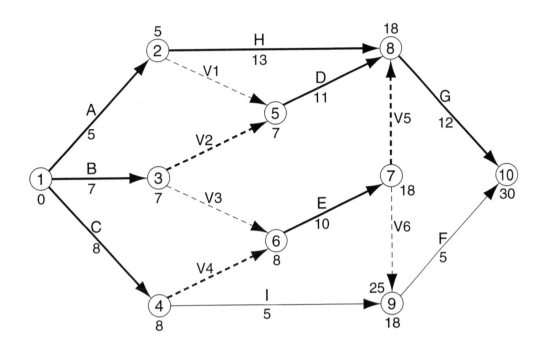

Question 2: Le tableau suivant donne les marges des différentes tâches.

Tâche	A	B	C	D	E	F	G	H	I	V1	V2	V3	V4	V5	V6
Marge	0	0	0	0	0	7	0	0	12	2	0	1	0	0	7

Question 3: Le projet admet 3 chemins critiques :

$$A \rightarrow H \rightarrow G \quad \text{et} \quad B \rightarrow V2 \rightarrow D \rightarrow G \quad \text{et} \quad C \rightarrow V3 \rightarrow E \rightarrow V5 \rightarrow G.$$

Question 4: On utilise un modèle linéaire dont les variables de décision sont définies de la façon suivante :

x_s = moment où l'étape s est atteinte

Acc_t = réduction (en jours) de la durée de la tâche t grâce à l'accélération

où t = B, C, D, E, F, G, H, I. L'objectif consiste à minimiser le coût z d'accélération, où

$$z = 17\,Acc_B + 15\,Acc_C + 12\,Acc_D + 16\,Acc_E + 12\,Acc_F + 27\,Acc_G + 23\,Acc_H + 9\,Acc_I.$$

Voici les contraintes technologiques de ce modèle.

DEBUT PROJ	$x_1 = 0$
FIN PROJET	$x_{10} \leq 27$

DUREE A	$-x_1 + x_2 \geq 5$
DUREE B	$-x_1 + x_3 + \text{Acc}_B \geq 7$
DUREE C	$-x_1 + x_4 + \text{Acc}_C \geq 8$
DUREE D	$-x_5 + x_8 + \text{Acc}_D \geq 11$
DUREE E	$-x_6 + x_7 + \text{Acc}_E \geq 10$
DUREE F	$-x_9 + x_{10} + \text{Acc}_F \geq 5$
DUREE G	$-x_8 + x_{10} + \text{Acc}_G \geq 12$
DUREE H	$-x_2 + x_8 + \text{Acc}_H \geq 13$
DUREE I	$-x_4 + x_9 + \text{Acc}_I \geq 5$
DUREE V1	$-x_2 + x_5 \geq 0$
DUREE V2	$-x_3 + x_5 \geq 0$
DUREE V3	$-x_3 + x_6 \geq 0$
DUREE V4	$-x_4 + x_6 \geq 0$
DUREE V5	$-x_7 + x_8 \geq 0$
DUREE V6	$-x_7 + x_9 \geq 0$
MAXACCEL B	$\text{Acc}_B \leq 2$
MAXACCEL C	$\text{Acc}_C \leq 3$
MAXACCEL D	$\text{Acc}_D \leq 3$
MAXACCEL E	$\text{Acc}_E \leq 2$
MAXACCEL F	$\text{Acc}_F \leq 1$
MAXACCEL G	$\text{Acc}_G \leq 2$
MAXACCEL H	$\text{Acc}_H \leq 4$
MAXACCEL I	$\text{Acc}_I \leq 1$

Note. Une solution optimale consiste à accélérer les tâches C, D et H de 1 période et G de 2 périodes Les coûts d'accélération sont alors de 104.

Questions 5 à 8: On introduit, pour les questions 5 à 8, des variables binaires v_t :

$$v_t = 1 \quad \text{si la tâche } t \text{ est accélérée.}$$

Et on ajoute au modèle les contraintes technologiques suivantes :

$$v_t \leq \text{Acc}_t \leq a_t v_t$$

où a_t est la différence entre la durée accélérée et la durée normale de la tâche t. Par exemple, les contraintes associées aux tâches B et C prennent la forme:

$$v_B \leq \text{Acc}_B \leq 2 v_B$$
$$v_C \leq \text{Acc}_C \leq 3 v_C$$

Question 5: $v_B + v_C \leq 1$

Question 6: $2\,v_B + v_C + v_D \leq 2$

Question 7: $2\,v_H \leq \text{Acc}_H \leq 4\,v_H$

Question 8: On introduit une variable binaire w définie ainsi :

$$w = 1 \quad \text{si on réduit } G \text{ de 10 à 7 périodes.}$$

La fonction-objectif z contiendra un terme en w :

$$z = 17\,\text{Acc}_B + \cdots + 9\,\text{Acc}_I + 85\,w$$

La contrainte « Durée G » prendra la forme :

$$-\,x_8 + x_{10} + \text{Acc}_G + 3\,w \geq 12 \,.$$

Enfin, on ajoute une contrainte pour forcer Acc_G à prendre sa valeur maximale avant que w puisse ne pas être nulle :

$$\text{Acc}_G \geq 2\,w \,.$$

6.   PERT-1

Question 1: La durée espérée d'une tâche est égale à $\mu = (opt + 4m + pess)\,/\,6$.

Tâche	A	B	C	D	E	F	G	H	I	J	K	L	M
μ	8	2,17	6	5,83	7	4,17	4	7,17	8	11,17	7	6	5,5
Marge	0	0,67	0,67	0	0,67	3,50	0,67	0,67	0	0	6	6	0

Question 2: Le réseau est identique à celui du problème 2, seuls changent les durées des tâches et les moments des sommets. Le tableau ci-dessous donne les moments espérés au plus tôt et au plus tard des 11 sommets du réseau. La durée espérée minimale du projet est de 38,5 jours.

Sommet	1	2	3	4	5	6	7	8	9	10	11
E(s)	0	8	10,83	14	17,17	17,17	13,83	21,83	21	33	38,5
L(s)	0	8	10,17	14,67	17,83	17,83	13,83	21,83	27	33	38,5

Question 3: Les marges des différentes tâches sont données dans le tableau de la question 1. La marge de la tâche fictive F1 est de 0,67 jour. L'unique chemin critique est : A → D → I → J → M.

7.   PERT-2

Question 1: La durée espérée μ et l'écart-type σ d'une tâche sont donnés par les formules suivantes :

$$\mu = \frac{opt + 4m + pess}{6} \quad \text{et} \quad \sigma = \frac{pess - opt}{6}.$$

Tâche	A	B	C	D	E	F	G	H	I	J	K	L
μ	5	2,17	3	5,33	4	5	4	3	3,17	6,17	2,17	8,33
σ	0,33	0,17	0	0,67	0,33	0,67	0,33	0,33	0,5	1,17	0,17	1,33

Question 2: Le réseau est représenté ci-dessous. (Conformément à la convention mentionnée au problème 1, le moment espéré au plus tôt E(*s*) et, lorsqu'il diffère, le moment espéré au plus tard L(*s*) de l'étape *s* ont été reportés sur le réseau.) La durée espérée minimale du projet est de 30,5 périodes.

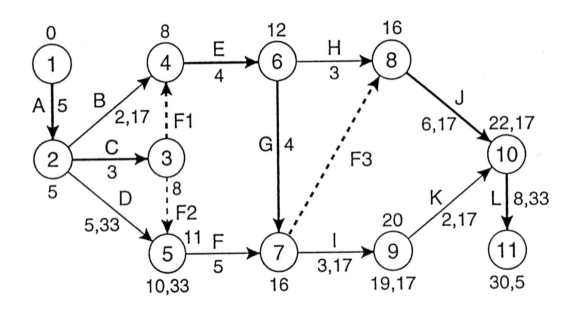

Question 3: L'unique chemin critique est : A → C → F1 → E → G → F3 → J → L. Notons D_t, la variable aléatoire « durée de la tâche *t* » et D, la variable « longueur du chemin critique ». Alors

$$\begin{aligned}
E(D) &= E(D_A) + E(D_C) + E(D_{F1}) + E(D_E) + E(D_G) + E(D_{F3}) + E(D_J) + E(D_L) \\
&= 5 + 3 + 0 + 4 + 4 + 0 + 6,167 + 8,333 \\
&= 30,5 \\
Var(D) &= Var(D_A) + Var(D_C) + Var(D_{F1}) + Var(D_E) + Var(D_G) + Var(D_{F3}) + Var(D_J) + Var(D_L) \\
&= 0,333^2 + 0 + 0 + 0,333^2 + 0,333^2 + 0 + 1,167^2 + 1,333^2 \\
&= 3,4722 \\
\sigma_D &= \sqrt{3,4722} = 1,8634
\end{aligned}$$

Question 4: La probabilité demandée est de 8,98% : en effet, par convention, elle est posée égale à P(D > 33); et celle-ci se calcule ainsi :

$$P(D > 33) \;=\; P(\frac{D - \mu}{\sigma} > \frac{33 - 30,5}{1,8634}) \;=\; P(Z > 1,3416) \;=\; 8,98\%.$$

Question 5: La probabilité demandée est, par convention, posée égale à P(D ≤ 29), laquelle probabilité se calcule ainsi :

$$P(D \leq 29) \;=\; P(\frac{D - \mu}{\sigma} \leq \frac{29 - 30,5}{1,8634}) \;=\; P(Z \leq -0,805) \;=\; P(Z > +0,805) \;=\; 21,04\%.$$

Question 6: La probabilité demandée est, par convention, posée égale à P(D ≤ 29), laquelle probabilité se calcule ainsi :

$$P(29 \leq D \leq 33) \;=\; 1 - P(D < 29) - P(D > 33) \;=\; 1 - 0,0898 - 0,2104 \;=\; 69,98\%.$$

8. PERT-3

Question 1: La durée espérée μ et l'écart-type σ d'une tâche sont donnés par les formules suivantes :

Tâche	A	B	C	D	E	F	G	H
μ	3,17	4,17	5,17	14	7,17	8,33	9,33	10,83
σ	0,50	0,50	0,50	0,33	0,50	0,67	0,67	0,50

Question 2: Un réseau est donné ci-dessous. La durée espérée minimale du projet est de 24,83 périodes.

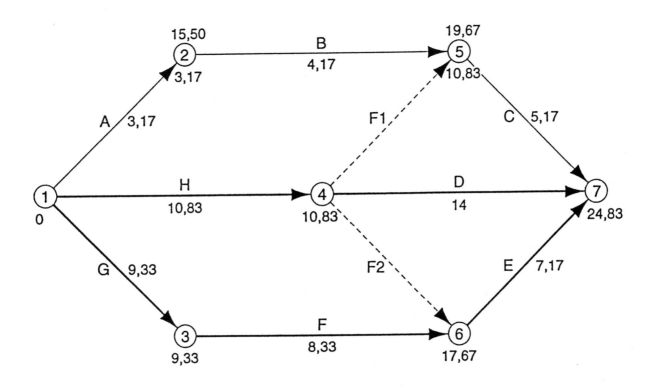

Question 3: Le projet admet 2 chemins critiques : $H \to D$ et $G \to F \to E$. Notons D_1 et D_2 les variables « longueur » de ces 2 chemins critiques. Alors

$$\mu_1 = E(D_H) + E(D_D) = 10,83 + 14 = 24,83$$

$$\text{Var}(D_1) = \text{Var}(D_H) + \text{Var}(D_D) = 0,333^2 + 0,50^2 = 0,360889$$

$$\sigma_1 = \sqrt{0,360889} = 0,601$$

$$P(D_1 \geq 26) = P(\frac{D_1 - \mu_1}{\sigma_1} \geq \frac{26 - 24,833}{0,601}) = P(Z \geq 1,9418) = 2,61\%.$$

$$\mu_2 = E(D_G) + E(D_F) + E(D_E) = 9,33 + 8,33 + 7,17 = 24,83$$

$$\text{Var}(D_2) = \text{Var}(D_G) + \text{Var}(D_F) + \text{Var}(D_E) = 0,667^2 + 0,667^2 + 0,50^2 = 1,13978$$

$$\sigma_2 = \sqrt{1,13978} = 1,0676$$

$$P(D_2 \geq 26) = P(\frac{D_2 - \mu_2}{\sigma_2} \geq \frac{26 - 24,833}{1,0676}) = P(Z \geq 1,093) = 13,72\%.$$

Question 4: Selon la convention usuelle, seul le chemin critique dont la variance est la plus élevée est considéré dans les calculs de probabilité concernant la durée du projet. Ici, la probabilité demandée est, selon cette règle, posée égale à 13,72 %.

Note. Pour que le projet soit parachevé en 26 périodes ou plus, il suffit, entre autres, que l'un des 2 chemins critiques ait une longueur de 26 périodes ou plus. Par conséquent, la probabilité p demandée est bornée inférieurement par les probabilités calculées à la question 3 :

$$p \geq \max \{ P(D_1 \geq 26) ; P(D_2 \geq 26) \} = \max \{ 2,61 \% ; 13,72 \% \} = 13,72 \%.$$

Il est possible d'améliorer cette borne inférieure. En effet, pourvu que, comme d'habitude, les durées des tâches du projet soient supposées indépendantes, les longueurs D_1 et D_2 des deux chemins critiques sont des variables indépendantes puisque ces chemins n'ont aucune tâche en commun. Et

$$1 - p \leq P (\text{Durée du projet} < 26)$$

$$1 - p \leq P (D_1 < 26 \text{ et } D_2 < 26)$$

$$\leq P(D_1 < 26) \times P(D_2 < 26) \qquad\qquad D_1 \text{ et } D_2 \text{ indépendantes}$$

$$\leq (1 - 0,0261) \times (1 - 0,1372)$$

$$\leq 0,840$$

Par conséquent,

$$p \geq 0,160$$

9.   Planification familiale en Tataouine

Un réseau représentant ce projet est reproduit à la figure PRO8-09 de la page 310. Le 1er tableau de la page suivante donne les moments au plus tôt et au plus tard des 36 premiers sommets du réseau, ceux du 37e étant tous deux égaux à 718; le 2e, les marges des différentes tâches.

Sommet	1	2	3	4	5	6	7	8	9	10	11	12
$E(s)$	0	15	17	19	29	39	42	62	20	100	43	48
$L(s)$	0	15	17	19	29	39	42	80	31	111	43	48
Sommet	13	14	15	16	17	18	19	20	21	22	23	24
$E(s)$	58	63	102	45	65	110	113	133	173	73	93	44
$L(s)$	58	63	120	88	108	121	652	672	712	73	93	73
Sommet	25	26	27	28	29	30	31	32	33	34	35	36
$E(s)$	64	713	16	96	17	111	112	718	67	667	75	75
$L(s)$	93	713	32	112	118	122	123	718	118	718	118	118

Tâche	A	B1	B2	B3	B4	C1	C2	C3	C4	C5	C6	C7	C8
Marge	0	0	0	0	0	0	18	18	18	539	539	539	539
Tâche	D1	D2	D3	E1	E2	E3	F1	F2	G1	G2	G3	H1	H2
Marge	11	11	11	16	16	16	21	21	11	11	11	43	43
Tâche	I1	I2	I3	I4	J1	J2	J3	J4	K1	K2	K3	K4	
Marge	0	0	0	0	0	0	0	0	29	29	29	0	
Tâche	L1	L2	L3	M1	M2	M3	X1	X2	X3	X4	X5		
Marge	51	51	51	48	43	43	57	56	51	43	0		

Le projet exige 718 jours. Il existe 2 chemins critiques, qui ne diffèrent que par les dernières tâches :

$$A \rightarrow B1 \rightarrow B2 \rightarrow B3 \rightarrow B4 \rightarrow C1 \rightarrow I1 \rightarrow I2 \rightarrow I3 \rightarrow I4 \rightarrow J1 \rightarrow J2 \rightarrow J3 \rightarrow J4$$

$$A \rightarrow B1 \rightarrow B2 \rightarrow B3 \rightarrow B4 \rightarrow C1 \rightarrow I1 \rightarrow I2 \rightarrow I3 \rightarrow I4 \rightarrow J1 \rightarrow J2 \rightarrow J3 \rightarrow K4 \rightarrow X5.$$

PRO8-09. **Planification familiale en Tataouine - Le réseau**

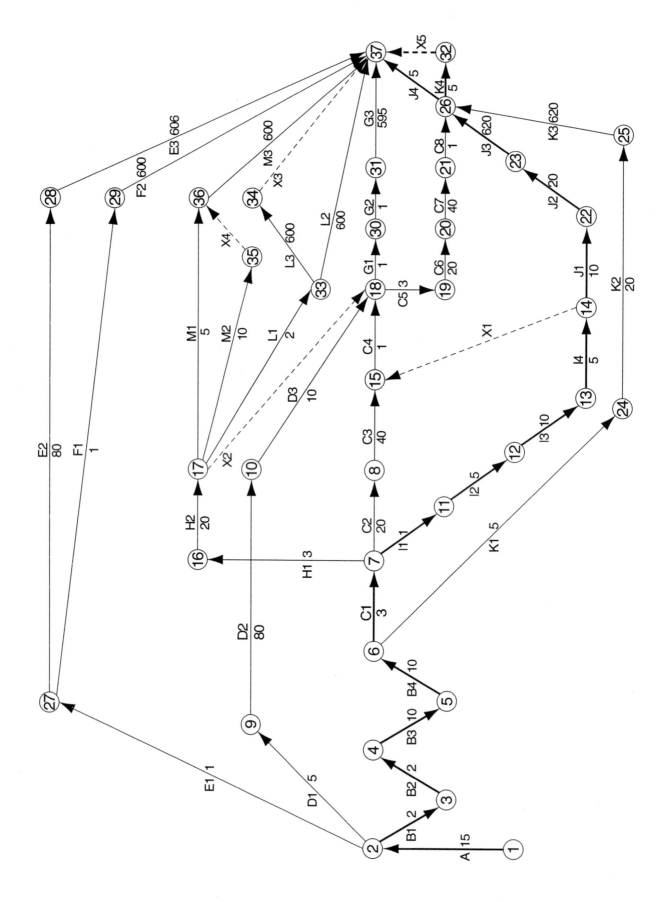